Alexandra Hartmann
Gut beenden.
Erfolgreich suchen.
Neu lieben.
Der Wegbegleiter
in die Beziehung
nach der Beziehung.

Alexandra Hartmann
Gut beenden.
Erfolgreich suchen.
Neu lieben.
Der Wegbegleiter
in die Beziehung
nach der Beziehung.

orlanda

Für meine Kinder,
meine wertvollsten Wegbegleiter,
die ich über alles liebe,
und für meinen Mann,
meine große Liebe,
bei dem ich angekommen bin.

INHALT

Liebe Leserinnen und Leser,

mit meinem Buch möchte ich mich an alle wenden, die sich in einer der drei folgenden Lebensphasen befinden: diejenigen, die gerade eine langjährige Beziehung beendet haben und gerne emotional mit dem Vergangenen abschließen wollen. Ihnen möchte ich zeigen, wie Sie die Vergangenheit hinter sich lassen können, um wieder offen für die Zukunft zu werden. Dann möchte ich mich an diejenigen richten, die nach vielen Beziehungsjahren auf der Suche nach einem neuen Partner sind und sich möglicherweise noch etwas verloren in dieser ungewohnten Situation fühlen. Dieses Buch soll Ihnen mehr Sicherheit und eine bessere Orientierung geben. Und natürlich möchte ich denjenigen neue Wege und Möglichkeiten zeigen, die eine neue Partnerschaft gefunden haben, aber alte Muster nicht wiederholen möchten.

Drei unterschiedliche Lebensabschnitte, die aber doch Etappen auf ein und demselben Weg sind. Obwohl in unserer heutigen Zeit viele Menschen wegen einer zunehmenden Zahl von Trennungen und Scheidungen diesen Weg gehen, ist er für jeden Einzelnen doch ein ganz individueller. Zwar ist es fast schon zur Normalität geworden, sich auch in späteren Lebensphasen noch einmal umzuorientieren, doch fühlen sich viele verloren, alleingelassen oder haltlos, wenn sie plötzlich wieder ganz am Anfang stehen, weil der ursprüngliche Lebensentwurf nicht mehr aufgeht. Das Gefühl des Versagens oder der Schuld, weil man selbst eine Beziehung beendet hat, aus der vielleicht Kinder hervorgegangen sind, die von der Entscheidung betroffen sind, plagt viele in dieser Situation. Sie könnten durch die negativen Beziehungserfahrungen verunsichert und dadurch gehemmt sein, den Weg in Richtung einer neuen Beziehung einzuschlagen. Die Zeit der letzten Partnersuche liegt oft lange zurück. Auf alte Erfahrungen meinen Sie, nicht mehr zurückgreifen zu können. Zu viel hat sich verändert … Wenn Sie am Anfang einer neuen Beziehung stehen, könnten Sie Angst haben, alte Fehler zu wiederholen, und so selbst durch bereits abgeschlossene Lebensphasen in Ihrem Verhalten immer noch beeinflusst werden. Mein Buch hilft Ihnen, all die unterschiedlichen Gefühle und Gedanken besser zu verstehen und einzuordnen, damit sie Ihnen nicht mehr den Weg nach vorn versperren. Oft sind diese nämlich der Grund dafür, auf seinem Lebensweg nicht weiterzukommen oder das Gefühl zu haben, sich immer wieder im Kreis zu drehen. Wenn Sie sich auf der Suche nach einem neuen Partner befinden, Ihre Gedanken aber immer noch um die alte Beziehung kreisen, hängen Sie eventuell noch in der alten Beziehung fest und kommen deshalb nur schleppend mit der Partnersuche voran. Lesen Sie das Buch ruhig von Anfang an, denn es könnte sein, dass Sie beim Lesen bemerken, mit einem vergangenen Abschnitt noch nicht abgeschlossen zu haben. In gewisser Weise bauen alle Schritte aufeinander auf. Sollten Sie einige übersprungen haben, könnte es passieren, dass Ihr Fundament instabil wird. Das könnte sich auf zukünftige Partnerschaften auswirken, die dann auf wackeligen Beinen stehen könnten.

Im ersten Teil erarbeiten wir, wie man sich gut von der vergangenen Beziehung löst. Man könnte diesen Buchteil auch als Vorbereitung auf die Reise in einen neuen Lebensabschnitt betrachten. Es ist wichtig, zu überlegen, was man mit auf die Reise nehmen möchte und was man lieber zurücklassen sollte. Schließlich ist nichts lästiger und hinderlicher als Übergepäck!

Wer gut vorbereitet ist, kann seine Reise besser genießen. Für den Weg in eine neue Beziehung bedeutet das: Nur wenn die Vergangenheit verarbeitet und gut abgeschlossen ist, ist die Zukunft frei, und Sie bekommen einen offenen Blick für die wunderbaren Chancen, die Ihnen Ihre neue Situation bietet. Ich zeige Ihnen, wie man Blockaden auflösen kann, die Sie ansonsten an die Vergangenheit fesseln könnten.

Im zweiten Teil werden die vielen Möglichkeiten auf dem Weg in eine neue Beziehung beleuchtet, aber auch Hindernisse aufgezeigt, die Sie davon abhalten könnten, diese zu erkennen und zu nutzen. Von alten Verletzungen abgesehen, sind viele Menschen nach langen Beziehungen nicht nur durch Ängste blockiert, sondern fühlen sich auch verunsichert und alleingelassen. Sie fühlen sich bei der Partnersuche unwohl und fragen sich, wie und wo oder ob sie überhaupt suchen sollen. Dieses Buch wird verdeutlichen, dass Sie nicht allein sind, und es wird Ihnen helfen, Ihre Unsicherheit zu überwinden. Auch die Suche im Internet ist für viele Menschen Neuland, wenn die letzte Singlezeit lange zurückliegt. Für Mütter oder Väter ist die Partnersuche nicht dieselbe wie für kinderlose Erwachsene: Ich möchte Ihnen zeigen, wie Sie eine solche Situation angehen können.

Im dritten Teil meines Buches geht es ums Ankommen, darum, sich gut in der neuen Beziehung einzurichten und alte Muster, die vielleicht sogar zum Ende vorheriger Beziehungen geführt haben, in konstruktive Beziehungsmuster zu verwandeln. Die hier dargelegten werden Ihnen dabei helfen, Ängste abzulegen und den Mut für das Neue zu finden. Bedürfnisse, die in der letzten Beziehung zu kurz gekommen sind, sollten in der neuen einen Platz finden. In diesem Teil geht es auch darum, wie man die Kinder, die ein oder beide Partner mit in die

Beziehung bringen, gut in die neue Gemeinschaft einbeziehen kann. Vor allem geht es aber darum, Sinnlichkeit, Intimität und Sexualität wiederzuentdecken und in vollen Zügen genießen zu können. Auch wie eins mit dem anderen zusammenhängt, werde ich erklären.

In den Fallbeispielen werden Menschen vorgestellt, die auf den ersten Blick nicht direkt etwas mit Ihnen zu tun haben. Trotzdem kann es interessant sein zu sehen, wie es anderen in einer ähnlichen Situation geht. Zudem bekommen wir manchmal erst mithilfe des Beispiels anderer einen neuen, offenen Blick für unsere eigene Vergangenheit. Möglicherweise ist Ihnen gar nicht bewusst, dass Sie nach wie vor einen Groll gegen Ihren Ex-Partner hegen und ihn immer noch verantwortlich für Ihre Trennung machen. Oder Sie stellen fest, dass Sie sich eventuell den Großteil der Schuld am Scheitern geben. Ich möchte Ihnen in meinem Buch gerne unterschiedliche Blickwinkel aufzeigen. Durch eine andere Perspektive erkennt man oftmals Dinge, die vorher im Verborgenen blieben.

Auf Ihrem persönlichen Weg möchte ich Sie einerseits mit meinem Wissen als Beziehungstherapeutin, andererseits als jemand, der selber bereits einen ähnlichen Weg gegangen ist, begleiten. Dazu will ich mich kurz bei Ihnen vorstellen: Mein Psychologiestudium habe ich in Sydney absolviert, wo ich nach der Schulzeit sieben Jahre gelebt habe. Eigentlich wollte ich nur ein paar Monate in Australien verbringen. Meine erste große Liebe hielt mich dann in dieser wunderschönen Stadt fest. Drei Jahre später endete diese Beziehung und ich fühlte mich mit meinem ersten Liebeskummer sehr allein und weit weg von zu Hause. Ich lernte dann meinen ersten Mann kennen, der auch Deutscher ist. Wir verbrachten weitere Jahre gemeinsam in Sydney, bis wir nach der Geburt unserer ältesten Tochter den Wunsch hatten, zurück in unsere Heimat zu gehen. Meine Tochter bekam dann noch einen Bruder und später eine Schwester. Nach acht Ehejahren haben der Vater meiner Kinder und ich sich getrennt. Wir mussten feststellen, dass wir uns in dem Trubel aus Karriere- und Familienplanung, Umzügen und Neuanfängen als Paar aus den Augen verloren hatten. Meine kleinste Tochter war damals gerade zwei Jahre alt. Ich war dann einige Jahre Single. Für mich war das eine schwere Zeit, verbunden mit den unterschiedlichsten Erfahrungen und einer tiefgreifenden persönlichen Entwicklung. Rückblickend würde ich es als die Zeit bezeichnen, in der ich zu mir selbst gefunden habe. Es war auch die Zeit, in der ich entschieden habe, mein lange zurückliegendes Studium durch eine dreijährige Ausbildung zur systemischen Therapeutin zu ergänzen. Seit über zehn Jahren arbeite ich nun in meiner eigenen Praxis mit Menschen, die Beziehungsprobleme haben, gemeinsam daran, die Ursachen aufzudecken und Lösungen zu finden. Ich bin heute in zweiter Ehe glücklich verheiratet. Mein Mann hat einen mittlerweile erwachsenen Sohn mit in die Beziehung gebracht. Auch in unserem Patchworkmodell begegnen wir ständig neuen Herausforderungen.

Immer wieder kommen Paare in meine Praxis, die verzweifelt sind, weil sie sich in ihrer Beziehung immer weiter voneinander entfernen, oder Menschen, die merken, dass sie sich ihrem Partner gegenüber nicht öffnen können. Auch wenn jede Beziehung individuell ist, habe ich die Erfahrung gemacht, dass die Grundthematiken sich oft auf erstaunliche Weise ähneln. Das hat mir die Idee für mein Buch gegeben. Ihr Weg wird sicherlich sehr abwechslungsreich werden. Sie werden sich mal auf abenteuerlichen Pfaden bewegen, die bei Ihnen Angst und Unsicherheit auslösen können, aber dann auch wieder entspannte und genussvolle Passagen durchleben. Die verschiedenen Emotionen und Gedanken, die Sie haben werden, werden Sie an Vergangenes erinnern und vielleicht im gleichen Moment auch zurückschrecken lassen. Manches Mal werde ich Sie trotzdem einladen, weit zurückzublicken, um Gegenwärtiges besser verstehen zu können. Viele Antworten finden Sie, wenn Sie sich die Beziehungsmuster Ihrer Ursprungsfamilie ansehen. Wir alle sind von unseren Erfahrungen geprägt, selbst von denen, die bereits viele Jahre zurückliegen. Aber keine Angst, es geht nicht darum, im Sumpf alter Geschichten zu versinken, sondern vielmehr darum, zu verstehen, wie Sie überhaupt der Mensch geworden sind, der Sie heute sind. Dabei entdecken Sie vielleicht einiges Neues an sich selbst. Es ist ein spannender und nicht immer leichter Weg, der vor Ihnen liegt, hoffentlich aber auch geprägt von dem Genuss einer wiedergewonnenen Freiheit und der Möglichkeit, etwas Neues zu entwickeln.

Dieses Buch soll Ihr Leitfaden zu neuem Lebensmut und neuer Lebensfreude sein. Ich werde viele Themen ansprechen, die in den unterschiedlichen Situationen wichtig für Sie sein können. Es würde allerdings den Rahmen sprengen, tief in die einzelnen Bereiche einzutauchen. Sollten Sie sich mit einem bestimmten Thema intensiver auseinandersetzen wollen, so finden Sie immer wieder Hinweise auf Kollegen, die sich eingehender damit befasst haben. Eine entsprechende Literaturliste finden Sie im Anhang. Sollten Sie allerdings merken, dass Sie bei einem Problem nicht zu einer Lösung kommen, könnte es Ihnen helfen, für einige Sitzungen einen Therapeuten oder Coach aufzusuchen. Auch dahingehend haben sich die Zeiten geändert. Das

Angebot ist vielfältig, und sich in einer schwierigen Situation professionelle Hilfe zu holen, ist kein Tabu mehr. Außerdem zeugt es aus meiner Sicht von erwachsenem, eigenverantwortlichem Verhalten, sich Hilfe zu suchen, wenn man alleine nicht weiterkommt.

Ich wünsche Ihnen einen erfolgreichen Weg, den Sie hoffentlich mit offenen Augen und offenem Herzen gehen können.

Ihre Alexandra Hartmann

I. Teil
Bereit werden für eine Beziehung
nach der Beziehung

Wenn eine Beziehung zu Ende gegangen ist, fühlen sich die meisten von uns für neue Möglichkeiten noch nicht bereit. Das ist ganz normal und es ist sogar notwendig, sich die Zeit zu nehmen, das Geschehene zunächst einmal im vollen Umfang zu begreifen. Der Schock, den diese veränderte Lebenssituation oft mit sich bringt, lässt zunächst gar keinen klaren Gedanken zu. In dieser ersten Phase gibt es deshalb auch kein richtiges oder falsches Verhalten. Es geht erst einmal darum, in der veränderten Konstellation anzukommen. Geben Sie sich die notwendige Zeit, auch wenn Sie den Drang verspüren, die traurigen Gefühle möglichst schnell hinter sich zu lassen. Hier gibt es leider keine Abkürzung. Die Seele braucht länger als der Verstand, um sich mit Veränderungen auseinanderzusetzen und diese zu verarbeiten. Dass das nachweislich so ist, zeigt die folgende Darstellung:

Liebeskummer aus neurologischer Sicht:

Liebeskummer, ein für einen psychologischen Ausnahmezustand für mein Gefühl sehr milde klingender Begriff, wird weitestgehend in vier Phasen eingeteilt: In der ersten Phase wollen die Betroffenen ihren Verlust nicht wahrhaben. Sie verlieren sich in Illusionen, dass die Beziehung doch andauern könnte, oder malen sich aus, wie sie den Ex-Partner zurückerobern könnten. Dieses Phänomen wurde von den Neurobiologen

Oliver Bosch und Larry Young erforscht,[1] die für die Zeit unmittelbar nach der Trennung einen Anstieg der Botenstoffe Dopamin und Noradrenalin festgestellt haben, der verhindert, dass die Betroffenen sich ihres Verlustes in vollem Umfang bewusst werden. Diese biochemische Reaktion ist entwicklungsbiologisch zu erklären. Das Gleiche passiert bei Jungtieren, die von ihren Eltern getrennt wurden: Durch den erhöhten Spiegel dieser Botenstoffe sind sie in der Lage, ihre Energie vollständig auf das Wiederfinden zu richten. Verlieren wir unseren Lebenspartner, reagiert unser Körper auf die gleiche Weise. Wenn man das Beziehungsende dann gänzlich realisiert hat, folgt die zweite Phase: Der Dopaminspiegel sinkt drastisch ab und erreicht einen so niedrigen Wert, wie er auch bei Menschen mit Depression festgestellt werden kann. Die Liebeskranken verlieren in dieser Zeit ihren Appetit, können nicht schlafen und grübeln ergebnislos über die Trennung und die ewige Frage nach dem Warum. In der dritten Phase beherrschen Wut und Rachegefühle die Emotionen der Leidenden. Diese Empfindungen sind im Vergleich zur Trauer, die passiv und lähmend ist, aktive Emotionen, die den Fokus auf den Verursacher des Leidens richten. Sie dienen als Katalysator, um aus dem schwarzen Loch der Depression herauszukommen. Es folgt schließlich die vierte Phase, in der Zuversicht entsteht und die Betroffenen wieder in der Lage sind, Pläne für die Zukunft zu schmieden. Der Körper kommt langsam wieder in Balance. Lucy Brown, ebenfalls Neurowissenschaftlerin, vergleicht den Liebeskummer mit einem Drogenentzug und sagt in einem Artikel, der im Juli 2011 in der Süddeutschen Zeitung zu dem Thema erschienen ist: »Liebe wirkt nicht wie ein bestimmtes Gefühl, sondern eher wie eine Droge.« Sie bemerkt weiter: »Liebe macht süchtig - und Liebesentzug macht krank.«[2]

1   Schmidt, Nicola: »Der Wert eines gebrochenen Herzens«. www.süddeutsche.de [6. Juli 2011].
2   Ebd.

In der allerersten Zeit nach der Trennung ist es meist unrealistisch, sich normal verhalten zu können. Schon durch die biochemischen Reaktionen verlieren wir die Möglichkeit zur Disziplin. Viele fühlen sich sogar regelrecht fremdgesteuert. Dieses Empfinden ist absolut richtig und auch erklärbar. Die einen ziehen sich komplett von allem zurück und verschanzen sich geradezu in ihrer Wohnung. Sie gehen nicht ans Telefon und wollen niemanden sehen, der sie dann womöglich auf ihren Verlust ansprechen könnte. Andere wiederum stürzen sich ins Leben, verabreden sich mit Freunden und gehen möglichst viel aus. Alles scheint besser, als zu Hause zu sitzen und über den Verlust nachdenken zu müssen. Wieder andere stürzen sich nach einer langen Beziehung gleich in die nächste. Das könnte eher etwas mit Flucht zu tun haben. Ist das der Fall, so werden Sie bald feststellen, dass man nicht vor den eigenen Gefühlen weglaufen kann. Oftmals sind diese Versuche von vornherein zum Scheitern verurteilt, auch wenn das natürlich nicht für jede Beziehung gilt, die unmittelbar nach dem Ende der vorherigen oder vielleicht sogar schon vor dem Beziehungsende eingegangen wurde. Welcher Weg auch immer Ihr persönlicher ist, seien Sie gnädig mit sich. In dieser Phase sind Fehlschläge erlaubt – und später im Übrigen auch.

Es gibt in der ersten Trennungsphase kein Richtig oder Falsch, auch wenn Freunde einem das manchmal gerne vermitteln wollen. Wenn der Rat von außen auch gut gemeint ist, bleibt er aber immer nur eine Darstellung von dem, was die anderen in der Situation für richtig halten. Abgesehen davon sind die wohlmeinenden Bekannten meistens nicht in der gleichen Situation und waren es vielleicht sogar noch nie. Freunde sind wichtig, besonders in schwierigen Lebensphasen, und sie meinen es gut mit uns. Sie sollten deshalb auch für ihre Bemühungen und Ratschläge wertgeschätzt werden, aber es ist auch wichtig, sich abzugrenzen, wenn es einmal zu viel des guten Rates sein sollte. Dann kann man ruhig auch einmal sagen: »Ich danke dir, dass du dir Gedanken machst, aber ich bin noch nicht so weit.« oder »Ich brauche das jetzt so, wie ich es für richtig halte.« Schließlich geht es erst einmal um Sie und darum, dass Sie Ihren eigenen Weg in dieser schwierigen Situation finden. Lassen Sie sich also auch von gut gemeinten Ratschlägen nicht gängeln.

Wichtig ist, sich in seinem Handeln zu beobachten und dabei großzügig, aber auch ehrlich zu sein. Tut mir das tatsächlich noch gut oder rutsche ich in einen Bereich der Selbstverletzung und beginne, mir zu schaden? Das ist der Fall, wenn ich anfange, mich regelmäßig mit Alkohol oder Drogen zu betäuben, oder wenn ich mich in Aktivitäten stürze, die mir nicht guttun und nach denen es mir nur noch schlechter geht. Haben Sie Verständnis für sich und verurteilen Sie ungewöhnliches Verhalten nicht vorschnell. Schließlich ist es ja auch eine ungewöhnliche Situation, in der Sie sich befinden. Trotz allem sollten Sie aber achtsam sein, um am Ende nicht noch größeren Schaden zu erleiden. Passen Sie in dieser schwierigen Phase also gut auf sich auf. Schließlich gilt die Trennung von einem Lebenspartner als eine der größten psychischen Krisen.

Es kann gefährlich werden, die Tragweite, die eine solche Krise haben kann, zu unterschätzen bzw. sich in dieser Situation selbst zu überschätzen. Der Verlust des Partners hat enorme Auswirkungen auf die aktuelle Lebenssituation und auch auf Ihre Perspektiven. Vieles muss verändert werden, oft muss eine neue Wohnung gefunden werden, manchmal sogar ein neuer

Freundeskreis, und bisherige gemeinsame Zukunftspläne sind nicht mehr umsetzbar. Noch dazu sind Sie angesichts dieser vielen Veränderungen plötzlich nicht mehr zu zweit und können nicht wie vorher in schwierigen Situationen auf die Unterstützung Ihres Lebensgefährten setzen, sondern fühlen sich angesichts dieser vielen neuen Herausforderungen vielleicht sogar gänzlich alleingelassen. Da ist es ganz normal, dass Ihre üblichen Bewältigungsstrategien versagen und sich selbst die stärksten unter Ihnen überfordert fühlen können. Jetzt wird Ihre gesamte körperliche und seelische Kraft in die Bewältigung der Krise investiert. Das ist auch der Grund dafür, dass man sich in dieser Situation oft völlig erschöpft und ausgelaugt fühlt. Sogar die normalen Herausforderungen des Alltags scheinen schwieriger zu bewältigen zu sein. Sie merken, dass Sie im Job nicht mehr so funktionieren, Ihre Kinder vernachlässigen oder auch einfachere Dinge wie den Lebensmitteleinkauf nicht mehr so nebenher schaffen. Sie sind vergesslich oder gedanklich abwesend. Bis zu einem gewissen Punkt ist all das eine normale Reaktion auf eine schwere Lebenskrise. Passen Sie aber auf sich auf und holen Sie sich rechtzeitig Hilfe, bevor alles aus dem Ruder läuft und Sie Gefahr laufen, möglicherweise auch noch Ihren Job zu verlieren oder, in ganz schlimmen Fällen, Suizidgedanken Sie beschäftigen. In einer solchen Ausnahmesituation kann es leicht zu einer dauerhaften psychischen Störung kommen, z. B. einer Depression, oder andere psychosomatische Symptome können auftreten. Auch Alkohol- und Medikamentenmissbrauch sind Gefahren, die zu einer dauerhaften Schädigung führen können.

Hilfreich in der jetzigen Situation ist es, sein eigenes Verhalten von außen zu betrachten, als würden wir eine gute Freundin oder einen guten Freund in seinem Verhalten wohlwollend beobachten. Das, was wir uns selber raten, kommt dann auch tatsächlich von uns. Diese innere Verbindung zu uns hilft dabei, unser Selbstbewusstsein zurückzuerlangen. Das gelingt aber nur dann, wenn wir tatsächlich liebevoll mit uns umgehen. Verurteilen wir unser eigenes Verhalten, indem wir uns vielleicht sagen, dass wir es nicht besser verdient hätten, sowieso zu nichts nütze wären oder es nie zu etwas bringen würden, dann wird unser Selbstwertgefühl immer kleiner. Wir sollten uns keinesfalls in dieser schwierigen Situation im Stich lassen. Wenn unser Verhalten uns schadet, brauchen wir einen guten Freund an unserer Seite, der uns die Augen für dieses schädliche oder verletzende Verhalten öffnet. Dieser gute Freund können wir uns selbst sein. Wir wissen am besten, wie sich etwas für uns anfühlt. Manch einer merkt eventuell auch, dass er lange schon nicht mehr auf sich geachtet hat. Vielleicht waren Sie zu sehr damit beschäftigt, sich um Ihren Partner und dessen Wohl zu sorgen, und haben sich selber dabei aus dem Fokus verloren. Vielleicht waren Sie aber auch noch nie gut darin, sich selbst wahrzunehmen. Jetzt jedenfalls ist der passende Zeitpunkt, das zu ändern, auch wenn es nicht so einfach ist und sehr ungewohnt scheint. In den folgenden Kapiteln werde ich noch genauer darauf eingehen, wie Sie diesen wichtigen Draht zu sich bekommen können.

Der eine oder andere könnte die Vorstellung, einen inneren Dialog mit sich zu führen, ein wenig verrückt finden. Bei näherem Betrachten ist zu erkennen, dass solche inneren Dialoge ständig stattfinden. Wir machen sie uns nur nicht bewusst und auf diese Weise geraten sie oft außer Kontrolle und bekommen eine destruktive Eigendynamik. Wer kennt das nicht, sich selber schon einmal als Idiot oder Versager bezeichnet zu haben. Ist es an der Stelle nicht besser, sich zu sagen: »Das bekommst du schon hin.« oder » es ist doch ganz normal, dass du dich in der Situation so verhältst.« Es hilft manch einem auch, Tagebuch zu schreiben oder Briefe an sich selbst. Andere gehen vielleicht lieber spazieren oder laufen, um die Ruhe für einen inneren Dialog zu finden, oder sie sitzen einfach nur zu Hause auf dem Sofa, während sie mit sich in Kontakt treten. Egal was Sie tun, Hauptsache, es passt zu Ihnen und hilft Ihnen, zu den eigenen Gefühlen und Gedanken zu finden. An dieser Stelle ein wichtiger Rat:

Nachdenken ist wichtig, nicht nachdenken aber auch!

Es ist gut, sich bewusst eine Zeit und einen Ort zu suchen, um regelmäßig über seine schwierige Situation nachzudenken. Diese Zeit sollte aber begrenzt sein. Danach dürfen Sie sich auch gerne wieder von dem Thema ablenken lassen. Ständig über sich nachzudenken ist genauso wenig zielführend wie sich nie damit auseinanderzusetzen. Also überlegen Sie, wie viel Reflektieren Ihnen guttut. Besonders vor dem Schlafengehen ist es ratsam, sich zu entspannen und seine Gedanken in eine andere Richtung zu lenken, sei sie auch noch so banal wie beispielsweise die Frage:»Was koche ich morgen?«

Nachdenken ist übrigens zielgerichtet, das heißt, dass eine Lösung dabei angestrebt wird. Grübeln hingegen ist ziellos. Man dreht sich im Kreis und kommt immer wieder beim Anfang an. Dadurch wird das Problem scheinbar immer größer und schließlich unlösbar. Sinnieren bringt also gar nichts. Versuchen Sie, Ihre Gedanken zu unterbrechen, sobald Sie merken, dass Sie sich im Kreis drehen. Wird das Grübeln zwanghaft und unkontrollierbar, könnte dies ein Anzeichen für eine Depression sein. Spätestens dann brauchen Sie Hilfe!

Wenn sich der Nebel des Schreckens langsam lichtet und Sie anfangen zu begreifen, was geschehen ist, kann der Prozess der Verarbeitung beginnen. Sollte sich dieser Prozess selbst lange Zeit nach Beziehungsende nicht einstellen (als Faustregel gilt hier ein Monat pro Beziehungsjahr, ein Richtwert, der aber absolut mit Vorsicht zu betrachten ist und individuell stark variieren darf), dann ist es Zeit, sich fremde Hilfe zu suchen. Freunde sind da immer eine gute Möglichkeit, besonders die, die Ähnliches erlebt haben. Manchmal reicht das aber nicht. Wenn Schlaflosigkeit, Hoffnungslosigkeit und Grübelei nicht aufhören, ist es ratsam, einen Therapeuten aufzusuchen. Ansonsten droht man, immer tiefer in eine Abwärtsspirale zu rutschen. In dieser schwierigen Phase Hilfe zu benötigen, ist keine Schande. Im Gegenteil, es zeugt von Selbstbewusstsein und Eigenverantwortung, zu merken, was man braucht, und entsprechend für sich zu sorgen.

Im ersten Teil dieses Buches finden Sie wertvolle Ratschläge und Fallbeispiele, die Ihnen dabei helfen, das Geschehene zu verarbeiten. Je besser Sie verstehen, was passiert ist, desto besser sind Ihre Voraussetzungen, möglichst bald wieder positiv nach vorne schauen zu können. Krisen können auch Chancen sein, dem Leben eine neue Wendung zu geben. Bei genauerer Betrachtung merken Sie vielleicht, dass vieles zu Zeiten der alten Beziehung längst nicht mehr so gut war. Eine Trennung kann auch eine Möglichkeit zur Weiterentwicklung und Reifung bieten. Die beiden weiteren Teile des Buches beschäftigen sich mit der Suche nach einem neuen Partner und dem Beginn einer neuen Beziehung. Jetzt geht es aber erst einmal darum, sich von alten Fesseln zu lösen, um frei zu werden für einen neuen Weg.

DAS VERGANGENE BEGREIFEN – VIELE FRAGEN

»Verstehen und Begreifen: ein himmelweiter Unterschied.«

Wenn eine Beziehung zu Ende geht, stehen wir vor einem Berg von Fragen: Was ist überhaupt passiert? Warum? Was habe ich falsch gemacht? Wie konnte mir das angetan werden? Wie soll es jetzt weitergehen? Es gab möglicherweise einen gemeinsamen Traum, eine Vision, die plötzlich zerplatzt ist. Vielleicht ein gemeinsames Haus, das man eingerichtet hat, in dem man zusammen alt werden wollte. Viele getrennte Paare haben gemeinsame Kinder, die genauso von den Veränderungen betroffen sind wie die Eltern und sogar Opfer deren Entscheidung sind. Für mich war es nach der Trennung von meinem Mann das Schlimmste, begreifen zu müssen, dass das Modell Familie, so wie ich es mir vorgestellt hatte, nicht funktioniert hat. Da ich selbst ein Scheidungskind bin, hatte ich große Sehnsucht nach einer heilen Familie und wollte das, was ich nicht hatte, für mich und meine Kleinen unbedingt erreichen. Noch heute erfüllt mich der Anblick von intakten Familien mit einer gewissen Wehmut. Auch wenn ich inzwischen ein erfülltes und zufriedenes Leben führe, werde ich dieses Gefühl wohl nie ganz loswerden. Dazu kommt oft noch Unverständnis aus dem Umfeld: »Ihr habt doch so gut zusammengepasst.« Auch das habe ich erlebt und es hat meine Selbstzweifel noch zusätzlich geschürt: Hatte ich vielleicht eine Möglichkeit für uns als Paar nicht erkannt, die andere gesehen haben? Lag vielleicht doch alles an mir? Es dauert eine Weile, bis man sich diesem Wust an immer wiederkehrenden Fragen und Selbstzweifeln überhaupt auf sachliche Weise stellen kann.

Zunächst einmal steht jeder, dem eine so drastische Veränderung seiner Lebenssituation widerfährt, unter Schock. In der Trennungssituation wird uns oft schmerzlich bewusst, dass wir plötzlich allein sind. Wir merken, dass keiner für uns außer uns selbst verantwortlich ist. Aber ist das nicht genau das, was wir als junge Erwachsene einmal anstrebten, als wir uns von unseren Ursprungsfamilien gelöst haben? Waren nicht Unabhängigkeit und Eigenverantwortung das, was wir uns wünschten? Ist das nicht die Definition des Erwachsenseins? Und trotzdem ist Eigenständigkeit plötzlich schmerzhaft und beängstigend. Warum fühlen wir uns in der Trennungssituation so verloren? In vielen Beziehungen kommt es im Laufe der Zeit schleichend zu einer Art wechselseitiger Abhängigkeit, die wir oft erst erkennen, wenn die Beziehung zu Ende gegangen ist. Es stellen sich weitere Fragen: Wann haben wir unsere Eigenständigkeit aufgegeben? War es richtig, das zu tun? Sind wir womöglich nie eigenständig gewesen, sondern nur von der elterlichen Abhängigkeit in die der Berziehung übergewechselt? Das folgende Beispiel soll diese Thematik verdeutlichen.

Bernd muss seinen Standpunkt finden:

Bernd ist 35 Jahre alt und nach sechsjähriger Ehe jetzt wieder allein. Der gemeinsame Sohn ist fünf Jahre alt. Warum seine Frau ihn verlassen hat, versteht er nicht genau. Er fühlt sich verunsichert und hat sich privat sehr zurückgezogen. An den Wochenenden geht er nur noch wenn unbedingt nötig aus dem Haus, besonders an denen, an denen sein Sohn bei der Mutter ist. Sein Kind vermisst er zwar sehr, doch hat er immer eine gewisse Erwartungsangst vor den gemeinsamen Wochenenden. Er hat das Gefühl, mit seinem Sohn nichts anfangen zu können.

Bernds Frau ist sehr selbstbewusst und hat schon früh in ihrem Leben gelernt, Verantwortung zu übernehmen. Als sie ihm von Arbeitskollegen vorgestellt wurde, verliebte sich Bernd sofort in diese attraktive Frau, die genau wusste, was sie wollte. Wenn er jetzt darüber nachdenkt, merkt er, dass eigentlich immer alles von ihr ausging. Die beiden sind auf ihren Vorschlag hin zusammengezogen und haben geheiratet, als sie den Wunsch äußerte, ein gemeinsames Kind zu bekommen. Auch bei Urlauben und Treffen mit Freunden hat sie sich meist um die Organisation gekümmert. Bernd störte das nicht. Im Gegenteil. Er bewunderte sie für ihr Organisationstalent und war mit dem gemeinsamen Leben rundum zufrieden.

Als Bernd sie kennenlernte, war er erst kurz zuvor in die Stadt gezogen, in der er zunächst niemanden kannte. Mit der Zeit wurden ihre Freunde auch seine. Seinen ehemaligen Bekanntenkreis aus dem Studium verlor er immer mehr aus den Augen. Viele Kontakte hatte er damals durch den Sport. Er war aktiver Handballspieler gewesen, hatte seinen Sport allerdings nach seinem Umzug aufgegeben. Der anspruchsvolle neue Job ließ es nicht zu, in einem neuen Verein aktiv zu werden, und später war seine Freizeit von der Beziehung und noch später dann von der Familie ausgefüllt. Obwohl Bernd sein neues Leben in Ordnung fand, fehlte ihm der Sport. Er hat auch einige Kilo, mit denen er sich nicht so wohlfühlt, in den letzten Jahren zugenommen.

Bei Bernd kann man erkennen, dass er seine persönlichen Bedürfnisse für die beruflichen Anforderungen und die Wünsche seiner Frau aufgegeben hat. Seine Vorlieben, vor allem der Sport, sind somit in den Hintergrund getreten. In dem Freundeskreis seiner Partnerin fühlte er sich zwar wohl, aber er schaffte es nicht, eigene Bindungen aufzubauen. Sie gestaltete das gemeinsame Leben und Bernd ließ sie es auch gerne gestalten. Aber was lief bei den beiden schief? Mit dieser Frage muss er sich auseinandersetzen, wenn er in Zukunft etwas verändern will. Ansonsten läuft er Gefahr, sich erneut an den Lebensentwurf einer neuen Partnerin anzupassen. Dann würde er allerdings wahrscheinlich wieder an dem Punkt ankommen, an dem er sich jetzt befindet. Wenn Bernd es aber schafft, sich einige der Fragen zu beantworten und zu erkennen, was tatsächlich passiert ist und wo er nicht gut für sich gesorgt hat, dann wird es ihm auch gelingen, seine zukünftige Beziehung mitzugestalten. Er wird sich auch damit auseinandersetzen müssen, dass er zwar versucht hat, sich immer nach seiner Frau zu richten, aber eventuell gerade das dazu geführt haben könnte, dass sie ihn verlassen hat.

Tatsächlich erinnert sich Bernd, dass sie ihm im Streit einmal vorwarf, kein »richtiger« Mann zu sein, weil er keine Verantwortung übernehme. Sie sagte ihm, dass sie sich nach einem »richtigen Kerl« an ihrer Seite sehne, an den sie sich auch einmal anlehnen könne. Zwar war Bernd von der Aussage seiner Frau damals tief getroffen, fühlte sich aber nicht in der Lage, etwas zu ändern. Er wusste nicht, wie er ihr das geben könnte, was sie sich wünschte. Das verunsicherte ihn nur noch mehr und hatte zur Folge, dass er sich immer weiter in sich zurückzog und die Kluft zwischen ihnen noch größer wurde.

Was für Bernd gilt, gilt natürlich ebenso für seine Frau. Grundsätzlich bestimmen beide die Beziehungsdynamik und immer ist diese auf erlernte Verhaltensmuster zurückzuführen, die sowohl vom einen als auch vom anderen in die Beziehung mitgebracht werden. Bernds Frau müsste sich damit auseinandersetzen, warum sie die führende Rolle übernommen hat, obwohl sie sich lieber einen Mann zum Anlehnen wünscht. Oft haben diese Verhaltensmuster etwas mit der Angst vor Verantwortung oder davor, Verantwortung abzugeben, zu tun. Die Ursachen hierfür liegen meist in den Erfahrungen, die in der Kindheit gemacht wurden. Es wird deutlich, dass es gar nicht so einfach ist, die richtigen Antworten zu finden. Dazu muss man manchmal weit in die Vergangenheit zurückblicken. Der neutrale Standpunkt eines Therapeuten kann dabei helfen, wichtige Ereignisse zu erkennen und Zusammenhänge aufzuzeigen. Verschließen Sie sich nicht vor dieser Möglichkeit. Sie könnten auf diesem Weg nicht nur besser verstehen, was zum Ende Ihrer Beziehung geführt hat, sondern auch wichtige Erkenntnisse für Ihre zukünftige Beziehung gewinnen.

Bei meiner Arbeit mit Bernd erfahre ich, dass er das älteste von drei Kindern ist. Seine beiden Schwestern waren noch sehr klein, als der Vater starb. Bernd war damals acht Jahre alt. Er musste zu schnell erwachsen werden und fühlte sich nicht nur für die jüngeren Schwestern, sondern auch für seine Mutter verantwortlich. Er war jetzt schließlich der Mann im Haus! Natürlich war er mit dieser Rolle gänzlich überfordert. Er versuchte, den Anforderungen trotzdem möglichst gerecht zu werden, indem er immer genau das tat, was von ihm erwartet wurde. Dafür bekam er von seiner Mutter viel Anerkennung. Bernd war stolz auf seine Rolle in der Familie, auch wenn er mit einer verlorenen Kindheit dafür bezahlen musste und nie die Möglichkeit hatte, einen eigenen Selbstwert zu entwickeln. Er blieb immer von der Bewertung anderer abhängig, der seiner Mutter, seiner Frau, seiner Arbeitgeber und so weiter. In der Therapie erkannte Bernd den Zusammenhang zwischen seinem Verhalten als Kind und aktuell in seiner Beziehung. Es wird noch ein weiter Weg für ihn sein, etwas zu verändern, denn er muss lernen, seine eigenen Bedürfnisse auszuleben. Zu sehr war er in der Vergangenheit darauf fixiert, sich um die Bedürfnisse der anderen zu sorgen und seine eigenen zu ignorieren. Nun muss er zunächst lernen, seine eigenen Wünsche wahrzunehmen. Das ist ein bisschen wie laufen lernen – und das im Erwachsenenalter.

Oft wird leider erst am Ende einer Beziehung deutlich, wie jeder der Partner durch sein Verhalten dazu beigetragen hat, dass sich alte Muster wiederholen und die Bindung daran gescheitert ist. Auch wenn es für die vergangene Beziehung zu spät ist, können die Einsichten helfen, die zukünftige Partnerschaft anders zu gestalten, um destruktive Verhaltensmuster nicht immer wieder zu wiederholen. Es ist oft ein langer, steiniger Weg hin zum Verstehen. Manche Erkenntnisse können Sie sehr traurig oder wütend stimmen, weil damit alte Wunden aufgerissen werden, die Sie lieber unter Verschluss gehalten hätten. Andere wiederum werden Ihnen vielleicht nicht gefallen, weil sie eine hohe Fähigkeit zur Selbstkritik voraussetzen oder nahelegen, Eigenverantwortung für das Geschehene zu übernehmen, obwohl es leichter wäre, den Schuldigen im anderen zu sehen.

Verstehen und Begreifen, ein himmelweiter Unterschied:

Verstehen ist ein kognitiver Prozess, der mit Logik zu tun hat. Begreifen findet auf einer tieferen, emotionalen Ebene statt, danach, wo das Wahrgenommene die Gefühlsebene erreicht. Es ist ein wesentlich längerer Weg hin zum Begreifen als zum Verstehen. Oft merken wir, dass wir etwas verstanden haben, ohne es wirklich zu begreifen, nach dem Motto: Ich weiß, dass er es nicht böse gemeint hat, aber ich hasse ihn trotzdem. Manche sagen, wenn sie etwas begreifen: »Jetzt ist der Knoten geplatzt.« Aus meiner Sicht platzt der Knoten allerdings nicht einfach so, sondern muss in einem mühsamen Prozess entwirrt werden. Das dauert seine Zeit.

Die Antworten, die Sie finden, helfen Ihnen dabei, das Geschehene zu begreifen. Geben Sie sich dazu die nötige Zeit. Es lohnt sich! Erst mit der Erkenntnis, was durch ihre Mitwirkung und die Ihres Partners zum Ende der Beziehung geführt hat, können Sie einen inneren Frieden erlangen. Erst dann ist es möglich, sich endgültig voneinander zu verabschieden und offen für Neues zu werden. Lassen Sie sich nicht entmutigen.

Das Begreifen ist nicht nur der Schlüssel für den weiteren Weg, sondern auch der für eine Veränderung. Erst wenn Sie in der Lage sind, den Prozess tief in Ihrem Inneren nachzuvollziehen, können Sie mit der gewonnenen Erkenntnis konstruktiv in die nächste Beziehung gehen. Wenn Sie einmal über vorherige Partnerschaften nachdenken, entdecken Sie eventuell, dass sich bestimmte Muster wiederholen oder die letzte Beziehung aus ähnlichen Gründen endete wie die vorherigen. Dann ist es umso wichtiger, zu ergründen, was zum wiederholten Scheitern geführt hat. Erst, wenn wir das Muster genau kennen, können wir es umgestalten. Das ist vergleichbar mit einem Computer: Erst wenn wir verstehen, wie er programmiert ist, sind wir in der Lage, das Programm zu verändern. Allerdings ist Veränderung nicht immer leicht. Wenn wir dagegen erkennen, dass wir selber einen Nutzen daraus ziehen können, ist das eine große Motivation, uns dieser Herausforderung zu stellen. Deshalb können wir uns auch nur für uns selbst verändern, nicht für andere, jedenfalls nicht dauerhaft. Wir drohen dann, früher oder später wieder in unsere alten Verhaltensmuster zurückzufallen. Überlegen Sie also gut, welchen persönlichen Nutzen eine Veränderung für Sie hätte, und entscheiden Sie sich nur dafür, wenn er groß genug ist.

Veränderung hat Grenzen:

Wir sind zwar in unserem Verhalten flexibel, versuchen wir uns aber zu sehr zu verbiegen, weil entweder ein Partner das von uns erwartet oder wir uns selbst nicht annehmen können, drohen wir an der Veränderung zu zerbrechen. Ich vergleiche das gerne mit einem Zweig: Er ist zwar flexibel und biegsam, verbiegen wir ihn aber zu weit, bricht er. Diese Grenzen der Flexibilität müssen Sie bei sich und Ihrem Partner akzeptieren. Können Sie sich und ihn so annehmen, wie Sie sind, haben Sie schon viel erreicht. Auf diese Weise kann es Ihnen gelingen, Ihre Schwächen in ihr Verhalten zu integrieren, anstatt sich immer wieder über sich selbst oder den Partner zu ärgern. Seien Sie also großzügig mit sich und natürlich auch mit Ihrem Partner.

ABSCHIED NEHMEN, UM NEUE WEGE ZU GEHEN

»... sich der Naturgewalt und Kraft des Wassers hinzugeben und sich mitreißen zu lassen, anstatt gegen sie anzukämpfen. Auf diese Weise sind die Chancen am größten, wieder heil aufzutauchen.«

Ein Abschied bedeutet einerseits Aufbruch zu etwas Neuem, ist aber andererseits immer mit Trauer verbunden, weil zwangsläufig etwas zu Ende geht. Trauern ist ein wichtiger Prozess, der in unserer Kultur oft stark vernachlässigt wird, weil es mit Verlust und Versagen gleichgesetzt wird. Das hat in einer leistungsorientierten Gesellschaft keinen Platz. Trauer bedeutet Schwäche und emotionale Instabilität. Damit können wir und die Menschen in unserem Umfeld schlecht umgehen. Oft ziehen wir uns in Zeiten der Trauer aus diesem Grund zurück. Damit geben wir uns weder einen Raum zur bewussten Trauer noch drücken wir unsere Bedürfnisse klar aus. Dabei ist Trauern extrem wichtig, um Geschehenes abzuschließen und weitergehen zu können. Wer einen Verlust nicht betrauern konnte, verarbeitet ihn nicht gänzlich und ist verschlossen für das, was die Zukunft bringen kann. Das heißt, wer nicht getrauert hat, kann dem weiteren Leben nicht frei und unbeschwert entgegentreten.

In unserem Umfeld können wir manchmal Menschen beobachten, die noch viel über die Vergangenheit nachdenken und das Geschehene nicht loslassen können. So erzählt eine langjährige Freundin z. B. immer wieder von den schrecklichen Demütigungen, die ihr Ehemann ihr angetan hatte, und ungeachtet der Tatsache, dass die Ehe schon vor über zehn Jahren geschieden wurde. Anstatt nach vorne zu blicken und den neuen Chancen des Lebens frei und offen zu begegnen, fehlt Menschen wie ihr der Mut für ein neues Leben. Schlimmstenfalls schotten sie sich von ihrer Umwelt und sogar von sich selbst ab. Manche betäuben ihren Schmerz mit Tabletten, Drogen oder Alkohol. Doch betäuben sie damit nicht nur den Schmerz, sondern alle Emotionen, auch die positiven, die ihnen Kraft geben würden. Unsere Seele ist wie ein Sieb. Entweder es ist engmaschig und nur wenig dringt zu uns durch oder es ist weit offen und wir spüren Freude, aber eben auch Schmerz. Nach einem großen Verlust verschließen wir uns oft unseren Emotionen, sodass nichts mehr zu uns durchdringt. Das ist eine normale Schutzreaktion. Wir dürfen aber nicht vergessen, uns der Welt wieder zu öffnen. Dazu müssen wir bereit sein, auch den Schmerz zuzulassen.

Trauern bedeutet aber nicht nur, unseren Verlust zu spüren, sondern auch Wut und Hass gegen den Ex-Partner und gegen uns selbst. Haben unsere Schleusen einmal geöffnet, sind unsere Emotionen unkontrollierbar. Wie Wellen fluten sie unaufhaltsam über uns herein, reißen uns mit und drohen, uns zu ersticken. Das ist durchaus ein beängstigender Prozess, dem wir ausgesetzt sind. Bei vielen Menschen ist die Angst davor so groß, dass sie sich verschließen. Wenn man sich andererseits bewusst macht, was man verloren hat, scheinen die Dimensionen dieser Emotionen verständlich und absolut normal. Ein erfahrener Wellenreiter würde dazu raten, sich der Naturgewalt und Kraft des Wassers hinzugeben und sich mitreißen zu lassen, anstatt gegen sie anzukämpfen. Auf diese Weise sind die Chancen am größten, wieder heil aufzutauchen. Wer gegen die Welle ankämpft, läuft Gefahr, die Orientierung zu verlieren und möglicherweise immer tiefer in ihren Sog zu geraten. Das ist aus meiner Sicht ein schönes Bild, übertragbar auf den Prozess der Trauer.

Trauern ist nicht das Gleiche wie traurig sein:

Trauern ist ein bewusster Prozess, dem wir uns hingeben, indem wir uns erlauben, die damit verbundenen Emotionen zu durchleben. Dabei ist es wichtig, uns selbst zu beobachten, unsere Gefühle wahrzunehmen, sie zu verstehen und auch zu akzeptieren. Hier bedarf es einer besonderen Art der Selbststeuerung, die gleichzeitig den Emotionen gestattet, eigene Wege zu gehen. Das ist aus meinem Verständnis die Arbeit mit dem »Inneren Kind«. Die Selbststeuerung entspricht dem Erwachsenen, die Emotionen entsprechen dem Kind. Der Erwachsene hat die Aufgabe, das Kind in sich in sichere Bahnen zu lenken, ohne ihm die Freiheit zu nehmen, eigene Wege zu erkunden. Eine Gratwanderung also, bei der sich der Erwachsene nicht aus der Verantwortung zieht und das Kind im Stich lässt. Allerdings ohne es einzuschränken, solange keine Gefahr für das eigene Wohl besteht.

Traurigkeit ist eine Emotion, die, genau wie Wut und Hass, ein Teil des Trauerprozesses sein kann. Die Emotion an sich ist ein kindlicher Impuls. Gehen wir damit nicht sorgsam um, laufen wir Gefahr, entweder andere für uns verantwortlich zu machen oder Heilung und Trost von außen zu erwarten. Oder noch schlimmer: Wir setzen uns der Gefahr aus, in eine Depression abzurutschen.

Eigenverantwortlich mit unseren Emotionen umzugehen, bedeutet keinesfalls, sich einzuigeln und sich anderen nicht mitzuteilen. Im Gegenteil, es ist Teil unserer Verantwortung, unserem Bedürfnis nach Kontakt nachzugeben, gerade in einer solch schwierigen Situation. Allerdings ist es ein Unterschied, ob wir uns in unserem Leid anderen mitteilen oder die Verantwortung für unsere Heilung abgeben. Bitten Sie andere ruhig um Hilfe, allerdings ohne ihnen dabei die Verantwortung für Ihre Genesung aufzubürden.

Was wir nach einer Trennung betrauern, ist oft weniger der Verlust eines Menschen, sondern vielmehr der Verlust eines Lebensentwurfes. Ohne diese Vision haben wir oft das Gefühl, es gäbe keine Zukunft mehr. Jedenfalls so lange nicht, bis wir eine neue Vorstellung entwickelt haben, wie die Zukunft aussehen könnte. Bevor wir aber eine neue Zukunftsvision entwickeln können, müssen wir uns von der alten verabschieden.

Ich möchte Sie einladen, Ihren persönlichen Lebensentwurf zunächst einmal genauer zu betrachten: War das eigentlich Ihr eigener Traum, war es Ihre persönliche Vision oder eine, die Sie mit dem Partner geteilt haben? War es eventuell sogar allein die Vision Ihres Partners oder vielleicht sogar die Ihrer Eltern? Oder waren Ihre Zukunftserwartungen bestimmt durch unsere Kultur und die Werte, die Ihnen seit Ihrer Kindheit vermittelt wurden? Es lohnt, an dieser Stelle innezuhalten. Nur so können Sie verstehen, was genau Sie eigentlich betrauern. Folgendes Beispiel soll zeigen, dass wir uns tatsächlich oft von etwas anderem verabschieden müssen als von dem, von dem wir meinen, Abschied zu nehmen.

Der Traum von der heilen Familie:

Eric möchte einen Termin bei mir haben, weil er, nach eigener Aussage, »nicht mehr zurechtkommt«, seitdem seine Frau mit den Kindern ausgezogen ist. Seit der Trennung hat er sich wiederholt krankschreiben lassen, »weil er morgens nicht aus dem Bett kam«. Er leidet unter Schlafstörungen, Appetitlosigkeit und seine Gedanken drehen sich immer wieder um die Frage, warum seine Frau ihn verlassen hat und was er anders hätte machen können. Sein Hausarzt hat ihm schließlich Antidepressiva verschrieben und ihm angeraten, sich therapeutische Hilfe zu suchen. Als er zu mir in die

*Praxis kommt, wirkt er extrem niedergeschlagen. Er erzählt mir,
dass es immer sein Traum gewesen sei, eine »heile Familie« zu haben. Er war fünf Jahre alt, als seine Eltern sich trennten. Seinen
Vater sah er danach nur selten, da dieser in eine andere Stadt gezogen war und eine neue Familie gegründet hatte, in der er, Eric, sich
aber »nie so richtig wohlfühlte«. Seine Mutter musste viel arbeiten,
um sie beide versorgen zu können. Er verbrachte einen Großteil der
Zeit in der Familie seines Onkels und seiner Tante. Dabei beneidete
er seinen Cousin und seine Cousine darum, in einer »ganzen« Familie aufwachsen zu können. Genau so eine Familie wollte er auch
einmal haben. Sein Sohn ist inzwischen acht Jahre alt, seine Tochter sechs. Als seine Frau ihm mitteilte, dass sie ihn verlassen würde,
traf ihn die Aussage wie aus heiterem Himmel. Das hatte er nicht
kommen sehen.*

Das Beispiel zeigt, dass es nicht nur wichtig ist, die Vision
selbst zu verstehen, sondern auch, wie sie entstanden ist. Eric
betrauert nicht nur die verlorene Zukunft mit seiner aktuellen
Familie, sondern ebenso einen Traum, der bereits viel älter ist.
Seine Vorstellung von einer »heilen Familie« ist schon in seiner
Kindheit entstanden. Für Eric ist es wichtig, seiner Trauer genügend Raum zu geben und nicht beide Situationen miteinander
zu vermischen. Es gilt zunächst, seine Situation in Kindertagen
zu betrauern, nicht in einer kompletten Familie aufgewachsen
zu sein. Diesen Verlust kann er durch nichts wiedergutmachen.
Auch wenn seine aktuelle Familie weiter bestanden hätte, hätte
das nicht Erics alte Wunden geheilt. Wenn er das nicht versteht
und durch angemessenes Trauern verarbeiten kann, ist es wahrscheinlich, dass seine alten Wunden nicht heilen. Erst wenn er
seine verlorenen Visionen verarbeitet hat, wird er es schaffen,

sich auf eine Beziehung einzulassen, in der es tatsächlich um die Liebe zur Partnerin geht und nicht darum, alte Sehnsüchte zu erfüllen. Wenn Eric es schafft, sich von seinem Kindheitstraum zu verabschieden, erlangt er die Fähigkeit, sich einer Frau als erwachsener Mann zuzuwenden.

Was die gescheiterte Beziehung zu seiner Frau betrifft, kann Eric nichts weiter tun, als zu verstehen, welche Beziehungsdynamiken von seiner Seite zum Ende der Partnerschaft geführt haben. Natürlich ist es immer die Dynamik beider Partner zusammen, die zu Problemen in einer Partnerschaft führt. Es ist nie der eine oder der andere allein, der den Konflikt verursacht. Der entsteht erst, wenn Verhaltensweisen zweier Menschen in bestimmter Weise aufeinandertreffen. Auch Erics Frau trägt ihren Anteil am Scheitern. Auch sie muss sich damit auseinandersetzen, um mit der Partnerschaft abschließen zu können. Für beide ist wichtig, sich ihrer eigenen Verantwortung zu stellen, das Geschehene zu verstehen und von ihrem Traum Abschied zu nehmen.

Partner von Menschen wie Eric haben in der Beziehung oft das Gefühl, es würde nicht wirklich um sie gehen. Oft fühlen sie sich nicht als vollwertige Personen wahrgenommen, sondern ahnen unterschwellig, dass sie einen Zweck erfüllen müssen. Tatsächlich ist es auch so, dass besonders die Menschen, die in ihrer Kindheit Entbehrungen erfahren mussten, unbewusst hoffen, in der aktuellen Beziehung Heilung zu erfahren. Sie hoffen, von ihren Partnern die Zuwendung zu bekommen, die ihnen als Kind gefehlt hat. Damit versuchen sie, sich eine alte Sehnsucht, die durch einen Mangel entstanden ist, zu erfüllen. Da es aber unmöglich ist, dass eine aktuelle Verbindung alte und vor langer Zeit entstandene Wunden heilt, bleibt oft bei beiden ein Gefühl der Enttäuschung, weil die Beziehung nicht hält, was man sich unbewusst von ihr versprochen hat. Natürlich ist das beschriebene Muster auch beidseitig zu finden. Jeder der Partner bringt alte Verletzungen mit und hofft beim jeweils anderen auf Heilung. Am Ende fühlen sich beide nicht als eigene Person wahrgenommen und sind enttäuscht von dem, was die Beziehung nicht erfüllen kann. Wenn Eric das versteht, hat er die Möglichkeit, einen Weg zu finden, nicht mehr wie bisher als verletzter Junge, sondern als Mann auf eine Frau zugehen zu können.

Das nächste Beispiel zeigt, dass es nicht immer unsere eigene verlorengegangene Zukunftsvision ist, die wir betrauern, sondern dass wir mangels einer eigenen Vorstellung die Vision unseres Partners oder die unserer Eltern gelebt haben. In dem Fall betrauern wir etwas, das gar nicht unser eigen war. Bärbel Wardetzki hat in ihrem gleichnamigen Buch den Begriff *weiblicher Narzissmus* geprägt. Als weibliche Form des Narzissmus beschreibt sie das Verhalten der Menschen, die – anders als die typischen Narzissten, die ihren fehlenden Selbstwert durch eigene Leistungen und die damit verbundene Anerkennung von außen kompensieren – ihren Selbstwert durch die Verbindung mit einem Partner stützen, indem sie sich an dessen Status oder Erfolg anlehnen.[3] Der Preis dafür ist oftmals die komplette Aufgabe eigener Vorstellungen und Bedürfnisse. Ich habe Frau Wardetzkis Buch zu diesem Thema mit großem Interesse gelesen und viele meiner Klientinnen darin wiedererkannt. Hierzu ein Beispiel:

---

3   Wardetzki, Bärbel: *Weiblicher Narzissmus - Der Hunger nach Anerkennung.* München: Kösel-Ver ag, 1991.

Was bin ich jetzt noch wert?

Lisa ist eine attraktive Frau, elegant gekleidet, perfekte Frisur, eine Frau, die offensichtlich sehr auf ihr äußeres Erscheinungsbild achtet. Sie wirkt sehr selbstbewusst, als sie erhobenen Hauptes in meine Praxis marschiert. Lisa arbeitet als Personalchefin in einem führenden Unternehmen. Kinder haben sie und ihr Mann keine. Ihr Leben richtete sie immer voll auf ihre Karriere aus. Als sie anfängt, ihre Geschichte zu erzählen, kehrt sich der erste Eindruck schnell ins Gegenteil. Sie erzählt mir, dass ihr Mann seit einigen Monaten eine Affäre mit einer fünfzehn Jahre jüngeren Frau habe. Vor zwei Wochen teilte er ihr mit, dass er nach zwölfjähriger Ehe die Scheidung wolle, um mit seiner neuen Partnerin ein gemeinsames Leben zu beginnen. Lisa versteht die Welt nicht mehr. Sie waren sich doch beide einig darüber, sich ein luxuriöses Leben mit tollen Urlauben aufbauen zu wollen. Erst vor vier Jahren kauften sie ihr Traumhaus, das sie mit viel Liebe eingerichtet haben. Sie habe alles für ihren Partner getan, so berichtet sie. Sogar auf Kinder habe sie verzichtet, als sie vor acht Jahren den Wunsch verspürte, schwanger zu werden. Kinder passten nicht in das Lebensmodell ihres Mannes und sie habe sich von seinem Modell überzeugen lassen. Er machte ihr klar, welche Einschränkungen das für beide bedeuten würde. Also hat sie alle Liebe und Fürsorge auf ihren Partner gerichtet und gleichzeitig viel Anerkennung für ihre beruflichen Erfolge bekommen. Lisa stellt mir die Frage: »Was bin ich ohne meinen Mann noch wert?« Aus ihrer Sicht gar nichts mehr. Die Vision, die sie sich zusammen mit ihrem Partner aufgebaut hat, ist unwiederbringlich verschwunden.

Sicherlich ist die Größe des Verlustes nachvollziehbar. Ihr Mann hat sie verlassen, eine gemeinsame Zukunft gibt es nicht mehr und ihr lieb gewonnenes Haus und noch vieles mehr muss sie aufgeben. Was hat das aber mit ihrem Selbstwert zu tun? Lisa ist eine attraktive, erfolgreiche Frau. Ist sie das ohne ihren Mann nicht immer noch? Tatsächlich geht es vielen Frauen in Lisas Situation ähnlich. Zu sehr identifizieren sie sich in ihrer Beziehung mit der Rolle der Ehefrau, die sich durch die Wertschätzung des Partners aufgewertet fühlt. Dafür sind sie bereit, vieles aufzugeben, sogar so etwas Essenzielles wie den Kinderwunsch.

Lisa muss sich also mit der schwierigen und schmerzlichen Frage auseinandersetzen, ob es wirklich ihre Vision war, die verloren ging, oder die ihres Mannes, die sie übernahm, um im Gegenzug seine Wertschätzung genießen zu können.

Des Weiteren wird sich Lisa damit auseinandersetzen müssen, warum sie einen Mann an ihrer Seite braucht, um etwas wert zu sein. Wann ist diese Vorstellung entstanden? Es ist zu vermuten, dass die Antwort in Lisas Herkunftsfamilie zu finden ist. Vielleicht wurde ihr schon dort vermittelt, dass man seinen Wert nicht selbst erzeugt. Vielleicht fühlte sich Lisas Mutter ohne Mann an ihrer Seite ebenfalls wertlos und hat dieses Gefühl ihrer Tochter weitergegeben. Es kann auch sein, dass Lisas Eltern getrennt waren und Lisa erfahren hat, dass ihre Mutter als geschiedene Frau von der Gesellschaft abgewertet wurde. Oder aber, dass ihr vom Vater vorgelebt wurde, dass Männer entscheiden, ob und wodurch eine Frau etwas wert ist. Für Lisa wird es wichtig sein, Antworten zu finden, um zu begreifen, dass sie immer schon versuchte, den Wünschen anderer zu entsprechen, um sich geliebt zu fühlen. Es wird ein langer Weg für sie sein, ihr eigenes Wertesystem zu entwickeln, frei von der Beurteilung anderer. Aber nur so kann sie es schaffen, als selbstbewusste Frau einen Mann an ihrer Seite zu haben, ohne von seiner Wertschätzung abhängig zu sein.

An dieser Stelle möchte ich darauf hinweisen, dass Fallbeispiele immer nur Beispiele sind. Manchmal findet man sich zumindest teilweise in ihnen wieder, manchmal auch nicht. Sie können aber zeigen, dass die Dinge oft nicht so sind, wie sie auf den ersten Blick scheinen. Deshalb ist es auch so schwierig, seine eigene Geschichte zu verstehen. Manchmal hilft da ein neutraler Blick von außen. Auch Freunden fehlt oft diese notwendige Distanz. Zu sehr stecken sie in ihrer eigenen Geschichte fest und geben Ratschläge vom eigenen Standpunkt aus. Das Gespräch mit einem Therapeuten könnte Ihnen dabei helfen, Ihre Geschichte mit einem objektiven Blickwinkel zu betrachten. So können Zusammenhänge erkannt werden, die sonst oft im Verborgenen bleiben. Selbst bereits getrennte Paare können so davon profitieren, die vergangene Beziehungsdynamik zu verstehen.

Sollte Ihre Trennung bereits einige Zeit zurückliegen, heißt es nicht, dass Sie den Teil der Trauer überspringen können, auch wenn die Verlockung groß scheint, dieser Flut an Emotionen aus dem Weg zu gehen. Trauer kann man nachholen, egal nach welcher Zeit. Und sollte es tatsächlich so sein, dass Sie selbst nach längerer Trennungszeit noch gedanklich im Hätte-Wäre-Wenn Ihrer alten Beziehung hängen, dann liegt es vielleicht gerade an der versäumten Trauer. Nur Mut, denn nach dem Abschied kann das Neue beginnen!

DIE SPÄTE PUBERTÄT UND
DIE GROSSZÜGIGKEIT MIT SICH SELBST

»Wir müssen erkennen, auf welchen Pfaden wir uns früher bewegten und dass wir heute die Möglichkeit haben, selbst zu wählen.«

Erinnern Sie sich noch an Ihre Pubertät? Denken Sie doch einmal zurück und überlegen Sie, wie Sie als Teenager waren. Waren Sie in dieser Zeit vielleicht oft rebellisch und fühlten sich unverstanden? War es ein Wechselbad zwischen himmelhoch jauchzend und zu Tode betrübt, in dem Sie sich befanden? Fühlten Sie sich manchmal unsicher oder verloren? Sicherlich war es eine von Stimmungsschwankungen geprägte Zeit. Wenn eine lange Beziehung endet, fühlen wir uns oft auf ähnliche Weise verunsichert und verloren. Wir stehen zwischen zwei Welten. Eben waren wir noch die Frau von … oder der Mann von … und plötzlich sind wir Single. Also ist es nicht verwunderlich, dass es zumindest zeitweise zu Verhaltensweisen kommt, die an einen pubertierenden Teenager erinnern können. Vielleicht wird das sogar von Freunden entsprechend kommentiert: »Du benimmst dich wie ein Teenager und nicht wie jemand, der Mitte vierzig ist.« Ja, und? Auch ich erinnere mich noch an die Zeit nach meiner Trennung, nachdem die größte Traurigkeit meines Verlustes überwunden war und ich das Bedürfnis hatte, meine Freiheit auszuleben, auszugehen, zu flirten und mich dabei so jung und unvernünftig zu fühlen, wie schon lange nicht mehr. Ich fand es großartig. Trotz der vielen Kommentare, die auch ich zu hören bekam.

Die Pubertät ist eine Zeit des Wandels. Aus dem Jungen wird ein Mann und aus dem Mädchen eine Frau. Das passiert nicht über Nacht, sondern ist ein unterschiedlich lang andauernder Prozess, der in Phasen verläuft. Mal von hormonellen und körperlichen Veränderungen abgesehen, geht es darum, sich in einer neuen Welt zurechtzufinden. Man hat plötzlich Freiheiten, die einem früher verwehrt waren. Man ist aber auch unsicher, weil alles so neu ist. Folglich probieren Teenager unterschiedliche Verhaltensweisen aus und manches Mal fallen sie damit auf die Nase oder müssen schwer an den Folgen knabbern. Die Zeit nach einer langen Beziehung ist damit vergleichbar. Die Welt, in der man sich plötzlich als Single, vielleicht sogar als Single mit Kind/ern, wiederfindet, ist eine völlig neue oder längst vergessene. Gefühle der Verunsicherung werden abgelöst durch geradezu euphorische Freiheitsgefühle, die alsbald in Einsamkeit oder das Gefühl der Wertlosigkeit umschlagen können.

Was ist eigentlich schlimm daran, nochmals pubertär zu sein? Man sollte nur die Verantwortung seinen Kindern gegenüber nicht vergessen und natürlich auch die sich selbst gegenüber. Meiner Ansicht nach ist es in Ordnung, sich nochmals wie ein Teenager zu fühlen. Dafür gibt es keine Altersbegrenzung. Bitte vergessen Sie aber die Selbstbeobachtung nicht. Nur so können Sie entscheiden, wann ein Verhalten doch inakzeptabel sein sollte. Denken Sie daran, der Unterschied zu Ihrer früheren eigentlichen Pubertät ist, dass damals noch Ihre Eltern ein wachsames Auge auf Sie hatten und notfalls eingeschritten sind. Heute sind Sie erwachsen und gefordert, Eigenverantwortung zu übernehmen.

Fiona und die späte Pubertät:

Fiona ist achtunddreißig und hat zwei kleine Kinder im Alter von drei und fünf Jahren. Sie ist in ihrer Beziehung schon länger unzufrieden gewesen. Von ihrem Mann, der sehr auf seine Karriere fixiert ist, fühlte sie sich nicht mehr als Frau wahrgenommen. Ihrem Mann allerdings fehlte in der Beziehung nichts. Er freute sich über seine beruflichen Erfolge. Seine Frau hielt ihm privat den Rücken frei, indem sie sich um die Kinder und den Haushalt kümmerte. Als Fiona ihren Mann mehrfach darauf ansprach und ihm mitteilte, was ihr fehlen würde, tat er das damit ab, dass sie zu anspruchsvoll wäre und sich doch mit dem, was sie haben, zufriedengeben sollte, da er ihr schließlich einen tollen Lebensstil ermögliche. Fiona aber wurde immer unzufriedener. Sie fühlte sich zunehmend wie eine sehr gut bezahlte Haushälterin und beschloss schließlich, sich von ihrem Mann zu trennen. Alle Versuche, ihren Mann zu erreichen, einschließlich einiger Sitzungen beim Paartherapeuten, waren fehlgeschlagen.

Obwohl die Trennung von ihr ausging, fühlte sich Fiona zunächst wie unter Schock. Immer wieder stellte sie sich die bange Frage, wie es weitergehen würde. Würde sie mit zwei kleinen Kindern im Schlepptau jemals wieder einen Mann finden? War sie mit Ende dreißig und nach zwei Schwangerschaften überhaupt noch attraktiv? Ihr Selbstwertgefühl war stark angegriffen, da sie die meiste Zeit in ihrer Beziehung nicht das Gefühl hatte, dass ihr Mann sie begehren oder sich für sie als Frau interessieren würde.

Fiona hatte nach ihrer Trennung das Gefühl, nicht mehr zu den befreundeten Familien dazuzugehören. Auf die eine oder andere Weise passte es nicht mehr. Besonders schwer war es an den Wochenenden, an denen es um sie herum nur noch Familien gab. Im Alltag fiel das nicht auf. Da waren Mütter mit Kindern an der Tagesordnung. Fiona war zwischen der Euphorie wiedererlangter Freiheit, unterbrochen durch Phasen großer Einsamkeit und Zukunftssorgen bis hin zu Existenzängsten hin- und hergerissen.

Dann lernte sie eine andere Mutter kennen, die ebenfalls mit ihren Kindern getrennt von ihrem Mann lebte. Die beiden stürzten sich gemeinsam ins Nachtleben. Fiona hatte für ihre Kinder einen zuverlässigen Babysitter und da diese abends gut schliefen, sah sie ihre nächtlichen Aktivitäten als problemlos an. Sie hatte Spaß, machte viele Männerbekanntschaften und fühlte sich wieder als Frau wahrgenommen. Von ihren Freundinnen folgten bald kritische Einwände. Sie meinten, dass sie die Kinder vernachlässigen würde, sie kritisierten ihren neuen Kleidungsstil, denn schließlich wäre sie doch keine sechzehn mehr. Außerdem hätte sie stark abgenommen, das wäre doch sicher nicht gesund. Fiona ärgerte sich über diese und ähnliche Kommentare. Einige tat sie als Neid der anderen auf ihre Freiheiten ab. Andere Äußerungen trafen sie aber doch, weil ihr schlechtes Gewissen an ihr nagte.

Fiona blieb trotzdem bei ihrem neuen Lebensstil. Sie hatte tatsächlich stark abgenommen, kaufte sich neue Kleider, trug jetzt wieder kurze Röcke und fühlte sich wesentlich jünger als zu Ehezeiten. Sie fühlte sich gut. Warum sollte sie das wieder aufgeben? Sie ging sogar noch einen Schritt weiter: Mit Guido, den sie eines Abends in ihrem neuen Stamm-Nachtclub kennenlernte, fing sie ein Verhältnis an. Er war zwar verheiratet, aber nach eigener Aussage nur noch wegen der Kinder mit seiner Frau zusammen. Aus Fionas Sicht war das kein Problem. Sie suchte nach keiner festen Beziehung, dazu hatte sie Sex mit einem attraktiven Mann, der offensichtlich sehr an ihren weiblichen Reizen interessiert war und mit dem der Sex so viel Spaß machte wie seit Jahren nicht mehr.

Ihr Verhältnis zu Guido wurde von ihren langjährigen Freundinnen immer vehementer verurteilt. Sie wurde gefragt, was das solle, wo *das hinführen solle oder ob sie es moralisch vertreten könne, einer anderen den Mann auszuspannen. Immer häufiger wurde sie mit der Kritik und Ablehnung ihrer Freundinnen konfrontiert. Aber was wussten die schon? Sie verstanden ihre Situation eben nicht. Für Fiona war ihr eigenes Verhalten berechtigt, auch wenn sie tief in ihrem Inneren die Dinge oft kritisch betrachtete und sich selbst infrage stellte.*

Mit der Zeit aber merkte Fiona, dass sie nicht mehr so euphorisch wie am Anfang war. Sie war wegen des späten Zubettgehens, meistens verbunden mit zu viel Alkohol, oft müde. Immer öfter plagte sie das schlechte Gewissen, weil sie gedanklich oft abwesend war und zunehmend das Gefühl hatte, ihren Kindern nicht mehr gerecht zu werden. Auch die Treffen mit Guido konnte sie nicht mehr genießen. Sie machte sich Gedanken um ihre Zukunft. Eigentlich hatte sie ja immer von einer Familie geträumt. Das Leben, das sie jetzt führte, entsprach nicht ihren Vorstellungen.

An Fionas Beispiel kann man einen möglichen Selbstfindungsprozess gut nachvollziehen. Fiona verhält sich in dieser Zeit weder in den Augen ihrer Freundinnen noch aus ihrer eigenen Sicht so, wie es ihrem eigentlichen Wertesystem entspricht. Stellenweise erkennt sie sich selber kaum wieder. Trotzdem ist es gut, wenn Fiona jetzt Verständnis für ihr eigenes Verhalten aufbringen kann, um sich nicht in einer ohnehin schon schwierigen Lebensphase zusätzlich abzuwerten. Natürlich wäre auch Verständnis von außen wünschenswert, allerdings haben wir darauf keinen Einfluss. Davon abhängig zu sein, würde uns alles andere als weiterhelfen. Wir können nur unsere Einstellung uns selbst gegenüber verändern. Für Fiona ist es jetzt wichtig, ehrlich mit sich zu sein und sich an die Verantwortung für ihre Kinder, aber auch für ihr Inneres Kind zu erinnern.

Die innere Beziehung – der gute Draht zu uns selbst:

In jedem von uns steckt ein Inneres Kind. Es ist das Kind, das wir einmal waren, oder besser gesagt: eine Sammlung von Kindern auf unterschiedlichen Entwicklungsstufen. Diese Kinder werden uns durch unsere Ängste, unsere Freuden und viele andere Emotionen bewusst – wenn wir auf sie achten. Viele von uns ignorieren aber ihre inneren Stimmen. Wir achten oft nicht auf unsere Gefühle, bevor wir handeln. Unser Handeln wird öfter von Erwartungen bestimmt als davon, was uns guttun würde. Das heißt, dass wir die Bedürfnisse unserer inneren Kinder übergehen. So kommt es im Laufe der Jahre zu einer schlechten Verbindung zwischen unserer Gefühlswelt und unserem Denken und Handeln. Das ist mit dem schlechten Verhältnis, das manch ein Erwachsener zu seinem Kind hat, oder der Distanz, die wir zu den eigenen Eltern spüren, vergleichbar. Besonders in der Pubertät fehlt oft das Verständnis zwischen Eltern und Kindern. Man hat fast das Gefühl, den anderen nicht mehr zu kennen. Menschen, die die Verbindung zu ihren inneren Prozessen verloren haben, sind oft unsicher. Selbstbewusstsein bedeutet schließlich auch, sich seiner selbst bewusst zu sein.

Die Arbeit mit dem Inneren Kind ist ein bedeutender Teil meiner therapeutischen Tätigkeit. Sie verdeutlicht, auf welche Weise wir auch noch als Erwachsene von den Verhaltensmustern unserer Kindheit geprägt sind. Haben wir diesen Zusammenhang einmal erkannt, dann haben wir die Möglichkeit, selbstkritisch zu überprüfen, ob unser aktuelles Verhalten tatsächlich sinnvoll oder erstrebenswert ist. Ist das in unseren Augen nicht der Fall oder stellen wir sogar fest, dass genau dieses Handeln zu unserem Leid beiträgt, sollten wir etwas verändern. Nur so kann es uns langfristig besser gehen. Ich werde im Laufe dieses Buches immer wieder auf diese innere Verbindung hinweisen und deutlich machen, welche Möglichkeiten es gibt, einen besseren Draht zu sich zu finden. Sollten Sie mehr über das Konzept des Inneren Kindes erfahren wollen, empfehle ich Ihnen die Bücher von W. Hugh Missildine *In dir lebt das Kind, das du warst* und *Aussöhnung mit dem inneren Kind* von Erika J. Chopich und Margarete Paul.[4] Wie Fionas Beispiel zeigt, ist es, wie in der Pubertät, tatsächlich so, dass sich die Selbstfindungsphase meist von allein wieder legt. Die meisten von uns kommen wieder bei ihren ursprünglichen Werten an. Manchmal kann es allerdings einige Monate oder sogar ein paar Jahre dauern, bevor man wieder zu sich selbst findet. Oft werden die Selbstfindungsphasen auch durch Zeiten der Stabilität abgelöst, um dann erneut unterbrochen zu werden. Das ist alles ganz normal und notwendig, um wieder bei sich ankommen zu können oder sich sogar teilweise neu zu entdecken. Nehmen Sie sich also die Zeit, die Sie brauchen. Seien Sie großzügig mit sich, vergessen Sie aber nicht, den wachsamen Blick des Erwachsenen auf Ihr eigenes Verhalten zu bewahren.

Ganz anders als Fiona erlebte Bea ihren Selbstfindungsprozess. Sie musste auf schmerzliche Weise feststellen, dass ihr ureigenes Verhaltensmuster ihren Leidensweg mit verursacht hatte:

Bea, das liebe Mädchen, das nie rebellierte:
Für Bea stand die Familie immer an erster Stelle. Ihren Beruf als Fremdsprachenkorrespondentin gab sie, als vor 18 Jahren ihr Sohn Moritz zur Welt kam, auf. Zwei Jahre danach wurde ihre Tochter Lea geboren. Beas Mann gefiel es, dass seine Frau sich um die Erziehung und den Haushalt kümmerte und er sich ganz auf seine

4 Chopich, Erika J. [u. a.]: *Aussöhnung mit dem inneren Kind.* Berlin: Ullstein Verlag, 2003.
    Missildine, Hugh: *In dir lebt das Kind, das du warst. Seelische Belastungen bewältigen*. Suttgart: Klett, 1976.

Karriere konzentrieren konnte. Bea war glücklich darüber, gewissenhaft die Kinder zu versorgen. Sie war eine verantwortungsbewusste Hausfrau, die viel Lob und Bewunderung für ihr liebevoll eingerichtetes Zuhause bekam, in das sie oft Gäste einlud. Geschäftsfreunde ihres Mannes, für die sie legendäre Essen zubereitete, waren ihr ebenso willkommen wie die Freunde ihrer Kinder, die zum Spielen am liebsten zu ihnen kamen. Bea lebte viele Jahre ein erfülltes und zufriedenes Leben. Erst als ihre Kinder in die Pubertät kamen und immer mehr darauf bedacht waren, eigene Wege zu gehen, hatte sie zunehmend das Gefühl, nicht mehr gebraucht zu werden. Auch die Geschäftsessen im eigenen Haus wurden immer seltener. In den letzten Jahren bevorzugte es ihr Mann, diese Treffen in einem Restaurant stattfinden zu lassen. Bea wurde in ihrer Rolle und in sich selbst immer unsicherer. Sie hatte manchmal den Eindruck, gar nicht mehr zu wissen, wer sie eigentlich war. Die große Katastrophe kam, als sie durch einen Zufall entdeckte, dass ihr Mann sich mit einer anderen Frau traf. Als Bea schließlich all ihren Mut zusammennahm und ihn zur Rede stellte, gestand er ihr, bereits seit einigen Monaten eine Affäre zu haben. Er versicherte Bea, für die in diesem Moment eine Welt zusammenbrach, sie nie zu verlassen. Seine Anerkennung für das, was Bea all die Jahre für die Familie getan hatte, sei zu groß. Bea weiß nicht, was sie tun soll. Sie ahnt, dass ihr Mann die Affäre fortsetzen wird.

Bea hat ihre eigenen Bedürfnisse über Jahre vernachlässigt. Selbst jetzt fragt sie sich noch, was sie falsch gemacht habe, dass ihr Mann sich einer anderen Frau zuwandte. Es würde ihr guttun, sich in dieser schwierigen Krise schützend vor ihr Inneres Kind zu stellen und zu erkennen, dass ihr einziger Fehler war, nicht gut genug für sich selbst gesorgt zu haben. Sie ist hinter den Bedürfnissen ihrer Familie zu kurz gekommen und das war schon immer so gewesen:

Ihre Mutter war nach einer langen Krebserkrankung gestorben, als Bea 16 war. Schon früh musste sie sich um die kranke Mutter und die fünf Jahre jüngere Schwester kümmern. Von ihrem Vater bekam sie dafür viel Anerkennung. Es tat ihm leid, dass Bea diese Rolle übernehmen musste, aber es gab bei dem traurigen Schicksal der Familie keine andere Möglichkeit. Nach dem Tod der Mutter versuchte Bea, auch weiter für den Vater und die Schwester zu sorgen, die es ihr aber nicht einfach machte. Sie schien permanent wütend zu sein und wurde mit zunehmendem Alter immer rebellischer. Als sie 14 war, wurde sie wegen Ladendiebstahls das erste Mal von der Polizei nach Hause gebracht. Etwas später gaben Alkoholexzesse und sogar Drogenmissbrauch Anlass zur ständigen Sorge des Vaters um die Schwester, deren Verhalten immer wieder mit dem frühen Verlust der Mutter entschuldigt wurde.

Bei dieser traurigen Vergangenheit wird klar, dass Bea nie die Möglichkeit hatte, ein rebellischer Teenager zu sein. Die Rolle war von der Schwester besetzt und ihr Part war der der lieben Tochter, die für Ausgleich sorgen musste. Dafür erntete sie zwar viel Anerkennung, der Preis allerdings war die Selbstaufgabe. Ihre Bedürfnisse hatten keinen Platz und wurden bald auch von ihr selbst nicht mehr wahrgenommen. Wozu auch, wenn sie doch immer unerfüllte Sehnsüchte blieben? Bea, die immer von einer heilen Familie träumte, in der kein Leid, wie sie es erfahren hatte, herrscht, wurde dieser Traum erfüllt. In ihrer Freude und Dankbarkeit über ihre eigene Familie war es ein Leichtes für sie, ihre eigenen Bedürfnisse hinter die der Familie zu stellen. Etwas anderes hatte sie ja früher auch nicht getan.

Beas Beispiel ist typisch für Menschen, die als Kinder einen oder sogar beide Elternteile stützen mussten. Frauen häufiger noch als Männer, besonders die Erstgeborenen, sind häufig von dem »Brave-Tochter-Syndrom« betroffen, das sehr anschaulich von Beate Scherrmann-Gerstetter und ihrem Mann Manfred Scherrmann in ihrem gleichnamigen Buch beschrieben wird.[5] Für Bea wäre es ein erster Schritt in die richtige Richtung, zu erkennen, was dazu geführt hat, dass es für ihre Bedürfnisse keinen Raum gab. Wenn sie die Parallelen zwischen ihrem Verhalten in der Kindheit und heute erkennt, wird sie begreifen, dass sie früher keine Wahl hatte. Als Kind bleibt uns nichts anderes übrig, als uns so zu verhalten, wie es von uns erwartet wird. In ihrem Fall hat schon das schwere familiäre Schicksal keinen Spielraum zugelassen. Wenn es Ihnen ähnlich ging und Sie erkennen, dass Ihnen damals eine Last auferlegt wurde, die Sie heute aber nicht mehr tragen müssen, können Sie sich von den Fesseln der Vergangenheit befreien. Das könnte Ihr Weg in die Freiheit sein.

Für uns alle ist es wichtig, unseren ureigenen Weg zu gehen. Wir müssen erkennen, auf welchen Pfaden wir uns früher bewegten und dass wir heute die Möglichkeit haben, selbst zu wählen. Immer wieder landen viele auf den alten eingetretenen Bahnen ihrer Vergangenheit, obwohl diese oft in eine Sackgasse führen. Das liegt daran, dass uns oft der Mut zu Neuem fehlt, also greifen wir besonders in emotional schwierigen Lebensphasen auf alte Gewohnheiten zurück. Wenigstens wissen wir da, wo es uns hinführt. An dieser Stelle wünsche ich Ihnen den Mut, neue Wege zu erforschen. Das Ende einer Beziehung ist genau die richtige Gelegenheit, um etwas zu verändern.

---

5   Gerstetter, Manfred [u. a.]: *Das Brave-Tochter-Syndrom … und wie frau sich davon befreit.* Freiburg im Breisgau: Herder Verlag, 2006.

ES GIBT KEINE OPFER –
DER WEG ZUR EIGENVERANTWORTUNG

*»Nicht mehr Opfer zu sein bedeutet, aus dem Gefängnis unserer
alten Verhaltensstrukturen auszubrechen.«*

Schon bei der Überschrift dieses Kapitels höre ich förmlich den
Aufschrei einiger meiner Leser, die mir sagen wollen: »Moment
mal, er hat mich schließlich betrogen.« oder: »Sie hat mir die
Kinder weggenommen.« oder Ähnliches. Erinnern wir uns an
Bea, die sich immer für ihre Familie aufopferte, bis sie eines Tages nicht mehr gebraucht wurde, oder an Lisa aus dem Kapitel
»Abschied nehmen«. Ist sie etwa nicht Opfer ihres Mannes, der
sie verlassen hat, noch dazu für eine wesentlich jüngere Frau?
Die Antwort ist ganz klar und deutlich: Nein! In diesem Kapitel
möchte ich erklären, warum Frauen wie Bea und Lisa keine Opfer sind und warum das auch gut so ist.

Die Opferrolle ist immer eine passive Rolle: »Mir wurde etwas angetan, ich bin das Opfer und kann nichts daran ändern.«
Das würde bedeuten, dass es immer so weiter ginge und Sie Ihrem Schicksal ausgeliefert wären. Wenn Sie aber verstehen, was
Sie zu Ihrer Krise beigetragen haben, und sei es nur, bestimmte
Verhaltensweisen anderer Ihnen gegenüber zu lange ausgehalten
zu haben, werden Sie in der Lage sein, etwas zu verändern. Es ist
ein schwerer Schritt, sich eine Mitschuld an einem Ereignis einzugestehen, das uns tief verletzt hat. In diesem Kapitel möchte
ich Sie dabei begleiten, Eigenverantwortung für das Geschehene zu übernehmen, und dies nicht als zusätzliche Last, sondern
als persönlichen Befreiungsschlag zu empfinden. Nicht mehr

Opfer zu sein bedeutet, aus dem Gefängnis unserer alten Verhaltensstrukturen auszubrechen.

Betrachten wir Lisas Beispiel noch einmal genauer: War es nicht Lisas Entscheidung, ihren Kinderwunsch aufzugeben und sich den Vorstellungen ihres Mannes anzupassen? Dafür ist sie verantwortlich so wie wir als Erwachsene alle für etwaige Konsequenzen verantwortlich sind. Natürlich hat Lisa das Opfer, auf Kinder zu verzichten, für ihren Mann und die Beziehung gebracht. Sie hat die Liebe zu ihrem Mann über ihren Kinderwunsch gestellt. Eventuell hätte sie das nicht getan, wenn sie damals schon gewusst hätte, dass er sie später einmal auf diese Weise verlassen werden würde. Wer weiß, wie ihr Leben dann ausgesehen hätte? So ist das nun einmal mit Entscheidungen: Wir treffen sie in einem bestimmten Moment, ohne abzusehen, wie sich die Zukunft entwickeln wird. Zu viele unvorhersehbare Faktoren spielen mit hinein. Das ist auch der Grund, warum wichtige Entscheidungen so schwer zu treffen sind. Fakt ist aber, dass es die Absprache zwischen Lisa und ihrem Mann gab, dass sie auf Kinder verzichten und die beiden auf dieser Basis gemeinsam in die Zukunft gehen. Solche Absprachen in Partnerschaften nenne ich Verträge. Sie werden bewusst oder unbewusst geschlossen wie z. B. die Monogamie, die in den meisten Partnerschaften gilt. Lisas Mann hat den gemeinsamen Beziehungsvertrag gebrochen, indem er mit einer anderen Frau ein Verhältnis eingegangen ist. Lisa ist die Leidtragende in dieser Situation. Trotzdem trägt sie die Verantwortung dafür, sich auf einen solchen Handel eingelassen zu haben, wohl wissend, dass es eigentlich keine Garantien für ewiges Zusammenbleiben gibt. Vielleicht hat sie dieses Wissen anfangs, in ihrer Verliebtheit, verdrängt. Wer kann ihr das verübeln? Wenn man bis über beide Ohren verliebt ist, trifft man schnell Entscheidungen nur für den Augenblick, ohne sich deren Tragweite wirklich bewusst zu sein. Ob bewusst oder unbewusst, sie hat jedenfalls damals die Entscheidung getroffen, auf Kinder zu verzichten, nicht wissend, was die Zukunft bringen würde. Gewiss ist es für Lisa schwierig und zutiefst traurig, das zu begreifen, aber mit dieser Einsicht kann sie es schaffen, zukünftig ihre Bedürfnisse nicht hinter die des Mannes zu stellen.

Warum eigentlich bestehen wir in Auseinandersetzungen oft darauf, das Opfer zu sein? Die Antwort ist simpel: Weil es einfacher ist, jemand anderem für eine schwierige Situation die Schuld zu geben. Als Opfer werden wir bedauert und müssen keine Verantwortung für das Geschehene übernehmen. Schließlich waren die anderen ja die Verursacher der Misere. Sollen die also etwas verändern, damit es zukünftig nicht wieder zum gleichen Problem kommt! Das jedoch ist ein sehr naives Denkmuster. Wir können nämlich nicht die Welt verändern. Nicht einmal die Menschen in unserem Umfeld. Wir können nur uns selbst verändern und selbst das ist gar nicht so einfach. Veränderung ist unbequem und anstrengend. Oft sind wir dazu zu träge. Außerdem kostet eine emotionale Krise, wie das Ende einer Beziehung, ohnehin schon viel Kraft. Da ist dann oft wenig Energie übrig, um sich auch noch mit sich selbst und Veränderung auseinanderzusetzen. Trotzdem ist es wichtig, zu gegebener Zeit die Kraft wieder aufzubringen, eigenverantwortlich zu handeln. Die Hilflosigkeit der Opferrolle ist es, die zu psychosomatischen Symptomen oder zur Depression führen kann.

Die Opferrolle und die Depression sind enge Verwandte:

Die beiden Hauptmerkmale einer Depression sind Antriebslosigkeit und eine gedrückte Stimmung. Man geht heute von einer multifaktoriellen Ursache aus. Das heißt, dass eine Mischung aus persönlicher Veranlagung und äußeren Umständen für das Entstehen verantwortlich ist. An meiner Veranlagung kann ich natürlich nichts ändern und die äußeren Umstände habe ich mir auch nicht unbedingt ausgesucht, allerdings kann ich meine Bewertung des Geschehenen steuern. Aron Beck macht in seinem lerntheoretischen Modell die negative Bewertung der eigenen Person, der Umwelt und der Zukunft, die sogenannte kognitive Triade, als Auslöser einer Depression verantwortlich.[6] Man spricht in dem Zusammenhang auch von erlernter Hilflosigkeit. Diese Abwärtsspirale kann unterbrochen werden, indem man die Situation neu bewertet. Es ist wichtig zu erkennen, dass man nicht ein passives Opfer des Geschehenen ist, sondern aktiv etwas an der Art, sie zu verarbeiten, verändern kann. Leider geht das nicht immer ohne therapeutische Hilfe und manchmal ist eine medikamentöse Unterstützung notwendig, um den Kreislauf der Selbstabwertung zu unterbrechen.

Nach einer Trennung fühlen wir uns oft auch gesellschaftlich in der Opferposition. Die Vorstellung, als Frau oder Mann ohne Partner weniger wert zu sein, ist selbst in unserer emanzipierten Gesellschaft noch erstaunlich weit verbreitet. Das Gefühl, nur als Paar ein vollständig zu sein, kann von unserem Umfeld zusätzlich geschürt werden. Mir ging es so, dass, nach dem Ende meiner ersten Ehe, ich seltener zu Veranstaltungen eingeladen wurde, an denen wir früher immer als Paar teilgenommen

---

6   Beck, Aaron T. [u. a.]: *Kognitive Therapie der Depression*. Weinheim: Beltz Verlag, 1999.

hatten. Erst kürzlich antwortete mir eine Bekannte auf meine Frage, warum eine gemeinsame Freundin nicht auf einen anderem Fest eingeladen sei, dass diese doch zurzeit keinen Partner habe und es bei einer ungeraden Personenzahl mit der Tischordnung schwierig wäre. Wenn man als frisch Getrennte so etwas mitbekommt, ist das sehr verletzend, besonders wenn der Selbstwert ohnehin beschädigt ist. Natürlich ist nicht immer in dieser Deutlichkeit erkennbar, dass wir dazu neigen, unseren Wert durch eine Partnerschaft zu heben. Allerdings gilt, glaube ich, sogar für den Selbstbewusstesten unter uns, dass das Selbstwertgefühl zumindest zeitweise leidet, wenn man gerade verlassen wurde.

Grundsätzlich, das möchte ich nochmals betonen, gehören die unterschiedlichsten Gefühle für einen angemessenen Zeitraum zum Prozess der Trauer dazu. Eben auch Gefühle von Depression und Kraftlosigkeit. Das Wichtigste an dieser Stelle ist, gnädig mit sich zu sein und diese Gefühle zuzulassen. Auch das Gefühl, Opfer einer Situation zu sein, ist für eine gewisse Zeit ein ganz normales Empfinden. Es ist aber essenziell, in dieser Phase nicht zu stagnieren, sondern den Zeitpunkt, an dem es weitergehen kann, zu erkennen. Einige von Ihnen, besonders diejenigen, die einen gefestigten Selbstwert haben, werden mit der Zeit automatisch aus der Opferrolle herauskommen. Andere, vor allem diejenigen, die vielleicht schon zeitlebens unter einer schlechten Eigenbewertung leiden und sich schnell als Opfer fühlen, werden einen längeren Weg vor sich haben. Besonders dann, wenn die Ursache, wie so oft, in den Kindertagen liegt, wie ein Blick in Lisas Familiengeschichte zeigt:

Lisas Familiengeschichte:

Lisa beschreibt die Art, wie sie aufgewachsen ist, als sehr harmonisch. Ihre Mutter ist eine Frau, die immer um das Wohl ihrer Familie besorgt war. Sie gab ihren Beruf als Krankenschwester auf, um ihrem Mann den Rücken für seine Karriere frei zu halten und sich ganz um Lisa, ihre Schwester und den Haushalt kümmern zu können. Für den Vater stand das Berufliche immer im Vordergrund. Als Direktor eines führenden Kreditinstitutes war er sehr eingespannt, auch am Wochenende. Lisa erinnert sich daran, als kleines Mädchen gerne auf seinem Schoß gesessen zu haben, wenn er Zeit für sie hatte. Je älter sie wurde, desto mehr blieb dieser Wunsch eine Sehnsucht, die sich nicht mehr erfüllte. Beeindrucken konnte sie ihren Vater nur mit guten Leistungen in der Schule und im Sport. Dafür bekam sie seine Aufmerksamkeit. Für ihre Leichtathletikwettkämpfe nahm sich der Vater sogar die Zeit zum Zuschauen, besonders als Lisa im Weitsprung so gut wurde, dass sie dem Deutschlandkader beitrat. Auch die Mutter war sehr stolz auf Lisas Erfolge. Von ihrem Mann bekam sie viel Anerkennung dafür, dass sie sich so vorbildlich um die Mädchen kümmerte, die stets adrett gekleidet waren und von allen gemocht wurden. Lisa versuchte dabei immer, ihre ältere Schwester zu übertrumpfen, und war ihr tatsächlich auch immer etwas voraus. Auf meine Frage nach dem Verhältnis der Eltern untereinander kam Lisa ins Grübeln. Die Eltern haben sich immer gut verstanden. Das heißt, dass es nie Streit oder laute Worte zwischen ihnen gab. Allerdings hatten sie ihrer Erinnerung nach auch nicht viel Gemeinsames. Scheinbar ging jeder seinen Weg und erfüllte seine Aufgaben. Die emotionalen Bindungen in der Familie schienen inexistent. Zuwendung verdiente man sich durch Erfolg und Ansehen.

Lisas Beispiel zeigt, wie es dazu kommen kann, dass wir unseren Wert nur über einen »Außenspiegel« erkennen. Wir fühlen uns nur dann wertvoll, wenn andere uns das sagen. Früher war sicherlich Lisas Vater ihr wichtigster Spiegel. Durch das Beispiel ihrer Mutter hat sie nichts anderes gelernt, als dass eine Frau nur an der Seite eines Mannes etwas wert ist. Lisas Mutter hatte ihre eigenen Bedürfnisse immer hinter die der Familie gestellt und wirkte dadurch als eigene Persönlichkeit in Lisas Beschreibung blass. Es ist anzunehmen, dass Lisa nicht so wie sie werden wollte und sich deshalb von Jugend an in ihre Karriere stürzte. Als sie dann während des Studiums ihren Mann kennenlernte hatte, der als attraktiver junger Mann durch seine guten Leistungen ebenso wie sie glänzte, war das Bild perfekt. Jetzt hatte Lisa den Spiegel des Vaters ersetzt und sich größtenteils als Frau an der Seite ihres Mannes definiert. Bei genauerer Betrachtung fällt auf, dass Lisa im Laufe der Zeit, trotz ihrer Bemühungen, nicht wie ihre Mutter zu werden, in einer ähnlichen Abhängigkeit gelandet ist. Zwar ist sie finanziell eigenständig und steht beruflich mit ihm auf Augenhöhe, trotzdem fühlt sie sich ohne ihn auf ganzer Linie wertlos.

Wenn der Wert, den wir uns beimessen, stark davon abhängt, wie unsere Umwelt von uns denkt, spricht man von einem gespiegelten Selbstwert. Das heißt, dass wir uns genauso bewerten, wie wir es anhand des Feedbacks anderer mitgeteilt bekommen. Werden wir von anderen gelobt oder bekommen Komplimente, fühlen wir uns gut, aber bei Kritik geht es uns schlecht. Natürlich ist es ganz normal, sich über ein positives Feedback zu freuen bzw. sich ein negatives zu Herzen zu nehmen. Auch ist es durchaus sinnvoll, über den Standpunkt anderer nachzudenken. Wenn wir aber nicht in der Lage sind, das Urteil anderer zu reflektieren und mit unserem eigenen Wertesystem abzugleichen, dann sind wir in einem Maße von anderen abhängig, dass wir Gefahr laufen, ihr Opfer zu werden. Nur indem wir einen eigenen Selbstwert entwickeln, können wir frei sein. Diese Unabhängigkeit zu erlangen, ist nicht möglich, wenn uns bis ins späte Jugendalter, manchmal sogar bis ins Erwachsenenalter, von den Eltern gesagt wurde, was falsch und was richtig ist, und wenn wir nicht gelernt haben, uns von ihrem Urteil frei zu machen. Wenn das der Fall ist, sollten wir es als Erwachsene nachholen, die Fähigkeit der Eigenbewertung zu entwickeln, um Freiheit in unseren Entscheidungen zu erlangen.

Wie schon gesagt, ist es eine ganz normale und wohl auch verständliche Reaktion, sich nach einer Trennung wertlos zu fühlen. Besonders dann, wenn man, wie Lisa, durch eine jüngere Frau ersetzt wird. Das ist ein harter Schlag. Auch der gesündeste Selbstwert gerät auf die Weise ins Wanken. An ihrem Beispiel wird aber ebenso deutlich, wie wichtig es ist, sich mit seiner Geschichte auseinanderzusetzen und zu versuchen, den eigenen Wert (Selbstwert) ohne den Spiegel von außen erkennen zu können. Je besser ihre eigene Wahrnehmung wird, desto unabhängiger wird sie von der Fremdwahrnehmung ihres Partners oder anderer Personen in ihrem Umfeld sein. Auf diese Weise wird sie es schaffen, nicht erneut in die emotionale Abhängigkeit eines Mannes zu geraten und Opfer seiner Entscheidungen zu werden.

Für Lisa und andere Menschen mit einem niedrigen Selbstwertgefühl bzw. einem gespiegelten Selbstwert ist es ein langer und schwieriger Weg hin zu einem starken Selbstbewusstsein. Hier ist der Weg das Ziel. In schwierigen und emotional belastenden Situationen, in denen wir unter Stress stehen, werden wir immer wieder in unsere ursprünglichen Verhaltensmuster zurückfallen. An dieser Stelle ist die Großzügigkeit mit sich selbst gefragt und das Verständnis dafür, dass wir eben doch nur Menschen mit unseren ureigenen Wurzeln und keine Maschinen sind, die man beliebig umprogrammieren kann.

Wenn wir unser Programm allerdings durchschaut haben, erkennen wir destruktive Muster leichter und können so bei Bedarf unser Verhalten besser steuern. Auf diese Weise bleiben wir kein Opfer, sondern finden Möglichkeiten für mehr Selbstkontrolle. Sich als Person so anzunehmen wie man ist, ist der wichtigste Schritt zu einem starken Selbstwertgefühl.

Wir können uns nicht nur als Opfer der Menschen fühlen, mit denen wir in Beziehung stehen, sondern auch als Opfer unserer eigenen Selbstwertproblematik und unserer Erziehung. Stefanie Stahl sieht in ihrem Buch *Leben kann auch einfach sein!* einen mangelnden Selbstwert als Ursache jeglicher psychischer Störungen an. Sie beschreibt die unterschiedlichen Ursachen, die ein mangelndes Selbstwertgefühl hervorrufen können, und die entsprechenden Auswirkungen sehr anschaulich.[7]

Ich betrachte den Wert, den sich ein Mensch gibt, gerne als »Wirbelsäule der Psyche«. Wer ein gesundes Bewertungssystem hat, kann aufrecht durchs Leben gehen und Herausforderungen gut meistern. Tatsächlich sind Rückenprobleme die am häufigsten auftretende psychosomatische Störung, was aus meiner Sicht alles andere als ein Zufall ist. Im Kapitel »Was bin ich wert?«, in dem es um die Partnersuche gehen wird, werde ich mich nochmals explizit mit diesem existenziell wichtigen Thema befassen. Hier jedoch möchte ich zunächst noch meine eigene Erfahrung bezüglich der Entwicklung meines Selbstwertes mit Ihnen teilen. Allem voran stand eine für mich große Erkenntnis:

---

7   Stahl, Stefanie: *Leben kann auch einfach sein!*. Hamburg: Eller & Richter Verlag, 2011.

Die größte Veränderung ist die Akzeptanz:

Als ich jung war und mich entschied, Psychologie zu studieren, nahm ich an, dadurch etwas verändern zu können – mich selber, die Menschen in meinem Umfeld, ja vielleicht sogar die ganze Welt – was man als junger Mensch eben so denkt. Erst viel später, während meiner systemischen Ausbildung, habe ich begriffen, dass es nicht um Veränderung, sondern um Akzeptanz geht. Sich selbst und die Menschen in seiner Umgebung so zu nehmen, wie sie sind, schafft ein völlig anderes Miteinander. Dies zu begreifen, war die wertvollste Veränderung meines Lebens. Anstatt mit mir und anderen zu hadern, habe ich Ruhe gefunden. Gleichzeitig bin ich offener für andere Sichtweisen geworden und habe so meinen Horizont erweitern können. Ich habe gelernt, dass es nicht um *richtig* oder *falsch* geht, sondern oft nur um *anders*. Welche Beziehung ich zu anderen habe, mache ich heute nicht mehr davon abhängig, wie sie für mich sein sollten, sondern ich schaue mir die Menschen um mich herum an und überlege, welche Beziehung ich zu ihnen haben möchte. Mich und andere so anzunehmen, wie sie sind, war der wertvollste Schritt zu einem guten Selbstbewusstsein und zu einem entspannten Miteinander. Dadurch habe ich gelernt, auch mich selbst besser zu akzeptieren, so wie ich bin mit meinen Stärken und Schwächen. Ich fühle mich dadurch nicht mehr als ein Opfer der Erwartungen, die an mich gestellt werden, und bin auch nicht mehr abhängig davon, unbedingt gefallen zu müssen, sondern habe die freie Wahl der Entscheidung darüber, auf was ich mich einlassen will, erlangt.

ES GIBT KEINE TÄTER –
SICH SELBST UND DEM EX-PARTNER VERZEIHEN

»Am Ende sind wir alle Täter, in dem Sinne, dass wir etwas tun können, nämlich unseren Weg bestimmen und ihn bewusst zu gehen.«

Wenn es keine Opfer gibt, gibt es logischerweise auch keine Täter, auch dann nicht, wenn wir uns am Ende einer Beziehung oft so fühlen, als hätten wir etwas falsch gemacht. Auch ich hatte lange das Gefühl, schuld zu sein. Schuld an meiner Unzufriedenheit in der Beziehung, schuld daran, nicht alles versucht zu haben, um sie zu retten, und ganz besonders schuld meinen Kindern gegenüber. Ich weiß, wie schwer es ist, dieses beklemmende Gefühl loszuwerden, und selbst wenn man meint, mit sich Frieden geschlossen zu haben, schleicht es sich in schwachen Momenten durch die Hintertür wieder herein. Trotzdem ist es wichtig, sich davon zu befreien. Die Angst, wieder zu scheitern, blockiert uns sonst den Weg zum Neuen.

Es ist ein Zusammenspiel beider Partner, beeinflusst durch die persönliche Geschichte jedes Einzelnen, das zur Eskalation und zum Ende der Beziehung geführt hat. Ein Beziehungsproblem wird nie durch nur einen der Partner verursacht, sondern entsteht durch das Zusammentreffen zweier Individuen. Wenn es also Täter gäbe, dann wären es in einer Beziehung immer zwei. Die Frage, die sich stellt, ist dann, wie ich mir das, was ich getan habe, und wie ich meinem Partner verzeihen kann. Wenn ich nämlich nicht verzeihen kann, kann ich auch nicht loslassen. Ich bleibe in meiner Wut oder meinem Gram stecken und folglich blockieren mich diese negativen Gefühle für neue, positive Erfahrungen.

Um mir verzeihen zu können, ist es wichtig, das, was ich getan habe, zu verstehen. Verständnis ist die Voraussetzung für Vergebung. Diese von mir zu übende Nachsicht gilt natürlich ebenso mir wie auch meinem Partner gegenüber. Zunächst bitte ich Sie aber, den Fokus auf die eigene Person zu richten. Es ist nämlich ein beliebter Fluchtweg, auf den anderen zu schauen, um zu vermeiden, sich mit sich selbst auseinandersetzen zu müssen. Selbstreflexion ist schwieriger und schmerzhafter, als das Verhalten des Partners zu bewerten. Ich schlage vor, diesen vier Schritten zu folgen, die ich Ihnen in diesem Kapitel erklären möchte:

Verzeihen macht frei – Vier Schritte zur inneren Freiheit:

1. Schritt:	Was habe ich getan bzw. unterlassen?
2. Schritt:	Was hat mich veranlasst, mich so zu verhalten?
3. Schritt:	Wann und wie ist mein persönliches Beziehungsmuster entstanden?
4. Schritt:	Verzeihen.

Bettina und Frank verzeihen sich und dem anderen:

Bettina und Frank kommen zu mir in die Beratung, weil sie sich nicht sicher sind, ob sie ihre Beziehung fortsetzen sollen oder ob es sinnvoller wäre, sie zu beenden. Die beiden sind seit fünf Jahren ein Paar und haben eine zweijährige Tochter. Als sie bei mir auf dem Sofa Platz nehmen, versuchen beide, so viel Distanz wie möglich zwischen sich zu bringen, indem sie sich in ihre jeweilige Sofaecke zurückziehen. Beim Erzählen ihrer gemeinsamen Geschichte fallen sie sich immer wieder gegenseitig ins Wort und bombardieren sich mit

Vorwürfen wie: »Du hast doch nie …« oder: »Du hast doch …«.
Bettina und Frank liefern sich ein Wortgefecht, bei dem, so scheint es
mir, es nur darum geht, den anderen vom eigenen Standpunkt durch
immer heftigere Vorwürfe überzeugen zu wollen. Als ich endlich eine
Möglichkeit habe, etwas einzuwerfen, stelle ich ihnen die Frage, wa-
rum sie überhaupt in Erwägung ziehen, zusammenzubleiben, wenn
sie sich offensichtlich so sehr ablehnen. Plötzlich sehen sie sich an und
scheinen sich bei ihrer Antwort zum ersten Mal einig zu sein: »Wir
haben schließlich eine gemeinsame Tochter.«

Als ich sie darauf hinweise, dass sie die Verantwortung für ihre
Tochter miteinander teilen, dies aber niemals der Grund sein kann,
als Paar zusammenzubleiben, wirken sie hilflos und resigniert. Ich
lade die beiden dazu ein, ihre Beziehung zunächst einmal zu ana-
lysieren: Wie war es am Anfang? Wann hat sich etwas verändert?
Was könnte der Auslöser gewesen sein? Und so weiter. Für Betti-
na und Frank ist das der Startschuss für erneute Vorwürfe. Jeder
versucht jetzt, mich davon zu überzeugen, was der andere falsch
gemacht hat, dass es so weit kommen konnte. Es wird allerdings
deutlich, dass die Krise mit der Geburt der Tochter begann. Als ich
beide auf diesen zeitlichen Zusammenhang hinweise, lehnen sie es
jedoch ab, die Geburt der Tochter als Auslöser zu sehen. Schließlich
ist sie ein Wunschkind und beide lieben sie sehr.

Als ich es endlich erneut schaffe, etwas einzuwenden, schlage ich
den beiden vor, mir zu sagen, was sie selbst jeweils getan bzw. unter-
lassen haben, um die Krise auszulösen, anstatt mir zu berichten, was
der andere gemacht habe. Damit bringe ich beide zunächst einmal
zum Schweigen. Diese Reaktion ist für mich alles andere als neu. An
diesem Punkt hat jeder Angst davor, dem anderen am Ende Zünd-
stoff für seine Argumente zu liefern und dadurch die Schlacht zu ver-
lieren. Bettina und Frank sind schon lange kein Team mehr, das eine

gemeinsame Lösung sucht. Hier geht es nur noch um Gewinnen oder Verlieren und zwar nicht gemeinsam als Team, sondern gegeneinander. Immerhin schaffe ich es, dass die beiden mir jetzt zuhören, und ich kann sie dazu bewegen, dass sie sich, jeder für sich, Gedanken darüber machen, wie sie jeweils mit dem eigenen Verhalten dazu beigetragen haben, die Krise fortdauern zu lassen.

Bettinas und Franks Beispiel zeigt, wie verhärtet sich Paare mit der Zeit als Gegner gegenüberstehen und wie schwierig es für die beiden ist, ihre Position zu verlassen. Der Grund dafür ist, dass, so unschön dieses Bild ihrer Beziehung auch ist, beide sich in ihrer jeweiligen Position gewissermaßen sicher fühlen, sicher in der Überzeugung, nichts falsch gemacht zu haben, und den anderen als Täter darstellen zu können. Schließlich wird aber auch Bettina und Frank klar, dass sie so nicht weiterkommen:

Als Bettina und Frank zur nächsten Sitzung kommen, wirken sie auf eine bestimmte Art stolz, als sie berichten, dass sie erkannt haben, was sie zur Entstehung der Krise beigetragen haben. Frank erzählt, dass er sich nach der Geburt seiner Tochter oft als fünftes Rad am Wagen gefühlt habe, wenn er abends nach Hause kam. Bis heute kann er, auch wenn er seine Tochter über alles liebt, mit der neuen Familiensituation wenig anfangen und fühlt sich in seiner neuen Rolle als Vater fremd. Anstatt dieses Gefühl auszusprechen, hat er sich Hals über Kopf in seine Arbeit gestürzt und ist dafür vor einem halben Jahr mit einer Beförderung belohnt worden, auf die er sichtlich stolz ist. Frank erkennt jetzt, dass er zu wenig getan hat, um sich in seiner neuen Position innerhalb der Familie zu behaupten. Während er das sagt, schaut Bettina ihn zum ersten Mal an. In ihrem Blick lese ich eine Mischung aus Traurigkeit und

Zuneigung für ihren Mann. Bettina fühlt sich durch Franks Eingeständnis ermutigt, zu berichten, was sie als ihr verursachendes Verhalten erkannt hat: Mit der Geburt ihrer Tochter erfüllte sich für Bettina mit Ende dreißig ein langersehnter Wunsch. Trotzdem fühlte sie sich zunächst im Umgang mit ihrer Tochter sehr unsicher. Sie wollte alles richtig machen und war so Tag und Nacht mit ihren Gedanken bei dem Wohl ihres kleinen Mädchens. Oft hatte sie auf dem Ausziehsofa im Kinderzimmer geschlafen, um in der Nähe der Tochter zu sein. Ein Babysitter kam und kommt für sie bis heute nicht infrage, nicht einmal, als ihr Mann sie vor drei Monaten bat, ihn zu seiner Weihnachtsfeier zu begleiten. Im Nachhinein wird ihr bewusst, dass sie ihre Ehe vernachlässigt hat. Allerdings würde sie auch in nächster Zeit keinen Babysitter für ihre Tochter akzeptieren und wisse nicht, wie sie die Situation sonst verbessern könne.

Bettina und Frank haben es geschafft, ihre Energie nicht mehr dafür einzusetzen, den jeweils anderen zu bekämpfen, sondern stattdessen sich damit auseinanderzusetzen, was sie getan bzw. unterlassen haben, um das Problem in ihrer Beziehung entstehen zu lassen. Damit sind sie den ersten Schritt in Richtung Verzeihen gegangen. Es stellt sich die Frage, was der Auslöser für ihr Verhalten gewesen ist, womit wir beim zweiten Schritt wären: Auf den ersten Blick scheint es die gemeinsame Tochter zu sein, die die Ursache des Problems darstellt. Diese Antwort stößt wahrscheinlich bei vielen von Ihnen auf verständliches Unbehagen, besonders bei denen, die selber Kinder haben. An dem Punkt kann ich Sie aber beruhigen. Natürlich ist nicht die Tochter die Ursache des Problems, sondern die Art und Weise, mit der Bettina und Frank mit der veränderten Familiensituation umgegangen sind.

Eine Beziehung ist immer eine Entscheidung des einen für den anderen. Als Erwachsener wählen Sie selbst. Bettina hat beschlossen, die Zweisamkeit mit ihrem Mann zumindest über den Zeitraum, in dem ihre Tochter noch klein ist, stark einzuschränken. Frank hat entschieden, sich von der Mutter-Tochter-Symbiose abzuwenden und sich auf seine Karriere zu fokussieren. Es liegt mir fern, die Entschlüsse der beiden zu bewerten, vielmehr möchte ich darauf hinweisen, dass sie als Erwachsene verantwortlich für die Konsequenzen sind. Die tatsächliche Veranlassung, sich entsprechend zu verhalten, war also eine persönliche Entscheidung der beiden, auch wenn es keine bewusst getroffene war. Es bleibt die Frage, ob Bettina und Frank tatsächlich frei gewählt haben, sich so zu verhalten, oder ob sie vielleicht noch von persönlichen, ungelösten Problemen aus ihren Ursprungsfamilien geprägt sind. Für Bettina und Frank wäre die Beantwortung dieser Frage der dritte Schritt. Nur wenn sie das beantworten können, werden sie in der Lage sein, ihr Verhaltensprogramm vollends zu verstehen. Wie geht es also weiter für Bettina und Frank?

In weiteren Sitzungen erfahre ich, dass Bettinas Eltern sich getrennt hatten, als sie achtzehn Monate alt war. Ihre Mutter hatte danach eigentlich nie wieder eine feste Beziehung. Sie war sehr auf ihre Tochter fixiert. Noch heute ruft sie fast täglich bei ihr an, um sich nach ihrem Wohlergehen zu erkundigen. Für Bettina war es oft mehr Last als willkommene Fürsorge. Sie hatte sich schon als Kind oft gewünscht, dass ihre Mutter sich mehr auf sich konzentrieren würde, um weniger in ihrem Fokus zu sein. Frank hingegen hat eine ältere Schwester und kommt aus einer »intakten« Familie. Die Eltern sind bis heute zusammen. Er erzählt, dass der Vater beruflich

immer sehr eingespannt war und selten Zeit für die Familie hatte.
Seine Mutter hat nicht gearbeitet und war voll für Familie und
Haushalt da. Allerdings war das Verhältnis zwischen seiner Mutter
und seiner Schwester immer sehr eng und er erinnert sich, sich in
dieser Konstellation als Störfaktor empfunden zu haben.

Die Parallelen zwischen den Erfahrungen, die die beiden in ihren
Ursprungsfamilien gemacht haben, und dem Verhalten in ihrer
Beziehung zeichnen sich ab. Bettina erkennt, dass sie sich, genau
wie ihre Mutter, vollständig auf die Tochter konzentriert. Sie fragt
sich sogar, ob der Fokus ihrer Mutter auf sie als Baby vielleicht
zu der Trennung der Eltern beigetragen haben könnte. Bisher hat
sie gedacht, dass der Vater einfach »abgehauen« sei. Bettina be-
schließt, sich noch weiter mit ihrer Geschichte auseinanderzusetzen, um ihr Verhalten besser verstehen zu können. Auch Frank
sieht Parallelen. Genau wie der Vater hat er sich in die Arbeit gestürzt. Auch sein Vater war in seiner Familie immer im Abseits.
Frank wird schmerzlich bewusst, dass das Gefühl, in seiner Familie außen vor gelassen zu werden, ihn an eine alte Wunde aus
Kindertagen erinnert. Frank war einsam in seiner Familie. Der
Vater war abwesend und in die Symbiose zwischen seiner Mutter
und seiner Schwester passte er nicht hinein. Schon früh hat Frank
gelernt, anderswo einen Platz zu finden. Er hatte immer viele
Freunde, war sehr beliebt bei seinen Klassenkameraden und im
Sport. Er war ein guter Schüler und sehr ehrgeiziger Tennisspieler.
Bettina und Frank haben sich schließlich voneinander getrennt. Zu groß war die Kluft, die sich zwischen ihnen aufge-
tan hatte. Trotzdem haben sie vieles von dem verstanden, was
sie selbst zum Scheitern der Beziehung beigetragen haben. Sie
erkannten die Ursachen ihres Verhaltens und auch, dass vieles

mit ihrer Vergangenheit zu tun hat und nicht mit dem, was sie sich gegenseitig angetan haben. Es dauerte noch einige Sitzungen, in denen beide getrennt zu mir kamen, bis jeder sich seine Anteile eingestehen konnte. Damit ist es sehr wahrscheinlich, dass sie in ihrer nächsten Beziehung die Stolperfallen erkennen können, bevor sie hineinschlittern. Es half den beiden, auch die Verhaltensweisen des Ex-Partners zu verstehen. So konnten sie eine gute Basis finden, um sich zu verzeihen und weiterhin ein Team als Eltern ihrer gemeinsamen Tochter bleiben.

Der letzte Schritt, das eigentliche Verzeihen sich selbst und dem anderen, ist sehr vielschichtig. Je nach Ausmaß der persönlichen Geschichte und besonders dann, wenn körperlicher oder emotionaler Missbrauch vorliegt, in der Paarbeziehung und bzw. oder in der Herkunftsfamilie, scheint das Verzeihen unmöglich. Immer wieder muss man sich seinem Schmerz stellen, um zu begreifen, warum einem ein solches Leid angetan wurde. Sich damit auseinanderzusetzen, dass die Täter meistens selbst Leidtragende waren, ist für Missbrauchsopfer nicht möglich, solange sie selber noch tief in ihrem Schmerz stecken. Bei besonders schweren Fällen ist der Weg zum Psychologen unabdingbar. Alleine schafft man es aus den ganz tiefen Löchern nicht heraus. Viele Psychologen gehen bei extremen Missbrauchsfällen davon aus, dass das Verzeihen Grenzen hat. Dann muss es genügen, die Tür zu schließen, um nicht immer wieder aufs Neue im Leid zu ertrinken. Auch bei Kindheitserlebnissen, die nichts mit körperlichem Missbrauch zu tun haben, sondern im emotionalen Bereich stattfanden, hilft ein Blick von außen, um Klarheit zu schaffen. Egal wie schwer Ihr persönlicher Weg hin zum Verzeihen ist, ich rate Ihnen, ihn, wenn eben möglich, zu gehen, denn das ist der Schlüssel in Ihre persönliche Freiheit.

Mit der gewonnenen Erkenntnis können Bettina und Frank ihren weiteren Weg in jedem Fall bewusst gehen. Bettina wird nach der Trennung eventuell zu dem Schluss gelangen, sich zunächst ganz auf ihre Tochter zu konzentrieren. Vielleicht wird sie merken, dass sie sich einen Partner an ihrer Seite wünscht. Dann kann sie auch diese Entscheidung bewusst treffen und ihre Beziehung zur Tochter und dem neuen Partner gewollt gestalten. Frank dagegen wird gegebenenfalls überlegen, wie er sich in zukünftigen Beziehungen verhalten kann, um nicht wieder im Abseits zu landen. Das wird für ihn ein langer, ungewohnter Weg werden. Er hat jetzt die Möglichkeit, einen klaren Entschluss zu fassen und selbstbestimmt seine Beziehungen zu gestalten.

Am Ende sind wir alle Täter in dem Sinne, dass wir etwas tun können, nämlich unseren Weg bestimmen und ihn bewusst gehen.

Übrigens, selbst das Gesetz kennt bei Trennungen keine Täter und Opfer mehr:

Selbst vor dem Scheidungsgericht gilt seit der Scheidungsreform von 1977 das Schuldprinzip nicht mehr. Der Grund: Beide Partner sind verantwortlich für das Gelingen einer Ehe. Aus dem Grund scheint es fairer, die Frage der Schuld auszuklammern. Entscheidend soll sein, dass, wenn einer der Partner den Wunsch hat, die Ehe zu verlassen, aus welchem Grund auch immer, der andere das zwangsläufig respektieren sollte. Die Entscheidung für oder gegen eine Beziehung muss immer freiwillig bleiben. Eine Ehe ist kein Gefängnis, sondern eine Vereinbarung, zu der zwei Personen einmal Ja gesagt haben. Sagt einer der beiden an einem bestimmten Punkt Nein, ist die Beziehung zu Ende, so traurig das für den anderen auch sein mag.

ALS ELTERN GEMEINSAMER KINDER MITEINANDER
VERBUNDEN BLEIBEN

»Ein Kind ist immer zu fünfzig Prozent Vater und fünfzig Prozent Mutter. Zwingen wir ein Kind, sich für einen und gegen den anderen zu entscheiden, zwingen wir es, sich gegen die Hälfte seiner selbst zu entscheiden.«

Es macht einen Unterschied, ob bei einer Trennung Kinder betroffen sind oder ob ich mich aus einer Beziehung ohne Kinder löse. Gehen keine Kinder aus der Beziehung hervor, gibt es nach der Trennung, spätestens wenn ein gemeinsames Haus verkauft oder andere gemeinsame Eigentümer aufgeteilt oder aufgerechnet wurden und auch die emotionale Bindung gelöst wurde, keine Berührungspunkte mehr zwischen den getrennten Ex-Partnern. Es bleibt eine Erinnerung, aber das war es dann auch. Das ist bei gemeinsamen Kindern anders. Die kann man nicht halbieren. Die Verbindung als Eltern bleibt. Wichtige Entscheidungen müssen beide Erziehungsberechtigte gemeinsam treffen, große Feste werden eventuell zusammen gefeiert, es finden Besuche im Zuhause der Kinder statt und somit auch beim Ex-Partner und immer wieder erzählen die Kinder dem einen vom anderen.

Diese Situation ist nicht nur für die Kinder oder für zukünftige Partner (s. Kap.: Meine Kinder, deine Kinder) schwierig, sondern auch für die getrennten Eltern. Wie kann man nach der Trennung und den dadurch verursachten Verletzungen einen für alle Beteiligten guten Umgang miteinander finden? Ich denke, dass das ein Prozess ist, der sich wie immer, wenn eine

Beziehung sich grundlegend verändert, einspielen muss und der vor allem voraussetzt, dass die alte Bindung gut gelöst wurde. Nur dann sind die getrennten Partner in der Lage, gemeinsam eine stabile neue Beziehung als getrennte Eltern für sich zu schaffen.

Ich halte es an dieser Stelle für wichtig, nochmals auf einen gütigen Umgang mit der eigenen Person und auch dem Ex-Partner hinzuweisen. Eine Trennung zu verarbeiten, ist ein großer Schritt. Die in den vorherigen Kapiteln besprochenen Maßnahmen in Richtung einer guten Trennung sind zwar erstrebenswert, aber wir sind alle nur Menschen. Perfektionismus ist hier fehl am Platz und setzt uns in einer schwierigen Situation nur zusätzlich unter Druck. Vielleicht gelingt es uns mit der Zeit immer besser, Eigenverantwortung zu übernehmen und zu verzeihen. Vielleicht machen wir in bestimmten Situationen aber auch Rückschritte, weil wir emotional angeschlagen sind oder uns eine Situation kalt erwischt. Das ist normal und sollte keine anderen Folgen haben, als sich selbst innerlich in den Arm zu nehmen, sich Fehltritte zu verzeihen und sich die Ziele immer wieder aufs Neue bewusst zu machen. Stellen Sie sich vor, dass z. B. Ihr Sohn vom Papa kommt und wieder einmal eine neue, teure Playstation bekommen hat, während Sie Probleme haben, am Ende des Monats den Lebensmitteleinkauf zu bezahlen. Wenn der Sohn dann mit strahlenden Augen erzählt, dass der Papa der Größte ist, dann tut das weh und macht wütend. Hier immer richtig reagieren zu können, wäre übermenschlich. Natürlich rutscht da einmal ein böses Wort gegen den Papa raus, auch vor dem Sohn. Blöd gelaufen! Das Schöne ist, dass wir Fehler korrigieren können, indem wir unser Verhalten erklären und dabei Verantwortung übernehmen. Geht die Mutter auf ihren Sohn zu und sagt ihm, dass sie falsch reagiert hat, weil sie darüber traurig ist, dass sie ihm so etwas nicht kaufen kann, oder weil sie sich manchmal immer noch über den Papa ärgert, dann ist die Sache schnell bereinigt. Der Sohn bleibt mit seinem Unverständnis gegenüber der Reaktion der Mutter nicht allein. Und sie kann auch auf diese Weise verhindern, dass am Ende das Kind sich die Schuld für ihre Reaktion geben könnte und vielleicht sogar den Entschluss fasst, sich seiner Mutter zukünftig nicht mehr mitzuteilen, um sie nicht traurig oder wütend zu machen.

Ein anderes Problem, das ich auch mehrmals erlebt habe, ist, dass meine Kinder sich bei mir über ihren Vater beschweren oder von seinem Verhalten enttäuscht sind. Meine Tochter hat sich einmal so über ihren Vater geärgert, dass sie in Tränen aufgelöst war. Als Mutter konnte ich da nur aktiv reagieren, ob das richtig oder falsch ist, sei dahingestellt. Wenn die eigenen Kinder leiden, können die meisten Eltern nicht anders als handeln. Das Beste ist natürlich, dann einen möglichst neutralen Standpunkt einzunehmen, allerdings nicht um jeden Preis. Aus meiner Sicht sollte man immer darauf achten, die Wahrheit nicht zu verdrehen, denn das würde die Kinder dazu zwingen, ihre eigene Wahrnehmung infrage zu stellen, obwohl sie richtig ist. Das ist aus meiner Sicht das Schlimmste, was wir ihnen antun können, und es kann das Vertrauen der Kinder in uns nachhaltig schwächen. Hier ein Beispiel, das diesen Punkt verdeutlicht:

Ein Balanceakt zwischen Neutralität und Ehrlichkeit:

Marion hat sich vor zwei Jahren von ihrem Mann Peter getrennt, weil sie darunter litt, dass er meistens mental abwesend war. Mit den Gedanken schien er woanders; selbst wenn Marion ihm etwas

Wichtiges mitteilen wollte, das sie sehr beschäftigte, hatte sie das Gefühl, ihn nicht zu erreichen. Marion und Peter haben eine vierzehnjährige Tochter, die sehr an ihrem Papa hängt und auch noch zwei Jahre nach der Trennung unter der räumlichen Distanz zu ihm leidet. Tessa verbringt jedes zweite Wochenende bei ihrem Vater und freut sich immer sehr auf diese Zeit. Allerdings hat Marion gemerkt, dass Tessa seit einiger Zeit etwas niedergeschlagen wirkt, wenn sie von ihrem Vater zurückkommt. Als sie ihre Tochter wiederholt nach dem Grund fragt, erzählt die ihr schließlich, dass sie das Gefühl habe, dass der Papa sich nicht richtig auf sie freuen würde, denn er sei, wenn sie bei ihm ist, ständig mit anderen Dingen beschäftigt. Tessa erzählt weiter, dass sie das Gefühl habe, dass er ihr gar nicht richtig zuhören würde. Zwar wirkt die Tochter erleichtert darüber, sich ihrer Mutter anzuvertrauen, doch ist sie über die Situation mit ihrem Vater sehr bedrückt.

Marion hatte sich vorgenommen, ihren Ex-Mann vor der Tochter niemals schlechtzumachen. Sie war ebenfalls ein Scheidungskind und hatte sehr darunter gelitten, dass ihre Mutter den Vater ständig kritisierte. Sie erinnert sich, sie dafür sogar gehasst zu haben. Noch heute ist Marions Verhältnis zu ihrer Mutter angespannt. So ganz hat sie ihr dies nie verziehen, obwohl sie im Laufe der Jahre die Erfahrung machte, dass das, was ihre Mutter am Vater auszusetzen hatte, durchaus gerechtfertigt war.

Marion beschwichtigt ihre Tochter, indem sie ihr sagt, dass der Papa es sicher nicht so meine und sie bestimmt sehr lieb habe. Die Mutter merkt aber, dass es Tessa damit nicht besser geht. Sie scheint sich noch weiter in sich zurückzuziehen als vorher. Marion kommt ratlos zu mir in die Praxis. Sie weiß nicht, wie sie ihrer Tochter am besten helfen kann, ohne ihr gleichzeitig zu schaden.

Marion hat grundsätzlich recht. Es ist in jedem Fall schlecht, den Vater vor dem Kind herabzusetzen, selbst wenn es um Charaktereigenschaften geht, die, objektiv betrachtet, wirklich vorhanden sind. Das kann das Verhältnis zwischen ihnen stören. Es kann zu einer Koalition zwischen dem Kind mit dem einen Elternteil gegen den anderen kommen. Das heißt, dass das Kind sich entscheiden muss, auf welche Seite es sich stellt, und sich somit von einem der beiden abwendet. Da es aber ein emotionales Bedürfnis nach beiden Eltern hat, würden wir unsere Kinder so in eine für sie untragbare Situation bringen. Ein Kind ist immer zu fünfzig Prozent Vater und fünfzig Prozent Mutter, auch wenn es *möglicherweise* in Aussehen oder charakterlicher Veranlagung einem Elternteil ähnlicher ist. Zwingen wir ein Kind, sich für einen und gegen den anderen zu entscheiden, zwingen wir es, sich gegen eine Hälfte seiner selbst zu entscheiden. Die Folgen, bis hin ins hohe Erwachsenenalter, einer solchen Positionierung gegen ein Elternteil sehe ich täglich in meiner Praxis. Sie drücken sich in einem niedrigen Selbstwert aus, dem Gefühl, nicht zu genügen oder unzulänglich zu sein.

In den meisten Fällen, in denen ein Elternteil den anderen schlecht macht, lehnt das Kind den Angreifer ab. Es stellt sich schützend vor den anderen. Im obigen Beispiel erzählt Marion, dass sie ihre Mutter dafür gehasst habe, dass diese den Vater kritisierte. Das ist eine typische Reaktion, die destruktiv für die Entwicklung des eigenen Selbstwertes ist, weil es auch hier zur Ablehnung eines Elternteils kommt. Marion spürt ihre Ablehnung gegenüber der Mutter noch heute, so tief ist sie in ihr verwurzelt. Das könnte zu einer Ablehnung ihrer eigenen Weiblichkeit führen, etwas, das ich in der Praxis oft beobachtet habe. Viele meiner Klienten haben Probleme damit, ihre weibliche oder männliche Identität anzunehmen. Nicht selten ist die Ursache dafür die Ablehnung des entsprechenden Elternteils.

Wie also kann sich Marion richtig verhalten? Ich schlage ihr vor, authentisch zu sein. Da ihre Tochter schon vierzehn Jahre alt ist, hat sie die Möglichkeit, ihr auf einer erwachsenen Gesprächsebene zu begegnen. Sie darf ruhig etwas von ihren eigenen Erfahrungen mit Tessas Vater erzählen, z. B. dass sie das Gefühl kennt und selber die Erfahrung gemacht hat, nicht immer die volle Aufmerksamkeit von ihrem Ex-Mann bekommen zu haben.

Achtung Altersbeschränkung:

Diese Gespräche sind ein Balanceakt! Das, was Marion von ihrer Ehe erzählt, muss dem Alter ihrer Tochter angemessen sein, ungefähr so wie Kinder keine Filme sehen sollten, die eine Altersbeschränkung haben, die ihrem Alter noch nicht entspricht. Wenn Sie unsicher sind, seien Sie achtsam! Sobald Sie das Gefühl haben, dass Ihr Kind etwas nicht hören will, sollten Sie das Gespräch abbrechen. Kinder müssen nichts hören, was sie nicht hören wollen. Das gilt insbesondere für Themen wie Sex oder Missbrauch. Dafür ist ein Kind grundsätzlich nie alt genug. Kinder wollen über die Sexualität ihrer Eltern nichts wissen. Achten Sie bei solchen Gesprächen immer darauf, dass Sie zum Wohl des Kindes argumentieren und nicht sich selbst erleichtern, indem Sie Ballast abladen. Letzteres darf nicht passieren. Dafür suchen Sie sich lieber eine gute Freundin.

Marion könnte Tessa erklären, dass das nun einmal die Schwäche des Vaters sei und schließlich alle Menschen Stärken und Schwächen haben. Sie könnte ihrer Tochter vorschlagen, den Vater darauf anzusprechen. Für Tessa ist es wichtig, dass ihre Mutter Verständnis für sie hat und sie sich auf diese Weise mit dem Problem nicht alleingelassen fühlt. Trotzdem kann Marion auch Verständnis für den Vater zeigen, ohne dass sie Partei ergreift.

Marion und Peter sind beide zu gleichen Teilen für die Erziehung ihrer Tochter zuständig. Allerdings ist jeder für sich für seine eigene Beziehung zu ihr verantwortlich. Verpflichtet sind natürlich immer die Erwachsenen, niemals die Kinder. Da Marion und Peter ganz unterschiedliche Persönlichkeiten sind, wird die jeweilige Beziehung zum Kind auch eine jeweils andere sein. Für Tessa ist das sehr wertvoll, denn sie lernt auf diese Weise verschiedene Beziehungsmodelle kennen. Eigentlich ist das auch nicht anders als in intakten Familien, allerdings gibt es dort die Schnittmengen Vater-Kind, Mutter-Kind und Eltern-Kind. Die letzte Schnittmenge fällt bei Trennungsfamilien meist weg. Das muss aber nicht sein. Wenn die getrennten Eltern sich mit ihrem Kind z. B. zu Familienkonferenzen treffen, um wichtige Themen zu besprechen, kann das eine Bereicherung für alle sein. Die Kinder merken so, dass die Eltern auch nach der Trennung noch als Team in der Erziehung auftreten. Aber auch hier lauert eine Gefahr:

Vorsicht vor zu viel Harmonie:

Eltern müssen in ihrem Umgang miteinander vor den Kindern sehr klar auftreten, um sie nicht zu verunsichern. Diese lauern geradezu auf Indizien dafür, dass die Eltern sich noch lieben und wieder zusammenkommen könnten. Werden sie in dieser Hoffnung bestärkt, führt das unweigerlich zu wiederholten Enttäuschungen. Das Kind wird zunehmend verunsichert. Ich rate aus diesem Grund auch davon ab, weiterhin gemeinsame Urlaube zu verbringen. Zu groß ist die Gefahr, eine nicht vorhandene Harmonie auf der Paarebene vorzuspielen, an die sich die Kinder klammern könnten. Das schließt auch gemeinsame Feste mit ein. Das Verhalten der Eltern zueinander muss eindeutig bleiben. Besonders schwierig ist es, wenn die Eltern noch nicht unmissverständlich getrennt sind oder zumindest einer der Partner noch zu sehr am anderen hängt.

Als Eltern sollte es uns möglich sein, mit dem Ex-Partner Wahrnehmungen und Sorgen bezüglich der gemeinsamen Kinder besprechen zu können, auch wenn diese Sorgen das Kind und sein Verhältnis zum anderen Elternteil betreffen. Im Beispiel von Marion und Peter wäre es aus diesem Grund gut, wenn Marion Peter von ihrem Gespräch mit Tessa erzählen würde. So kann sie sicher sein, dass er über die Problematik informiert ist. Angebracht wäre es, wenn er die Schilderung seiner Frau nicht als persönliche Kritik verstehen würde, sondern reflektiert genug ist, sich konstruktiv damit auseinanderzusetzen. Welche Konsequenzen das für seinen Umgang mit Tessa hat, bleibt natürlich ihm überlassen. Darauf sollte Marion keinen Einfluss nehmen. Wenn Sie mehr darüber wissen möchten, wie sich Kinder in Trennungsfamilien gut entwickeln können, kann ich Ihnen das Buch von Irmela Wiemann *Wie viel Wahrheit braucht mein Kind?*[8] empfehlen. In dem Kapitel »Kinder in Eineltternfamilien« geht sie explizit darauf ein, welche Folgen eine schlechte Eltern-Kind-Kommunikation haben kann. Ihr Buch bietet gleich mehrere wertvolle Einblicke in diesen und weitere Themenbereiche, die ich in meinem Buch auch ansprechen werde. Zu nennen sind hier v. a. ihr Kapitel »Wenn Mütter oder Väter zweite Familien gründen« und ihre Ausführungen zur ehrlichen Kommunikation mit Kindern. Auch wenn ich auf die Thematik *Kinder* in meinem Buch nur am Rande eingehe, soll die

8   Wiemann, Irmela: *Wie viel Wahrheit braucht mein Kind?*. Hamburg: Rowohlt Verlag, 2001.

Botschaft nicht sein, dass das Thema nebensächlich wäre. Im Gegenteil! Die Entwicklung der Kinder, besonders in schwierigen Situationen, ist aus meiner Sicht so wichtig, dass sie gesondert betrachtet werden muss. Glücklicherweise, und vielleicht gerade weil es eine so wichtige Fragestellung ist, gibt es eine große Zahl an wirklich guten Büchern zu diesem Thema.

Ein gutes Verhältnis ist für getrennte Eltern mindestens so wichtig wie für intakte Familien. Einerseits helfen Klarheit und gegenseitiges Verständnis zwischen den Eltern den Kindern, in der neuen Lebenssituation wieder Sicherheit und damit auch Selbstsicherheit zu bekommen, andererseits entlastet sie die getrennten Eltern in ihrer neuen Situation als Alleinerziehende. Eine Mutter, die von dem Vater in der Erziehung der Kinder unterstützt wird, finanziell und moralisch, kann ihren Erziehungsauftrag besser erfüllen. Ein Vater, der von seiner ehemaligen Partnerin nicht angefeindet wird, kann seine Rolle als Vater weiter leben, auch wenn er nicht mehr alltäglicher Bestandteil der Familie ist. Natürlich ist das Verhältnis zum ehemaligen Partner auch von ihm abhängig. Jeder hat nur die Möglichkeit, sein Bestes zu geben, wenn die Beziehung so weit abgeschlossen ist, dass die alten Verletzungen das neue Miteinander nicht mehr vergiften.

Manche Frauen werden an dieser Stelle vielleicht sagen: »Alleinerziehend? Das war ich doch immer schon!« Viele Frauen fühlen sich in der Erziehung alleingelassen, weil viele Männer immer noch das Berufsleben und das Geldverdienen als ihre Hauptverantwortung sehen. Frauen sind mit dieser Rollenverteilung oftmals unzufrieden, besonders dann, wenn sie selbst gerne mehr Zeit und Energie für ihre Karriere hätten und die Männer darum beneiden. Das kann zu Frustration und Vorwürfen führen, die eine Ehe vergiften. Hier möchte ich aus meiner

Erfahrung in der Praxis allerdings einwenden, dass ich oft festgestellt habe, dass es nicht nur an den Männern liegt, wenn Paare ungewollt in die traditionelle Aufgabenteilung abrutschen. Oft liegt ein Teil der Verantwortung für diese Entwicklung bei den Frauen, aus deren Sicht die Männer im Umgang mit den Kindern ihre Sache nicht gut genug machen. Das hat zur Folge, dass viele Mütter den Vätern gar nicht die Chance geben, bei der Versorgung der Kinder mehr Aufgaben zu übernehmen.

Auch wenn es unwahrscheinlich ist, dass die Kommunikation zwischen getrennten Eltern besser ist als vor der Trennung, haben Sie die Möglichkeit, Ihre Beziehung zu den Kindern neu zu gestalten. Wenn Sie es vorher vielleicht nicht geschafft haben, können Sie als alleinerziehender Elternteil den Kontakt mit ihren Kindern frei definieren. Das kann zu Frustrationen bei dem Elternteil führen, der schlecht loslassen kann und die Kinder nicht gerne in der Obhut des anderen lässt. Das allerdings ist sein Problem, nämlich sich mit dem Loslassen auseinanderzusetzen. Für Kinder ist es ein Segen, Eltern zu haben, die unterschiedliche Erziehungsmodelle anbieten. Das eine richtige Erziehungsmodell gibt es schließlich nicht, was schon daran erkennbar ist, dass Erziehung immer wieder neu diskutiert und definiert wird. Mal ist sie partnerschaftlicher, dann wieder autoritärer. Solange Erziehung nicht übergriffig oder missbräuchlich ist, gibt es aus meiner Sicht einen großen Spielraum richtiger Erziehungsmethoden. Seien Sie also großzügig in der Bewertung des Verhaltens Ihres Ex-Partners gegenüber den gemeinsamen Kindern. Sie können es sowieso nicht ändern und liefen nur Gefahr, das ohnehin schon schwierige Verhältnis noch mehr zu belasten. Das hilft weder Ihnen noch Ihren Kindern.

AUF EIGENEN BEINEN STEHEN

»Was die Eltern nicht gelernt haben, können sie auch nicht weitergeben.«

Wer die ersten sechs Schritte aus den vorangegangenen Kapiteln erfolgreich vollzieht, schafft es, sich weit genug aus der alten Beziehung zu lösen, um wieder sicher im Leben zu stehen. Das ist die Grundvoraussetzung, um weitergehen zu können. Ich möchte deshalb zusammenfassen, was nötig ist, um nach dem Ende einer langen Beziehung wieder Selbstvertrauen zu finden:

1. VERSTEHEN, was überhaupt passiert ist, und den ersten Schrecken überwinden
2. TRAUERN um das Vergangene
3. GROSSZÜGIGKEIT sich selbst gegenüber in dieser noch neuen Situation
4. EIGENVERANTWORTUNG für das Geschehene und den weiteren Weg übernehmen
5. VERZEIHEN, sich selbst und dem anderen
6. NEUDEFINITION der alten Beziehung, besonders wenn es gemeinsame Kinder gibt

Natürlich müssen die Schritte nicht unbedingt in dieser Reihenfolge bewältigt werden. Es ist situationsbedingt ganz normal, dass manche Etappen gleichzeitig verlaufen, sich sprunghaft abwechseln oder ganz ausgelassen werden. Allerdings hilft es, sich von Zeit zu Zeit diese Liste anzusehen, um zu überlegen, was man möglicherweise noch nicht geschafft hat oder gegebenenfalls noch einmal vollziehen sollte, weil es zu eventuellen Rückschritten kam. Die Liste ist ein Leitfaden, der in Zeiten von Chaos und Umbruch ein Rettungsseil sein kann, an dem man sich entlanghangeln kann. Auf diese Weise kommt langsam wieder Struktur zurück in das Durcheinander. Das Wichtigste ist die Großzügigkeit mit sich selber. Das gilt natürlich auch für Ihren weiteren Weg. Ich werde Sie deshalb immer wieder daran erinnern, gut auf sich zu achten und in der Bewertung Ihres Verhaltens positiv und motivierend zu sein. Achten Sie immer wieder auf Ihre inneren Dialoge und vermeiden Sie destruktive Botschaften, die den aufrechten Gang in die Zukunft erschweren oder verhindern. Im Kapitel »Die späte Pubertät« habe ich beschrieben, wie wichtig es für unsere persönliche Entwicklung ist, einen guten Draht zu uns selbst zu haben. Folgende Überlegung kann dabei hilfreich sein: Was würden Sie tun, wenn Ihre Kinder in einer schwierigen Situation wären? Wie würden Sie mit ihnen sprechen, um ihnen zu helfen, gut aus ihrer Misere zu kommen und wieder auf einen selbstsicheren Weg zu finden? Mir hat es geholfen, meinem Inneren Kind einen Brief zu schreiben, den Sie im Anhang finden. Diesen sehr persönlichen Brief möchte ich mit Ihnen teilen, um eine Möglichkeit aufzuzeigen, wie Sie mit Ihrem Inneren Kind in Kontakt treten können. Natürlich muss jeder für sich herausfinden, wie er am besten einen guten Draht zu sich selbst herstellen kann. Ich empfehle Ihnen, verschiedene Möglichkeiten auszuprobieren. Sie werden spüren, was für Sie funktioniert.

Um auf eigenen Beinen zu stehen, braucht es mehr, als sich lediglich aus der letzten Beziehung zu lösen. Andernfalls drehen Sie sich einmal im Kreis und gelangen bestenfalls wieder an den Ausgangspunkt, an dem Sie vorher waren. Was aber, wenn Sie bereits davor Themen aus der Vergangenheit noch nicht verarbeitet hatten? Das könnte eine vorherige Erfahrung sein, vielleicht auch eine, die schon lange zurückliegt. Es könnte sogar eine noch bestehende kindliche Bindung an Ihre Eltern sein, aus der Sie sich nicht gelöst haben. Wer mit einem Bein festhängt, kann mit dem anderen nicht vorwärts gehen. Das gilt auch in Bezug auf die Eltern. Ich demonstriere das meinen Klienten immer gerne, indem ich sie mit einem Bein an ein Tischbein binde und Sie dann bitte, vorwärts zu gehen. Manchmal hilft es, sich der eigenen Situation in aller Deutlichkeit bewusst zu werden. Sollten Sie noch irgendwo festhängen und versuchen, trotzdem vorwärts zu kommen, werden Sie feststellen, dass Sie es auch mit großer Anstrengung nicht schaffen. Das fühlt sich dann so an, als würden Sie in einer Gegenstromanlage schwimmen. Es kostet viel Energie und man kommt doch nicht vom Fleck.

Dass Sie sich trotz großer Mühe nicht weiterentwickelt haben könnten, würden Sie daran erkennen, dass sich ihre Beziehungen oft auf erschreckende Weise ähneln oder erneut an den gleichen Problemen gescheitert sind. Möglicherweise haben Sie das Gefühl, immer wieder am selben Punkt anzukommen. Wenn das der Fall ist, lohnt es sich umso mehr, zu analysieren, welche alten Muster Sie abermals in die gleichen Sackgassen geführt haben. Auch wenn einige meinen könnten, dass es lediglich Pech sei, wiederholt an den Falschen geraten zu sein, ist es in Wirklichkeit so, dass wir uns zu Menschen hingezogen fühlen, die es uns ermöglichen, altbekannte Muster von Neuem zu durchleben. Die Seele versucht, auf diese Weise ungestillte Bedürfnisse zu befriedigen. Umso wichtiger ist es, sich dieses Verlangen bewusst zu machen und zu begreifen, dass die Lücke der Entbehrung aus Kindertagen im Erwachsenenalter nicht mehr zu füllen ist.

Verabschieden Sie sich von diesen kindlichen Sehnsüchten, auch wenn es schmerzhaft sein mag. Hierzu ein Beispiel:

Immer wieder der gleiche Mist:

Ina, 42 Jahre, ist klein und zierlich. Auch wirkt sie wie ein junges Mädchen, trotz der Fältchen, die sich mit den Jahren um ihre Augen gebildet haben und zum Rest ihrer Ausstrahlung irgendwie im Widerspruch stehen. Ina kommt sehr verzweifelt in meine Praxis. Nach vier Jahren ist sie von ihrem Partner verlassen worden. Wie auch schon in früheren Beziehungen habe ihr Partner sich zunächst immer mehr zurückgezogen und ihr schließlich mitgeteilt, dass seine Gefühle für sie nachgelassen hätten. Ina bezeichnet die vier Jahre, die ihre Beziehungen durchschnittlich andauern, selber als die »Halbwertszeit« und versteht nicht, warum sie nie über diesen Zeitraum hinaus fortbestehen und immer aus ähnlichen Gründen scheiterten. Wie oft hat sie bereits gehört, dass die Gefühle nicht mehr ausreichen würden! Das nagt stark an Inas Selbstwertgefühl. Ich bitte sie, mir den Verlauf ihrer vorherigen Beziehungen genau zu beschreiben. Bald werden erstaunliche Parallelen deutlich, die Ina auch erkennt. Die Männer, mit denen sie in den letzten zwanzig Jahren eine feste Beziehung einging, könnte man weitestgehend unter dem Begriff »Beschützer« zusammenfassen. Obwohl sie mit ein Meter sechzig recht klein ist, waren ihre Männer alle über ein Meter achtzig groß und breitschultrig. Ina sagt selber, dass sie einen Mann zum Anlehnen bräuchte.

Es ist anzunehmen, dass sie bei den Männern, die sich in sie verliebt haben, einen »Beschützerinstinkt« ausgelöst hat. Auf den ersten Blick scheint es ein passendes Match zu sein. Was aber lief in den Beziehungen regelmäßig schief? Dazu erzählte mir Ina Folgendes:

Sie hat eine Führungsposition in einem Großunternehmen und ist finanziell unabhängig. Besonders in jüngerer Zeit war es oftmals so, dass sie mehr verdiente als die Männer, mit denen sie zusammen war. Ina habe das nie gestört, sie erwähnt es nur, weil sie besonders in der letzten Beziehung das Gefühl hatte, dass es ihrem Partner missfiel. Wiederholt machte er Bemerkungen bezogen auf vermeintliche Ansprüche von ihr, die er meinte, nicht erfüllen zu können. Bei genauerer Überlegung fallen Ina weitere Beispiele aus vorherigen Beziehungen ein, bei denen ihr jeweiliger Partner sich nicht in der Lage fühlte, ihren Anforderungen zu genügen. Ina versteht das nicht, weil sie der Meinung ist, diese Ansprüche gar nicht gehabt zu haben.

Das Problem ist, dass Ina mit ihren Männern einen unbewussten und der Beziehung impliziten Vertrag eingegangen ist. Für ihre Seite bestand das Einvernehmen hierin: »Wenn du mich beschützt, lasse ich mich von dir beschützen.« Damit wurde Inas unterbewusste Sehnsucht nach Schutz befriedigt und die dazu passenden Männer konnten die Rolle des Beschützers ausleben. Es gibt eine Beziehungsregel, die lautet: »Ich kann so sein wie ich bin, weil du so bist wie du bist.« Auf dieser Basis entstehen sehr intensive Bindungen zwischen zwei Menschen. Was aber, wenn dieser unbewusste Vertrag von einer der Seiten »gebrochen« wird? In Inas Fall haben die Männer erkannt, dass sie in Wirklichkeit gar keinen Schutz braucht. Sie wurden in der Beziehung zunehmend unzufriedener, weil sie sich nicht mehr wertgeschätzt fühlten für den Schutz, den sie Ina boten, den sie aber nicht wirklich brauchte. Es ist anzunehmen, dass die Männer ihrerseits einen schwachen Selbstwert haben, der durch die anfängliche Beziehungsdynamik aufgewertet wurde. Als dies wegfiel, beeinträchtigte das die Zuneigung zu Ina. Aber dies ist natürlich nicht Inas Thema; ihr stelle ich die Frage, wozu sie überhaupt einen Beschützer braucht.

Ina fällt lange keine andere Antwort auf meine Frage ein, außer der, dass es sich irgendwie gut anfühlt, einen starken Mann an ihrer Seite zu haben. Was aber steckt hinter dem Irgendwie? Das bringt Ina zum Grübeln. Ich frage sie nach ihrer Herkunftsfamilie und erfahre, dass sie als Einzelkind bei ihrer Mutter aufgewachsen ist. Die Eltern trennten sich kurz nach ihrer Geburt. Sie hat nie verstanden, warum. Die Mutter hatte danach nur noch sporadisch kürzere Verhältnisse. Mit Erstaunen stellt sie fest, dass auch bei der Mutter die Trennung meist nach ungefähr vier Jahren erfolgte. Die meiste Zeit war sie allerdings ohne Partner und als Alleinerziehende oft überfordert. Wenn sie abends endlich zu Hause war, hatte sie für ihre Tochter keine Energie mehr übrig, die somit schon früh auf sich selbst gestellt war. Da Inas Vater in einem weit entfernten Ort wohnte, verbrachte sie nur zwei bis drei Mal im Jahr die Ferien bei ihm und seiner neuen Familie. Ina liebte ihren Vater trotz der großen Distanz und der wenigen Besuche. Bei ihm war es immer lustig und unbeschwert. Mit der Zeit wurde ihre Sehnsucht nach ihm immer größer, wenn sie wieder zu Hause in dem angespannten Alltag mit ihrer Mutter war. Sie träumte von ihrem Vater wie von einem Retter, der die Last von ihr und ihrer Mutter nehmen würde.

Es wird im Laufe der Sitzungen immer deutlicher, dass Ina immer noch die unerfüllte Sehnsucht nach ihrem Vater spürt. Obwohl sie längst auf eigenen Beinen steht und in Wahrheit keinen Retter mehr braucht, empfindet sie weiterhin den Schmerz aus Kindertagen. Dadurch ist sie in ihrer Partnerwahl an ein bestimmtes »Beuteschema« gebunden. Immer wieder verliebt sie sich in Männer, die diese Sehnsucht zunächst erfüllen. Erst nach einer Zeit des Kennenlernens zeichnet sich ab, dass ihr Bedürfnis nach Schutz nichts mit der Realität zu tun hat. Genau aus dem Grund überstehen ihre Beziehungen den Realitätscheck nicht. Im Laufe der Therapie versteht Ina diese Zusammenhänge zunehmend besser. Sie begreift, dass sie eigentlich keinen Beschützer braucht, und versteht langsam auch den alten Schmerz ihres Inneren Kindes. Sie erkennt die Notwendigkeit, ihrem Inneren Kind gegenüberzutreten, es mit seinen unerfüllten Sehnsüchten anzunehmen und zu trösten. Auf diese Weise kann sie eine Verbindung zu ihrem Kind herstellen und wird in der Lage sein, ihr unerfülltes Bedürfnis nach Geborgenheit zu betrauern. Sie wird begreifen, dass sie den Verlust nicht mehr wettmachen kann, dass sie diesen Schutz zwar als Kind gebraucht hätte, aber ihn heute als Erwachsene nicht mehr nötig hat. Wenn sie sich dann überlegt, wer ein idealer Partner für sie sein könnte, wird das ihre zukünftige Suche wahrscheinlich verändern. Als Erwachsene, die sich von ihren kindlichen Sehnsüchten verabschiedet hat, hat sie die Möglichkeit, die wahren Stärken in Männern besser zu erkennen und eine Beziehung auf Augenhöhe zu führen. An so einen Mann, der seinen Selbstwert nicht gezwungenermaßen durch seine Beschützerrolle stützt, könnte sie sich dann anlehnen. Dieser Mann könnte es aber auch verkraften, dass Ina eine selbstständige und selbstsichere Frau ist.

Wenn Sie merken, dass Sie mental noch in Ihrer Vergangenheit verweilen, sei es in der Ablehnung oder der Verherrlichung der Eltern oder einer ähnlichen noch existierenden engen Bindung, überlegen Sie, ob nicht jetzt der richtige Zeitpunkt wäre, dieses Verhältnis zu lösen. Es gilt dabei nicht, den Kontakt zu den Eltern zu kappen, sondern vielmehr, es in eine für erwachsene

Kinder und deren Eltern angemessene Beziehung umzugestalten. Das ist zugegebenermaßen ein langer Weg. Gleichzeitig ist es aber eine große Chance, sich von den Fesseln der Kindheit zu lösen. Es gilt dabei nicht, die Eltern an den Pranger zu stellen. Im Gegenteil, für eine gute Lösung ist Verständnis gefordert, auch den Eltern gegenüber. Oft ist es so, dass sie ihrerseits nie die Möglichkeit hatten, zu lernen, wie man intime und innige Beziehungen zu nahestehenden Menschen aufbaut. So war es schon ihnen nicht möglich, einen positiven Selbstwert zu entwickeln. Was die Eltern nicht gelernt haben, können sie auch nicht weitergeben.

Für meine Leser mit Kindern könnte dieser Gedanke eine zusätzliche Motivation sein, die alten Strukturen zu verändern. Damit ersparen Sie Ihren Kindern wahrscheinlich eine Menge Arbeit. Denken Sie einmal darüber nach, welchen emotionalen Ballast Sie vielleicht von Ihren Eltern vererbt bekommen haben und was Sie Ihrerseits an Ihre Kinder weitervererben möchten. Bleiben Sie nicht die Opfer Ihrer Erziehung, sondern werden Sie zu »Tätern« und definieren die alten Bindungen neu. Genau wie bei partnerschaftlichen Beziehungen können Sie dazu die oben genannten sechs Schritte anwenden.

Es mag einfacher klingen als es tatsächlich ist, diese ursprünglichen Bindungen umzugestalten. In Wahrheit ist es ein langer, steiniger Weg, oftmals durch tiefe Täler der Trauer. Es gehört auch Mut dazu, sich seiner Vergangenheit zu stellen. Leider würde es den Rahmen meines Buches sprengen, dem Thema den notwendigen Raum zu geben. Ich empfehle Ihnen stattdessen das Buch von Cornelia Nack mit dem Titel *Das innere Kind wird erwachsen*.[9] Sie hat den Ablösungsprozess sehr detailliert

9   Nack, Cornelia: *Das innere Kind wird erwachsen – Konflikte mit den Eltern loslassen und frei werden.* Freiburg im Breisgau: Verlag Herder GmbH, 2011.

und verständlich dargestellt. Wenn Sie allerdings bei Ihrer Suche nach den Zusammenhängen gar nicht weiterkommen, helfen oft schon wenige Sitzungen bei einem systemischen Therapeuten, um die Puzzleteile zusammenzufügen.

An Inas Beispiel werden die sechs Schritte, die für einen guten Ablösungsprozess wichtig sind, noch einmal ganz deutlich. Wenn Sie Ihre eigenen notwendigen Etappen erfolgreich geschafft haben, werden Sie jetzt wahrscheinlich genügend Selbstsicherheit, Motivation und Lebenslust spüren, um sich auf den spannenden Weg in eine neue Beziehung zu machen. Sicher, auf eigenen Beinen zu stehen, ist dafür die wichtigste Voraussetzung. Nur wer seinen persönlichen Ausgangspunkt kennt und sein Ziel vor Augen hat, kann den Weg dorthin bestimmen. Auf diesem spannenden Weg sollen Sie die folgenden beiden Buchteile II und III begleiten. Sollten Sie trotzdem merken, dass Sie der Mut verlässt und sich destruktive Gedanken einschleichen, können Sie jederzeit zu den im ersten Teil beschriebenen Schritten zurückblättern. Wenn Sie so die Hindernisse entlarvt haben, die ein Weitergehen vereiteln, können Sie die notwendigen Schritte wiederholen, um diese Hürden erfolgreich zu überwinden.

II. Teil
Der Weg zum Neuen

Nachdem Sie den ersten Teil des Buches gelesen haben, haben Sie eventuell auch schon damit angefangen, sich von den alten Fesseln zu befreien. Schon die Einsicht allein gibt vielen Menschen das Gefühl, wieder Herr der eigenen Situation zu sein, das eigene Handeln besser zu verstehen und dadurch eine neue Selbstsicherheit zu erlangen. Trotz dieser neu errungenen Sicherheit wissen Sie unter Umständen nicht, in welche Richtung Sie überhaupt gehen sollen, oder Sie wissen, wohin Sie hin möchten, sehen jedoch den Weg dorthin noch nicht. Möglicherweise haben Sie das Gefühl, sich ganz allein auf diesem Weg zu befinden. Während Sie als junger Erwachsener noch Teil einer großen Gruppe Suchender waren, scheinen nun alle anderen bereits am Ziel angekommen zu sein. Sie selbst fühlen sich dagegen wieder an den Ausgangspunkt zurückkatapultiert und meinen, irgendwie fehl am Platz zu sein. Ich erinnere mich noch genau an diese Zeit, in der ich in meinem Bekanntenkreis nur noch glückliche Paare und Familien wahrgenommen habe, denen ich mich nicht mehr zugehörig fühlte. Ganz besonders schlimm war es an den Wochenenden. Da wurde mir mein Alleinsein noch schmerzlicher bewusst. Es dauerte eine ganze Weile, bis ich in meiner neuen Lebenssituation angekommen war und sich damit auch meine Wahrnehmung für andere verändert hatte. Ich erkannte dann, dass alleinstehend zu sein auch Vorteile hat, und begann, meine Freiheit zu genießen. Es war für mich eine interessante Erfahrung, festzustellen, wie sehr meine

Wahrnehmung von meiner inneren Einstellung abhängt. Während ich zunächst die anderen um das, was sie haben, beneidete, und ihr Leben somit in meinen Augen immer schillernder als meines war, habe ich dies umso realistischer bewertet, je positiver ich meine eigene Situation empfunden habe. Neid verklärt offensichtlich unsere Empfindung. Davon abgesehen habe ich immer mehr Alleinstehende kennengelernt, ich konnte meine neue Lebenssituation besser annehmen und fühlte mich bald wieder als Teil der Gesellschaft.

Sich erst einmal auf diese Weise verloren und verunsichert zu fühlen, ist verständlich. Schließlich befinden Sie sich ja in komplett neuen Umständen, in denen Sie sich zunächst neu orientieren müssen. Die Partnersuche in einer späteren Lebensphase ist tatsächlich eine andere, als sie es mit zwanzig war. Im Vergleich zu damals haben Sie heute vielleicht Kinder, die die Partnersuche beeinflussen. Es hat sich in den letzten Jahren auch einiges verändert. Während es vor einiger Zeit z. B. noch nicht üblich war, im Internet nach Partnern zu suchen, ist das heute eine gängige Methode. Sie werden schnell merken, dass Sie bei Weitem nicht alleine sind. Die Zeiten haben sich nämlich auch dahingehend geändert, dass es heute wesentlich mehr Trennungen und folglich auch mehr Singles in Ihrer Altersklasse gibt. Während es vor fünfzig Jahren noch achtmal mehr Eheschließungen als Scheidungen pro Jahr gab, werden heute nicht einmal doppelt so viele gezählt. Das liegt einerseits daran, dass sich die Zahl der Trauungen um mehr als ein Drittel reduziert hat, andererseits hat sich die Anzahl der Scheidungen verdreifacht. Diese Statistik mag traurig klingen, zeigt aber auch, dass Trennungen keine Seltenheit mehr sind. Auch das gesellschaftliche Ansehen von Alleinerziehenden, Patchworkfamilien und

Regenbogenfamilien hat sich verändert. Heute gilt vieles als normal, was früher noch kritisch und mit Ablehnung betrachtet wurde.

Auch wenn, politisch betrachtet, die Ehe durch steuerliche Vergünstigungen gefördert wird und getrennte Paare und neuere Familienkonstellationen benachteiligt werden, leben Sie in einer Zeit, in der Sie sich ein Beziehungskonzept weitestgehend aussuchen und dann nach Ihren persönlichen Vorstellungen leben können. Selbst politisch und ansatzweise sogar auf religiöser Ebene findet langsam ein Wandel statt. Das ist nicht zuletzt die Folge einer wachsenden Zahl derer, die nicht in einer traditionellen Ehe leben. Jetzt werden Sie möglicherweise protestieren, weil Sie mitnichten freiwillig Single oder alleinerziehend geworden sind und sich Ihre Situation nicht ausgesucht haben. Natürlich sind wir von den Entscheidungen anderer und die äußeren Gegebenheiten betroffen. In dem Zusammenhang möchte ich an das Gelassenheits-Gebet von Reinhold Niebuhr erinnern, das mir persönlich oft geholfen hat, in schwierigen Situationen neue Wege zu finden:

Gott, gib mir die Gelassenheit,
die Dinge hinzunehmen, die ich nicht ändern kann,
den Mut, Dinge zu ändern, die ich ändern kann,
und die Weisheit, das eine vom anderen zu unterscheiden.[10]

Aus meiner Sicht erreicht man den Zustand der Gelassenheit durch die Akzeptanz der momentanen Situation. Auch wenn man sie sich nicht ausgesucht hat, kann man an ihr zunächst

---

10   Sifton, Elisabeth: *Das Gelassenheits-Gebet: Erinnerungen an Reinhold Niebuhr.* München: Carl Hanser Verlag, 2001.

nichts ändern. Den Mut, die Dinge zu ändern, die man ändern kann, brauchen Sie für Ihren neuen Weg, der zwangsläufig erst einmal ein unbekannter ist. Zwar haben wir meist eine Vorstellung davon, wohin wir möchten, ob wir dort aber auch tatsächlich ankommen oder auf welche Hindernisse wir stoßen werden, ist nicht absehbar. Das ist der Grund, warum viele sich für alte Wege entscheiden, denn da weiß man wenigstens, was auf einen zukommt.

Es gibt Stimmen, die verlauten lassen, dass man sich heute zu schnell trennen würde, weil das so einfach geworden wäre. Die Wahlfreiheit, die wir in unserer heutigen Zeit hinsichtlich unterschiedlicher Lebensplanungen und sexueller Präferenzen haben, sei nicht immer nur ein Segen. Sie brächten auch Nachteile mit sich. Die zunehmende Zahl von Trennungen und Scheidungen sei einer davon. Ich sehe das anders. Ich bin der Meinung, dass es mitnichten ein Vorteil sein kann, durch gesellschaftliche oder religiöse Konventionen in einer Beziehung festgenagelt zu sein. Außerdem wäre ein solcher entwicklungssoziologischer Rückschritt in vielerlei Hinsicht undenkbar und ist deshalb auch indiskutabel. Die gesellschaftlichen Freiheiten sind in unserer Kultur, insgesamt gesehen, eine wertvolle Errungenschaft. Ich denke, dass Beziehungen nicht an der Wahlfreiheit scheitern, sondern vielmehr daran, dass wir am Anfang keine gute bzw. keine bewusste Wahl getroffen haben. Bitte überlegen Sie einmal, warum Sie sich damals für Ihren Partner entschieden haben und wodurch diese Entscheidung beeinflusst war. Genauer werde ich im Kapitel «Wen will ich und wo soll ich suchen?» darauf eingehen, was unsere Wahl auch heute oft noch beeinflusst und welche alternativen Optionen man hat.

Manchmal lässt man sich von einem Meer an Möglichkeiten

verführen, wahllos etwas auszuwählen, nur um später festzustellen, dass es nicht passt. Dieses Verhalten kennen Sie vielleicht vom Einkaufen. Besonders beim Schlussverkauf neigen wir dazu, schnell mal zuzugreifen, ohne zu überlegen, ob das Produkt tatsächlich das ersehnte oder passende ist. Vielleicht hat der eine oder andere das Gefühl, sich auch beziehungstechnisch im Schlussverkauf zu befinden und nach dem erstbesten Angebot greifen zu müssen, aus Angst, dass das die letzte Gelegenheit sei. Bitte nicht! Sie haben heutzutage die Möglichkeit, noch einmal ganz frei zu entscheiden, mit wem Sie die weiteren Jahre Ihres Lebens verbringen möchten. Überlegen Sie also bitte zunächst ganz genau, wer tatsächlich zu Ihnen passen könnte, und treffen erst dann Ihre Wahl. Dazu sollten Sie sich Ihre tiefen Bedürfnisse bewusst machen. Nur so können Sie den passenden Partner finden. Darauf werde ich in späteren Kapiteln noch genauer eingehen. Das Sprichwort »Wer die Wahl hat, hat die Qual« ist aus meiner Sicht nicht richtig. Nur wer nicht genau weiß, was er will, quält sich. Besonders wenn ich quasi ins Blaue hinein zupacke, muss ich mich später damit auseinandersetzen, ob ich tatsächlich die richtige Entscheidung getroffen habe, oder aber mir wird auf schmerzhafte Weise bewusst, dass es die falsche war.

Ich möchte Sie zunächst einladen, sich Ihre Ausgangslage nochmals genau zu verdeutlichen. Als Single nach einer langen Beziehung oder als Single mit Kind befinden Sie sich in einer völlig neuen Lebenssituation. Es ist an dieser Stelle sinnvoll, Bilanz zu ziehen und sich deutlich zu machen, wo genau Sie stehen und welche Möglichkeiten Sie haben. Dabei ist es wichtig, sich nicht auf das »Soll«, sondern auf das »Ist« zu konzentrieren. Wer seine Voraussetzungen nicht kennt, kann seinen Weg nicht bestimmen, selbst dann nicht, wenn er das Ziel vor Augen hat. Um das Ziel, die neue Beziehung, zu erreichen, sollten Sie Ihre Möglichkeiten ausschöpfen. Das können Sie nur, wenn diese Ihnen auch bewusst sind. In jedem Fall sind Sie jetzt Suchende oder haben beschlossen, sich zukünftig auf die Suche nach einer neuen Partnerschaft zu machen.

Viele Menschen lehnen den Begriff der Suche in Verbindung mit Partnerschaft ab. Das habe ich allerdings nie verstehen können. Wenn ich etwas haben möchte, das mir fehlt, dann muss ich mich auf die Suche begeben. Warum sollte das anders sein, wenn ich entschieden habe, gerne wieder einen Partner an meiner Seite zu haben? Vielleicht, weil viele mit Suchen einen vorangegangenen Verlust verbinden. So werden mit der Suche Gefühle wie Versagen und Verzweiflung verknüpft. Allerdings hat das mit einem persönlichen Interpretationsmuster zu tun, denn eine Suche kann ebenso als Weg zu etwas Neuem mit Hoffnung und Entwicklung verbunden werden. Nehmen Sie sich ruhig die Zeit, einmal über den Begriff nachzudenken und darüber, welche Wertigkeit er für Sie persönlich hat.

Durch die Arbeit mit meinen Klienten habe ich erfahren, dass viele lieber gefunden werden möchten, als sich selbst auf die Suche zu machen. Das erinnert mich an ein Märchen: Der Prinz hat Schneewittchen gefunden und sie aus dem Totenschlaf wachgeküsst ... Eine schöne und sehr romantische Vorstellung! Ich sehe förmlich den verklärten Blick, besonders bei einigen meiner Leserinnen. Allerdings hoffe ich, dass die meisten von Ihnen spätestens nach dem Lesen des ersten Teils sich erstens nicht mehr im Totenschlaf befinden und zweitens inzwischen genügend Eigenverantwortung für Ihre Bedürfnisse übernommen haben, dass Sie nicht mehr auf einen Prinzen warten, sondern überlegen, wie Sie das, was Sie haben möchten, bekommen können. Suchen hat nämlich auch etwas mit Aussuchen zu tun. Wer sich auf die Suche macht, kann wählen. Wer gefunden werden will, wird gewählt. Überlegen Sie einmal, was Ihnen lieber ist. Generell ist es so, dass Menschen mit einem hohen Selbstwertgefühl der Meinung sind, wählen zu können, während die mit einem geringeren Selbstwertgefühl meinen, warten zu müssen, bis sie gewählt werden. Ich denke, dass dieser Ansatz auch eine Last von den Schultern meiner männlichen Leser nehmen könnte. Nein, Sie müssen keine Prinzen sein und übersteigerte Erwartungen erfüllen, sondern einfach nur ganz normale Männer. Die Partnerwahl in der heutigen Zeit findet im idealen Fall auf Augenhöhe statt. Konventionelle Umgangsformen, wie z. B. das Türaufhalten, werden dabei bei vielen aber immer noch gerne gesehen und gelten als romantisch und höflich. Glücklicherweise ist das heute alles nicht mehr ein verkrampftes Muss oder Darf-Nicht. Auch hier haben Sie die Freiheit, Sie selbst zu sein. Verhalten Sie sich also am besten so, wie Sie es für richtig erachten, und weniger so, wie Sie meinen, dass es von Ihnen erwartet wird. Erfahrungsgemäß bröckelt mit der Zeit auch die beste Fassade. Lassen Sie sie also am besten gleich von Anfang an weg.

Ein anderer Satz, den ich im Zusammenhang mit der Partnersuche oft gehört habe, ist: »Das habe ich nicht nötig.« Das bestätige ich jedem gerne! Keiner von uns sollte einen Partner nötig haben. Ich höre solche Sätze vorzugsweise von Menschen, die gute Jobs haben, ihr Leben alleine wunderbar meistern können und in jeder Hinsicht gut allein zurechtkommen. Wir suchen im Idealfall auch keinen Partner, weil wir ihn brauchen, sondern weil wir ihn gerne hätten. Tatsächlich vermute ich, dass hinter dieser Abwehrhaltung, etwas nicht nötig zu haben, sich ein tiefes Gefühl verbirgt, wirklich eine Not zu empfinden. Dies hat aber nichts damit zu tun, im weltlichen Sinne etwas zu brauchen, sondern eher mit einer tiefen Sehnsucht nach Zweisamkeit, die, aus meiner Sicht, unserem menschlichen Naturell entspricht. Von vielen wird dieses Bedürfnis als Schwäche empfunden und soll aus diesem Grund verborgen bleiben. Auch wenn wir für einige Zeit gut ohne Partner zurechtkommen, ist das Bedürfnis nach Zweisamkeit in der Natur des Menschen verankert. Es gibt eine Vielzahl von Studien, die das belegen. Sie zeigen, dass Langzeitsingles eine niedrigere Lebenserwartung haben, dafür aber mehr psychosomatische Erkrankungen aufweisen. Dabei spielt natürlich auch die Qualität der Beziehung eine Rolle. Wenn Sie zu den Menschen gehören, die Beziehungen von vornherein ablehnen, liegt es wahrscheinlich an Ihren negativen Beziehungserfahrungen, dass Sie Ihr ureigenes Bedürfnis nach Bindung verleugnen. Der Schmerz, ohne Partner zu sein, scheint Ihnen möglicherweise geringer als die verletzten Gefühle, die Sie aus Ihrer Erfahrung mit einer Partnerschaft verbinden. Denken Sie immer daran, dass Sie in Zukunft etwas ändern können. Sie stehen nicht wieder am Ausgangspunkt, um den gleichen Weg erneut zu gehen.

Abgesehen von dem natürlichen Bedürfnis nach Zweisamkeit gibt es allerdings auch eine Art der Bedürftigkeit, die problematisch sein kann. Das ist der Fall, wenn wir das Gefühl haben, ohne Beziehung nicht existieren zu können. Ich habe im ersten Buchteil Beispiele aufgeführt, in denen sich Menschen nach einer Trennung wertlos fühlten. Manche Menschen brauchen allerdings tatsächlich einen Partner an ihrer Seite. Diese Art der Bedürftigkeit hat oft sehr tiefe Wurzeln, mit denen Sie sich gegebenenfalls auseinandersetzen sollten. Im vorliegenden Teil II werde ich insbesondere im Kapitel »Was bin ich wert?« nochmals detailliert auf die Selbstwertproblematik eingehen, die damit meist verbunden ist. Der Weg zum Neuen sollte ein unabhängiger sein. Diese Unabhängigkeit kann ich aber nur durch ein stabiles Selbstvertrauen erreichen.

Ob jemand aber ein Problem hat oder ob ein gewisses Verhalten oder Empfinden problematisch ist, entscheidet die betroffene Person selbst. Wenn Sie merken, dass Sie nicht mehr entspannt am familiären, sozialen oder beruflichen Miteinander teilnehmen können, oder Sie sich sogar von allem abkapseln, dann ist das ein eindeutiges Indiz für ein Problem, das Sie lösen sollten. Lassen Sie sich aber nicht von Außenstehenden einreden, dass Sie ein Problem hätten. Es ist in jedem Fall sinnvoll, über Anmerkungen von außen nachzudenken, besonders dann, wenn Ihnen von mehreren Personen das Gleiche widergespiegelt wird. Ob es tatsächlich so ist, sollten Sie bei ehrlicher Selbstbetrachtung allerdings alleine entscheiden. Beurteilen Sie Ihr Verhalten neutral, als würden Sie einen guten Freund beobachten. In der Psychologie sagt man dazu: eine Meta-Position einnehmen. Das erlaubt eine objektivere Bewertung des eigenen Verhaltens. Probieren Sie es einfach einmal aus.

Die folgenden Schritte sollen Ihnen in einer neuen Situation, in der Sie sich verständlicherweise zumindest zeitweise etwas verloren fühlen, Struktur und Sicherheit geben. Wie bereits erwähnt, sind Sie auf Ihrem Weg als Partnersuchende auch jenseits der Zwanzig nicht alleine. Ich selbst bin ihn vor ein paar Jahren gegangen und habe inzwischen viele Gleichgesinnte getroffen, privat und in meiner Praxis. Aus meiner Erfahrung kann ich Ihnen sagen, dass Sie vieles erleben werden, Schönes,

Aufregendes und Enttäuschendes, spannende und langweilige Zeiten, Einsamkeit und neue Beziehungen, auch im freundschaftlichen Sinne. Versuchen Sie, den vor Ihnen liegenden Weg möglichst vorbehaltlos zu gehen, und seien Sie offen für das, was Ihnen begegnet. In erster Linie soll die Partnersuche etwas Schönes sein. Schließlich ist es der Weg in eine neue Beziehung. Natürlich gibt es auf diesem Weg auch Hindernisse, die zu überwinden sind, oder Fallen, aus denen Sie sich befreien müssen. Vielleicht können Sie es als großes Abenteuer betrachten und alles erst einmal auf sich zukommen lassen. So können Sie situativ entscheiden, was der nächste sinnvolle Schritt sein könnte. Planbar oder vorhersehbar ist die Partnersuche nie.

Wenn Sie gut auf sich aufpassen, sich nicht zu sehr verbiegen oder sich keine Dinge zumuten, die Ihnen nicht guttun, sind Ihre Voraussetzungen optimal. Ich möchte Sie begleiten und Ihnen dabei helfen, sich in der neuen Situation besser zurechtzufinden, um den Weg in eine neue Partnerschaft selbstsicher gehen zu können.

Also, auf geht's! Ich wünsche Ihnen viel Spaß und Erfolg bei Ihrer Suche!

NEUER LEBENSMUT – DEN BLICKWINKEL VERÄNDERN

»Gehen Sie so behutsam mit sich um, wie Sie es mit einem Kind täten, das laufen lernt. Wenn Sie ab und zu auf dem Hintern landen, gehört das dazu und sollte kein Grund sein, auf ihm sitzen zu bleiben.«

Wir kennen sie alle, die Frage, ob das Glas halb voll oder halb leer ist. Sie nervt! Daran ist eine Erwartung geknüpft, nämlich, dass das Glas gefälligst immer halb voll zu sein hat bzw. dass man immer das Positive in allen Lebenssituationen sehen müsse. Welche frisch verlassene Mutter sitzt nicht auf dem Spielplatz und beobachtet das Familienglück der anderen und sieht auf schmerzliche Weise, dass etwas fehlt? Welcher Vater kommt nicht nach einer kurz vorher stattgefundenen Trennung in die verlassene Wohnung und vermisst die Wärme und das Geplapper der Kinder, die eben noch da waren? Manchmal ist das Glas eben nicht halb voll, auch nicht halb leer, sondern ganz leer!

Diese Sichtweise ist in einer schwierigen Situation verständlich und auch ganz normal. Problematisch wird es, wenn diese Haltung einen Dauerzustand oder eine Grundeinstellung darstellt. Sie könnte Ihnen den Mut stehlen, sich auf etwas Neues einzulassen. Wer grundsätzlich der Meinung ist, dass alles schiefgeht und Beziehungen zum Scheitern verurteilt sind, wird vermutlich keinen Wunsch verspüren, es aufs Neue zu probieren. Schlimmer noch: Mit einer Negativeinstellung laufen wir Gefahr, Chancen zu übersehen. Stattdessen empfinden wir es als Bestätigung unserer Befürchtungen, wenn tatsächlich etwas danebengeht, und fokussieren uns dann auf das Missglückte.

Zukünftiges Scheitern wird so zu einer sich selbst erfüllenden Prophezeiung nach dem Motto: »Ich habe doch gewusst, dass es wieder danebengeht.« Es kann sogar noch schlimmer kommen. Wenn wir den Lebensmut verlieren, könnte das der direkte Weg in eine Depression sein. Wenn man nicht mehr alleine aus dieser düsteren Grundhaltung hinausgelangt, wird es höchste Zeit, sich Hilfe zu suchen. Ansonsten führt dieser Pfad immer tiefer in eine Hoffnungslosigkeit.

Schaffen wir es doch, mit einer positiven Einstellung unser Glas einmal ganz genau zu betrachten, finden wir darin mit großer Wahrscheinlichkeit auch wertvolle Dinge. Vielleicht sind es zu Beginn nur vereinzelte kleine Lichtblicke. Wie bei kleinen Samenkörnern könnte daraus etwas wachsen, doch der Glaube daran fehlt in schwierigen Momenten leider oft. Ein schmerzlicher Verlust, der noch als unverarbeitetes Trauma in uns steckt, macht uns zynisch und so möchte der eine oder andere von Ihnen mir vielleicht gerne sagen: »Ja, na klar, das habe ich schon einmal gedacht und dann war plötzlich alles kaputt.« Das ist eine verständliche Reaktion, nur bringt sie uns nicht weiter als höchstens noch tiefer in die Selbstmitleidsfalle. Natürlich gilt: Wer sich auf etwas einlässt, kann auch scheitern, oder wie es sprichwörtlich heißt: »Wo gehobelt wird, fallen auch Späne.« Der beste Weg, ein Scheitern zu vermeiden, ist, sich gar nicht erst auf etwas einzulassen. Dem ist zunächst wenig entgegenzusetzen. Ich überlasse es Ihnen, über die Konsequenzen einer solchen Haltung nachzudenken.

Unsere innere Bilanz:

Was ist es eigentlich genau, das uns dazu verleitet, etwas erst gar nicht auszuprobieren, anstatt sich darauf einzulassen und sich mit Misserfolgen erst dann auseinanderzusetzen, wenn sie tatsächlich eingetreten sind? Wir alle handeln mithilfe einer Art inneren Bilanz. Blitzschnell rechnet uns unsere Psyche aus, ob der erhoffte Gewinn größer als der befürchtete Verlust sein könnte. Allerdings ist diese Rechnung nicht objektiv. Sie richtet sich nicht nach vorhersehbaren Fakten, sondern bemisst sich an gemachten Erfahrungen. Für jemanden, der bereits sehr schmerzhafte Beziehungserfahrungen gemacht hat, ist das gefühlte Risiko sehr groß. Dementsprechend klein erscheint ihm also der mögliche Gewinn. Die Bilanz ist negativ und die Wahrscheinlichkeit somit groß, dass diese Person sich nicht darauf einlässt. Bei einem Menschen mit positiven Erfahrungen sieht die Bilanz anders aus. Das Risiko zu scheitern scheint gering, verglichen mit dem erwarteten Gewinn, den eine Beziehung ihm verspricht.

Wie kann ich eine negative Bilanz, die mich davon abhält, mich auf etwas Neues einzulassen, ändern? Rein rechnerisch, indem ich die Faktoren ändere. Ich müsste dafür sorgen, zukünftig positive Erfahrungen zu machen. Um etwas zu verändern, müsste ich zunächst verstehen, warum ich in der Vergangenheit immer wieder auf die Nase gefallen bin. Unter Umständen ist es an der Zeit, meine Herangehensweise grundsätzlich abzuwandeln, um mir so die Möglichkeit zu geben, in der nächsten Beziehung tatsächlich bessere Erfahrungen zu machen. Das ist natürlich nicht so einfach wie es klingt. Ich möchte Sie an dieser Stelle einladen, sich noch einmal intensiv mit Ihren Beziehungserfahrungen auseinanderzusetzen und zu schauen, was Sie variieren könnten, um etwas für sich zu verbessern. Was haben Sie in Bezug auf

Ihre Bedürfnisse getan oder unterlassen? An der Vergangenheit können Sie nichts mehr ändern und ehemalige Partner schon gar nicht, aber die Zukunft und Ihr eigenes Verhalten, das können Sie steuern. Sollten Sie jetzt ratlos sein und sich fragen, was genau es sein könnte, dass Sie selbst dazu beigetragen haben, um Ihrem Glück im Weg zu stehen, dann fragen Sie ruhig Freunde nach deren Sichtweise. Der Blick von außen ist oft klarer als der eigene auf sich selbst. Wenn Sie es gar nicht schaffen, die Ursachen für das frühere wiederholte Scheitern zu finden, können Sie mithilfe eines Beziehungscoaches neue Wege erforschen. Vergessen Sie nicht, dass Sie nicht alleine sind.

Da ist noch etwas, das häufig nach einer Trennung fehlt und Ihnen den Lebensmut rauben könnte: das liebe Geld! Zwei Haushalte kosten mehr als einer und so erleben die meisten getrennt Lebenden massive finanzielle Einschränkungen. Nicht umsonst ist das Thema Finanzen, nach dem Streit um die Kinder, Kriegsschauplatz Nummer zwei. Das Geld ist nach einer Trennung in den meisten Fällen knapp und auch mit dieser Einschränkung gilt es zurechtzukommen. Natürlich ist es ein Problem, wenn man plötzlich auf Dinge verzichten muss, die einem etwas bedeuten, oder wenn man bei den Aktivitäten der Freunde finanziell nicht mehr mithalten kann. Besonders in der Trennungssituation, in der man sich ja sowieso schon vom Schicksal betrogen fühlt, ist es ein ernst zu nehmender zusätzlicher Dämpfer, auch noch materiell zurückstecken zu müssen. Je besser Sie es schaffen, sich auf Ihre momentan veränderte finanzielle Situation einzustellen und diese zu akzeptieren, desto höher sind auch in dieser Hinsicht Ihre Möglichkeiten, inneren Frieden zu finden.

Genauso wie Sie lernen müssen, sich in der Welt des Singledaseins zurechtzufinden, müssen sie gegebenenfalls zusätzlich lernen, sich in finanzieller Hinsicht umzuorientieren. Je besser Sie es schaffen, neue Dinge für sich zu entdecken, die vielleicht auch mit geringeren finanziellen Mitteln möglich sind, desto positiver sehen Ihre Perspektiven aus. Grundlegend falsch finde ich es, sich zu verstecken. Wer seine finanzielle Situation im Freundeskreis offen darlegt, befreit sich von dem Druck, so tun zu müssen, als wäre alles noch so wie immer. Besonders schlimm trifft das natürlich diejenigen, die ihren Lebensstil durch die Trennung extrem verändern müssen und sich in der Vergangenheit möglicherweise durch Geld und Statussymbole definiert haben. Aber wollen Sie tatsächlich am Inhalt ihres Portemonnaies gemessen werden?

In jedem Fall ist eine neue Lebensphase mit zahlreichen Veränderungen verbunden. Da ist es manchmal gut, auszumisten. Nur wer sich von Dingen trennt, schafft Platz für Neues. Ich möchte Sie deshalb zu einer Inventur Ihrer Ressourcen einladen. Dabei spreche ich nicht nur Ihre finanziellen Möglichkeiten an, sondern ebenso Ihre Charakterstärken und Eigenschaften, die Ihnen auf Ihrem Weg in eine neue Partnerschaft helfen könnten. Da wäre z. B. Ihr Humor, der vielleicht in letzter Zeit etwas verloren gegangen ist, Ihnen aber grundsätzlich zur Verfügung steht. Vielleicht ist es auch Ihr Organisationstalent, das Ihnen jetzt helfen könnte, Ihr Leben zu strukturieren. Auch Freunde und Familienmitglieder können etwas in dieser Zeit beitragen. Sei es als Babysitter, wenn Sie einmal ausgehen möchten, oder vielleicht auch als Begleitung oder Berater. Ich erinnere noch einmal an den Vergleich mit dem Glas, das sich vielleicht gerade ganz schön leer anfühlt, den ich zu Beginn dieses Kapitels gemacht habe. Jetzt gilt es, genau hineinzusehen und zu erforschen, was noch an Wertvollem und Ausbaufähigem darin vorhanden ist. Die folgende Tabelle soll Ihnen dabei helfen:

Ressourcentabelle:

Die erste Spalte trägt die Überschrift »Vorhandene Ressourcen« und beschreibt, was sich in meinem Glas befindet. Die zweite Spalte lautet »Fehlende Ressourcen«. Die dritte Spalte trägt die Überschrift »Dringend zu entwickelnde Ressourcen«.

Sie werden vielleicht, wie die meisten Menschen in Ihrer Situation, merken, dass Ihnen spontan mehr von dem einfällt, was fehlt, als Ressourcen, die Sie bereits besitzen. Zum Beispiel Humor und Lebensfreude, die angeboren, aber situationsbedingt möglicherweise in den Hintergrund getreten sind. Nehmen Sie sich also bitte insbesondere für die erste Spalte ausreichend Zeit und schauen Sie dabei ruhig auch zurück und denken darüber nach, was gerade nur brach liegt, worauf Sie aber durchaus zurückgreifen könnten.

Bei den »fehlenden Ressourcen« ist es zunächst wichtig, zu überlegen, ob Sie diese tatsächlich brauchen. Bitte betrachten Sie diese Spalte genau. Misten Sie die Dinge aus, die eigentlich gar nicht wichtig sind, und verabschieden Sie sich von den Eigenschaften, die unmöglich zu entwickeln sind. Können Sie sich von unerfüllbaren Erwartungen nicht trennen, laufen Sie Gefahr, immer mit sich hadern zu müssen. Das würde dauerhaft dem Gefühl der Zufriedenheit im Weg stehen. Ist die Liste der fehlenden Eigenschaften dann komplett, überlegen Sie als Nächstes, ob es in der ersten Spalte vielleicht bereits Dinge gibt, die fehlende ersetzen könnten. Die Begriffe, die am Ende in dieser Spalte übrig bleiben, rücken in die dritte Spalte.

Bei der Entwicklung dieser fehlenden und »dringend benötigten Eigenschaften« können Ihnen bereits vorhandene Ressourcen als Kraftquellen dienen. Dazu ist es wichtig, sich diese immer wieder bewusst zu machen. Das steigert Ihr Selbstbewusstsein und gibt Ihnen Mut. Bitte priorisieren Sie die Merkmale in der dritten Spalte, um sich nicht selber zu überfordern, denn das würde Ihnen die nötige Kraft rauben, die Dinge anzugehen.

Nun haben Sie einen klaren Überblick über ihre Soll- und Ist-Situation. Das kann zunächst entmutigend sein, zeigt zumindest aber, wenn Sie sich nicht selber angeschwindelt haben, ein ehrliches Bild Ihrer Situation. Egal, wie schön oder unschön Ihre momentanen Umstände sind, sie sind in jedem Fall Ihr Ausgangspunkt. Das ist der Punkt, von dem aus Sie Ihren Weg in die Zukunft starten. Bitte nehmen Sie sich die Zeit, zunächst bewusst an diesem Ausgangspunkt anzukommen. Erst dann werden Sie in aller Klarheit Ihre Lage bewerten und Ihre Möglichkeiten erkennen können. Von dort aus können Sie erste kleine Schritte wagen. Denken Sie bitte daran, dass Sie situationsbedingt noch auf wackeligen Beinen stehen. Gehen Sie so behutsam mit sich um, wie Sie es mit einem Kind täten, das laufen lernt. Wenn Sie ab und zu auf dem Hintern landen, gehört das dazu und sollte kein Grund sein, auf ihm sitzen zu bleiben. Stehen Sie wieder auf, versuchen Sie es noch einmal, vielleicht ja diesmal ein wenig anders.

Was immer hilft, ist der Kontakt mit Leuten in einer ähnlichen Situation. Auch diese können eine Ressource sein. Es ermutigt, zu merken, dass man nicht allein ist. Wenn Sie Kinder haben, erinnern Sie sich vielleicht, dass es sehr geholfen hat, in Krabbelgruppen Eltern kennenzulernen. Die alten Bekannten, die noch ganz mit der Karriereplanung beschäftigt waren, konnten sich nur wenig in Ihre neue Lebenssituation einfühlen. So geht es Ihnen jetzt unter Umständen auch. Sie brauchen Menschen, die Ihre Situation verstehen, die auch schon einmal etwas Ähnliches erlebt haben oder gerade erleben. Schon aus diesem Grund hilft es, an Veranstaltungen für Singles teilzunehmen oder sich im Internet bei Singlebörsen anzumelden. Besonders in Großstädten gibt es ein vielfältiges Angebot, das Sie nutzen können. Natürlich hilft es auch, sich im Bekannten- und Freundeskreis umzusehen und sich neu zu orientieren. Damit ist nicht gemeint, sich von guten Freunden zu distanzieren, nur weil diese nicht in der gleichen Situation sind. Kontakte sind grundsätzlich wichtig, besonders in dieser Zeit. Vielmehr rate ich dazu, den Freunden gegenüber gütig zu sein und Verständnis dafür zu haben, dass sie sich vielleicht nicht wie gewünscht in Ihr persönliches Schicksal hineinversetzen können. Es geht schließlich darum, zusätzliche Kontakte aufzubauen, ohne die alten dabei zu verlieren.

Wenn Sie es schaffen, Ihren Blickwinkel so weit zu verändern, dass Sie ihn auf das Neue, das Mögliche und auf Ihre Ressourcen richten, finden Sie wieder Lebensmut. Wenn Sie allerdings zurückblicken auf Ihr Leid und sich einigeln, werden Sie ihn dauerhaft verlieren. Auch wenn solche Phasen zeitweise normal sind, ist es wichtig, in ihnen nicht zu verharren und sich bewusst zu machen, was Sie lähmt und was Sie vorwärts bringen wird. Gut ist es auch, Strategien parat zu haben, die Sie aus der Lähmung und den dunklen Löchern Ihres Lebens herausholen, wenn Sie doch einmal in diese hineingerutscht sind. Das können bestimmte Unternehmungen sein, die Ihnen in solchen Momenten guttun, oder bestimmte Menschen, die sich in der Vergangenheit durch ihr Handeln bewährt haben. Dafür sorgen, dass Sie die nötige Hilfe bekommen, müssen Sie allerdings selbst. Bitte keine falsche Scheu vor hilfsbereiten Mitmenschen! Denken Sie daran, wie es Ihnen gehen würde, wenn Sie jemand anderen leiden sehen. Wünschen Sie sich dann nicht, diese Person würde Ihnen sagen, was sie jetzt gebrauchen könnte? Sorgen Sie also für sich und für eine Umgebung, in der Ihr Lebensmut wachsen kann. Das ist die beste Basis, um sich auf den Weg in einen neuen Lebensabschnitt und irgendwann auch in eine neue Partnerschaft zu machen. Keine Angst, am Anfang ist es normal, wenn Sie noch auf ungewohnt wackeligen Beinen stehen. Nur Mut!

WEN WILL ICH UND WO SOLL ICH SUCHEN?

»Was für den Pilger die Wanderschuhe sind, ist für den Partnersuchenden der Selbstwert.«

Wenn wir uns einmal ernsthaft mit der Frage auseinandersetzen, wen wir suchen, ist die Antwort oft gar nicht so einfach, wie es auf den ersten Blick scheinen mag. Natürlich, die meisten Männer halten nach einer Frau Ausschau und die meisten Frauen nach einem Mann. Aber zu welchem Zweck eigentlich? Da sagt die eine vielleicht ganz ehrlich: »Für Sex!« Ein anderer wünscht sich eine Partnerin für gemeinsame Unternehmungen. Wieder andere wünschen sich jemanden, mit dem sie die Zukunft planen oder sich vielleicht einen gemeinsamen Kinderwunsch erfüllen können. Egal, wen oder was wir suchen, wir sollten das vorher für uns klären. Sonst ist die Gefahr groß, dass wir bei dem Falschen landen oder jemanden finden, der eigentlich gar nicht unseren Vorstellungen entspricht. Seien Sie ehrlich zu sich selbst. Es ist absolut in Ordnung, nach einer langen Beziehung, in der möglicherweise die Sexualität eingeschlafen war, sich in erster Linie eine Affäre zu wünschen, ohne im Hinterkopf Zukunftspläne zu schmieden, auch wenn das bei anderen eventuell auf moralisches Unverständnis stoßen könnte.

Vorsicht vor der Moral! Sie könnte Ihnen Ihren Weg versperren:

Zunächst sollten Sie sich fragen, was Moral eigentlich bedeutet und wo sie herkommt. Bei der Suche nach einer Antwort stellen Sie möglicherweise fest, dass es die Vorstellungen Ihrer Eltern sind, die Sie immer noch als leise Stimme im Hinterkopf beeinflussen, indem sie

Ihnen sagt: »Das tut man nicht!« Vielleicht ist es auch eine Religion, die Ihnen die pure sexuelle Lust außerhalb einer festen Partnerschaft verbietet. Wo auch immer Ihre persönlichen Glaubenssätze entstanden sind, es steht Ihnen frei, diese zu überprüfen. Entrümpeln Sie die Verhaltensmuster, die aus Ihrer Sicht nicht mehr zu Ihnen passen. Sie versperren Ihnen sonst den Weg zu dem, was Sie tatsächlich wollen. Moralvorstellungen könnten Sie daran hindern, nach dem zu suchen, was Sie sich tatsächlich wünschen.

Wenn wir meinen, dass wir uns jemanden nur für Sex wünschen, aber uns eigentlich nach Nähe und Geborgenheit sehnen, lügen wir uns an. Möglichweise werden wir von einer Angst, erneut verlassen zu werden, gesteuert. Sie blockiert uns auf der Suche nach dem, was unseren inneren Sehnsüchten tatsächlich entspricht, der Wunsch nach Zweisamkeit. Gestehen Sie sich daher Ihre Bedürfnisse ein, um zu finden, was Sie wirklich glücklich macht. Andernfalls laufen Sie Gefahr, das Falsche am falschen Ort zu suchen. Schlimmer noch, Sie werden vielleicht trotz gutem Sex enttäuscht sein, weil Ihre wahre Sehnsucht nach Bindung nicht erfüllt wurde. Ich erlebe in der Praxis immer wieder, dass Singles mir berichten, auch ohne feste Partnerschaft ein aktives Sexualleben zu haben. Viele genießen diese Lebensphase und die damit verbundene Freiheit auch sehr. Andere wiederum, besonders Frauen, berichten mir, sich nach einer solchen Begegnung oft schlecht zu fühlen, auch wenn der Sex gut war. Ein Gefühl von Enttäuschung oder innerer Leere ist ein Indikator dafür, dass das, was wir bekommen haben, nicht das ist, was wir wirklich haben wollten. Gehen Sie also behutsam mit sich um, um sich vor Selbstverletzungen zu schützen. Es lohnt sich, die eigenen Bedürfnisse zu erforschen, bevor die Suche beginnt.

Natürlich können sich Ihre Suchkriterien jederzeit ändern, wenn Sie z. B. irgendwann Ihren Hunger nach Freiheit gesättigt haben und plötzlich merken, dass doch der Wunsch nach einer festen Beziehung in Ihnen entstanden ist.

In der heutigen Zeit bietet das Internet eine gute Möglichkeit, sich nach einem neuen Partner umzusehen. Einige von Ihnen befassen sich möglicherweise zum ersten Mal mit dieser Form der Partnersuche. Berührungsängste sind deshalb verständlich. Schließlich gibt es bezüglich Partnerbörsen im Netz viele Vorurteile. Einige betrachten sie als «Resterampen für Übriggebliebene» und finden es peinlich, sich dort umzuschauen. So ging es mir anfangs auch und es dauerte eine Weile, bis mir bewusst wurde, dass es nichts damit zu tun hat, »es nötig zu haben«, weil man sonst niemanden findet, sondern dass diese Portale eine gleichwertige Alternative zu allen anderen Orten sind, an denen man auf potenzielle Partner zu stoßen hofft. Inzwischen ist die Online-Partnersuche absolut gesellschaftsfähig. Geschätzte sieben Millionen Menschen halten auf diese Weise Ausschau nach einer Beziehung. Diese Zahl spricht, glaube ich, für sich. Nehmen Sie sich die Zeit, Neues auszuprobieren und für sich die Vorteile zu entdecken. Ich lade Sie ein, sich auf das Unbekannte einzulassen und erst dann zu entscheiden, ob es zu Ihnen passt oder nicht.

Christian Schuldt hat in seinem Buch *Romantik 2.0* ausführlich über die Vorzüge des Online-Datings geschrieben.[11] Aus meiner Sicht ist es eine gute Möglichkeit, im Netz mit der Suche zu beginnen. Gerade wenn Sie unsicher sind, können Sie sich hier in aller Ruhe und erst einmal im Verborgenen umsehen.

11   Schuldt, Christian: *Romantik 2.0 – vom Suchen und Finden der Liebe im Internet*. Gütersloh: Gütersloher Verlag, 2013.

Sie werden feststellen, dass die Suche im Internet in drei Hauptbereiche aufgeteilt ist. Es gibt zum einen Singlebörsen, bei denen der Kontakt mit anderen Singles zwecks gemeinsamer Freizeitgestaltung im Vordergrund steht und der Beziehungsfokus dabei im Hintergrund bleibt. Die Mitglieder dieser Portale organisieren auch Gruppentreffen und die unterschiedlichsten Unternehmungen. Hier merken Sie schnell, dass Sie tatsächlich nicht alleine sind, und haben die Möglichkeit, sich mit Gleichgesinnten auszutauschen. Diejenigen von meinen Leserinnen und Lesern mit Kindern erinnern sich vielleicht noch an die Zeit, als das erste Kind geboren wurde. Plötzlich befanden Sie sich in einer anderen Welt. Die Freunde gingen weiterhin zur Arbeit, Sie blieben mit dem Baby zu Hause. Schnell fehlten die gewohnten Gemeinsamkeiten mit den alten Bekannten. Bei diversen »Krabbelgruppen« fanden Sie möglicherweise Kontakt zu Gleichgesinnten. Sofort fühlten Sie sich nicht mehr allein, sondern als Teil einer neuen Gemeinschaft. Ähnlich verhält es sich mit den Singlebörsen. Ich rate Ihnen, sich einfach einmal dort umzuschauen und erst dann zu entscheiden, ob das eine dauerhafte Möglichkeit für Sie sein könnte.

Den größten Bereich der Online-Partnersuche stellen die klassischen Partnerbörsen dar. Hier geht es gezielt darum, mit Menschen zwecks möglicher Paarbeziehung in Kontakt zu kommen. Gehören Sie also zu denen, die gezielt flirten möchten, sind Sie hier genau richtig. Zunächst müssen Sie ein längeres »Assessment« durchlaufen. Mit dem meist kostenlosen Persönlichkeitstest wird nach Ihren Wünschen und Vorstellungen gefragt, nach Neigungen und Hobbys. Auch Ihr Aussehen in Bezug auf Größe, Haarfarbe und Figur sind wesentliche Bestandteile Ihrer Selbstdarstellung. Ein Computerprogramm wertet die Inhalte aus und schlägt Ihnen dann passende Singles vor. Dieses Verfahren wird als »Matching« bezeichnet. Inwieweit sich Menschen auf diese Weise charakterlich vermessen und einander zuordnen lassen, ist allerdings fraglich und ich würde deshalb nicht zu viel auf die Ergebnisse setzen. Bei persönlichen Angaben sollten Sie ehrlich sein, denn bestimmt stoßen Sie bald auf jemanden, den Sie gerne kennenlernen möchten. In diesem Fall fliegen Unwahrheiten schnell auf. Es ist ratsam, die Suchkriterien nicht zu sehr einzuschränken. Ist man nämlich bei dieser Vorauswahl zu prinzipientreu, scheiden schon im Vorfeld potenzielle Partner aus, bei denen sich ein zweiter Blick vielleicht gelohnt hätte. Meine persönliche Erfahrung ist, dass die meisten Dates sehr angenehm und unterhaltsam waren, auch wenn sich, bis auf eine kurze Affäre, keine Beziehung daraus entwickelte. Dennoch boten sich mir auf diese Weise während meiner Singlezeit ein paar schöne Abende mit interessanten Gesprächspartnern. Diese durchaus positiven Erfahrungen gaben mir das gute Gefühl, als Frau wieder wertgeschätzt zu werden und am gesellschaftlichen Leben teilnehmen zu können. Statistiken belegen, dass Beziehungen, die im Netz entstanden sind, ebenso stabil sind wie die von Paaren, die sich auf andere Weise kennengelernt haben. In jedem Fall bietet sich Ihnen hier eine gute Plattform, wenn Sie das Flirten wieder üben möchten, wenn Sie das Gefühl haben, auf diesem Gebiet etwas »eingerostet« zu sein.

Ein anderer Bereich des Internet-Datings gehört zu den sogenannten Casual-Dating-Portalen. Hier treffen sich Menschen, die vordergründig sexuelle Begegnungen suchen. Wenn Sie also sicher sind, dass Sie erst einmal etwas Unverbindliches wollen, dann sind Sie hier richtig. Das Positive bei diesen Portalen ist, dass mit offenen Karten gespielt wird. Keiner gaukelt dem anderen etwas vor oder macht leere Versprechungen, wenn das Ziel in Wahrheit nur »das Bett« ist. Sollten Sie sich dann wider Erwarten doch verlieben und sich eine Beziehung wünschen, so kann es natürlich sein, dass der andere zu mehr nicht bereit ist. Eine Freundin von mir, die lange Zeit Single war, behauptete immer, dass ihr in erster Linie der Sex fehlen würde und deshalb auch One-Night-Stands für Sie kein Problem wären. Kam es dann dazu, litt sie am nächsten Tag doch sehr darunter, dass sich der Mann von ihr zurückzog und keinen weiteren Kontakt mehr wünschte. Wie bereits angesprochen, ist es wichtig, ehrlich und behutsam mit den eigenen Gefühlen umzugehen.

Abgesehen von diesen drei großen Kategorien gibt es im Internet auch noch diverse speziellere Nischenbörsen, z. B. für Alleinerziehende, speziell für Ältere, für Menschen mit Behinderungen oder für Suchende mit außergewöhnlichen sexuellen Vorlieben. Sie können auf diese Weise Ihre Suche beliebig eingrenzen. Auch wenn es sich möglicherweise anhört wie die gut sortierte Auslage in einem Warenhaus, wo in jedem Fall für jeden etwas dabei ist, möchte ich vor zu hohen Erwartungen warnen. Den ersehnten Traummann dann tatsächlich zu finden, hängt immer von vielen menschlichen Kriterien ab, die sich erst später im Alltag herauskristallisieren. Das Internet kann als eine zusätzliche Chance gesehen werden, dem Glück etwas auf die Sprünge zu helfen.

Natürlich gibt es auch weiterhin die konventionellen Möglichkeiten, potenzielle Partner kennenzulernen. Das Netz bietet zwar eine sehr hohe Dichte an Gleichgesinnten, allerdings wird dies oft als unromantisch bzw. als allzu zielstrebig empfunden. Die gängigste Möglichkeit ist, sich ins Nachtleben zu stürzen. Auch hier gibt es mittlerweile viele Angebote für Singles wie z. B. After-Work- oder Ü30- und Ü40-Partys. In dieser lebendigen und lustigen Atmosphäre kann man dann aber die etwas stillere Person möglicherweise übersehen, die gut passen könnte. Mein Vorschlag ist, grundsätzlich lieber einmal mehr hinzuschauen als einmal zu wenig. Oft ist es eben doch eher die Liebe auf den zweiten Blick. Natürlich lauern auch im Nachtleben Chancen, denen man sich nicht verschließen sollte, und ein lustiger Abend ist nicht zu verachten.

Eine Möglichkeit des intensiveren Kennenlernens bieten Orte, an denen man regelmäßig aufeinandertrifft, um gemeinsamen Interessen nachzugehen, wie z. B. Vereine und Kurse. Es gibt eben nicht nur die Liebe auf den ersten Blick, das Kennenlernen kann auch ein Prozess sein. Das Angebot solcher Veranstaltungen, auch zielgerichtet für Singles, ist inzwischen sehr vielfältig. Schon allein an der Zahl dieser Möglichkeiten, besonders in den Großstädten, erkennt man, wie hoch der Bedarf ist. Wenn man aus einem kleineren Ort kommt, ist es oft schwieriger. Sie haben dann vielleicht das Gefühl, alle bereits zu kennen und dass keiner mehr übrig zu sein scheint. Es besteht die Möglichkeit, die Suche auf Nachbarorte auszudehnen. Treten Sie dort einem Verein bei oder nehmen Sie an interessanten Veranstaltungen teil. Auch ein Singleurlaub kann eine Strategie sein, um den Suchbereich auszudehnen. Dehnen Sie Ihre Suche räumlich sehr aus, stehen Sie möglicherweise vor der Frage, ob auch eine Fernbeziehung eine Option für Sie sein könnte. Fernbeziehungen haben Vor- und Nachteile, die man am besten schon im Vorfeld für sich abwägen sollte. Hierzu ein Beispiel aus meiner Praxis:

Ellens Fernbeziehung:

Nach der Trennung von ihrem ersten Mann fand sich Ellen, die in München lebt, als Single mit zwei kleinen Kindern wieder. In einem Skiurlaub lernte sie einen Hamburger kennen und genoss es sehr, als Frau wieder so sehr im Fokus eines Mannes zu stehen. Da die beiden viel Spaß miteinander hatten und sich gut verstanden, hielten sie auch nach dem Urlaub den Kontakt durch Telefonate aufrecht. Ellen und ihr Ex-Mann hatten inzwischen eine gute Regelung für den Umgang mit den gemeinsamen Kindern gefunden, sodass der Vater jeden zweiten Freitag die Kinder fürs Wochenende zu sich holte. Ellen hatte also fortan diese Zeit zur freien Verfügung. Auch wenn ihr anfangs die Kinder fehlten und sie sich zunächst ohne sie etwas verloren fühlte, so gab es doch auch einen angenehmen Nebeneffekt: Endlich hatte Ellen Zeit für sich! Sie beschloss, das Beste daraus zu machen. Sie besuchte ihre Urlaubsbekanntschaft in Hamburg, was bald zu einer Regelmäßigkeit wurde, die die beiden viele Monate lang fortsetzten. Sie verbrachten auch gemeinsame Urlaube, wenn ihre Kinder mit ihrem Vater verreisten. Ellen fühlte sich in dieser Zeit jung und lebendig wie schon lange nicht mehr. Gerade weil alles so schön und harmonisch war, stellte sich irgendwann die Frage, wie es weitergehen würde. Ellens neuer Freund wünschte sich ein gemeinsames Zuhause und sogar gemeinsame Kinder. Da er durch seine Firma an Hamburg gebunden war, hätte eine gemeinsame Zukunft für sie einen Umzug bedeutet. Ellen wollte ihre Kinder aber nicht entwurzeln. Ebenso wenig teilte Sie den Wunsch nach weiteren Kindern mit ihrem neuen Partner. Die beiden trennten sich schließlich, weil sie kein gemeinsames Lebenskonzept fanden. Natürlich schmerzte diese traurige Erkenntnis, aber es kam zu einer Trennung aus Vernunftgründen.

An Ellens Beispiel wird deutlich, dass sich Beziehungen weiterentwickeln und sich Bedürfnisse verändern. Wenn man eine bestimmte Beziehungskonstellation für eine Weile sehr schätzt, bedeutet das nicht, dass sie bis in alle Ewigkeit Bestand hat. Hat man über eine gewisse Zeit das freie, unverbindliche Miteinander genossen, kommt eventuell doch bald der Wunsch nach Verbindlichkeit und Planung. Gefühl und Verstand sollten also auch hier miteinander verhandeln. Sicherlich hat Ellen ihre Beziehung sehr genossen und möchte diese Zeit auch im Nachhinein nicht missen. Allerdings sollte jeder abwägen, worauf er sich einlassen möchte und worauf lieber nicht, was er ertragen kann und was zu viel wäre. Das gilt besonders, wenn die Kinder in den Kontakt zum neuen Partner eingebunden werden. Spätestens dann sollten Sie überlegen, ob sich die neue Liebe für eine gemeinsame Zukunft eignet. Haben sich die Kinder erst einmal an ihn gewöhnt, könnte auch ihnen eine Enttäuschung im Falle eines Scheiterns drohen. Ich kann dieses Risiko zwar minimieren, aber nicht ausschalten. Das liegt in der Natur der Partnersuche.

Eine weitere Möglichkeit der Partnersuche ist dann gegeben, wenn es unter den Freunden, Bekannten oder Arbeitskollegen bereits jemanden gibt, der infrage käme. Da weiß man schon in etwa, was einen erwartet. Also schauen Sie sich ruhig einmal mit einem offenen Blick in Ihrem Umfeld um. Vielleicht gibt es jemanden, den Sie mit ganz anderen Augen sehen, wenn Sie offen für eine neue Beziehung sind. Es gibt ja schließlich auch die Liebe auf den zweiten Blick. Es könnte sich lohnen, auch wenn es manchmal etwas kompliziert ist, bereits bestehende Beziehungen zu verändern. Viele haben allerdings Angst, einen guten Freund zu verlieren, sollte aus der Romantik doch nichts werden. Theoretisch gibt es dann Möglichkeiten, wieder die alte Form der Beziehung fortzuführen. Das geht allerdings nur, wenn sich nicht doch einer in den anderen verliebt hat. Dann könnte es kompliziert werden. Eine neue Beziehung wäre eben auch in dem Fall mit Risiken verbunden, die man abwägen müsste.

Oft erweisen sich die Freunde auch als die besten Paarberater und kennen Ihre Wünsche und Vorstellungen manchmal besser als Sie selbst. Schon um diese Möglichkeit zu nutzen, halte ich es für sinnvoll, offen über den Partnerwunsch zu sprechen. Ich bin mit meinem zweiten Mann »verkuppelt« worden. Ich war allein im Urlaub, als ich einen sehr sympathischen Mann kennenlernte, der mit seinem Freund einen Herrenurlaub machte. Wir verstanden uns auf Anhieb und erzählten uns gegenseitig von unserem Leben. Vielleicht haben auch Sie schon einmal die Erfahrung gemacht, wie angenehm es sein kann, sich einer fremden Person mitzuteilen. Der Mann ist verheiratet und zwischen uns entwickelte sich in den gemeinsamen Urlaubstagen eine Freundschaft. Bei meiner Abreise bat er mich um meine Telefonnummer und die Erlaubnis, sie an seinen Freund weitergeben zu dürfen, der ebenfalls Single sei, so wie ich in München lebe und aus seiner Sicht sehr gut zu mir passen würde. Nach anfänglichem Zögern wurde mir schnell klar, nichts zu verlieren. Nach meiner Rückkehr bekam ich bald einen Anruf. Es folgte ein sehr angenehmes Gespräch und schließlich eine erste Verabredung. Die Vorstellung von einem Blind Date war mir verhasst, doch von dieser Angst wollte ich mir nicht den Weg versperren lassen. Ich nahm also meinen Mut zusammen und ging zum verabredeten Treffen mit »Mister Ungewiss«. Hätte ich gewusst, dass es das erste Treffen mit meinem zukünftigen

Mann sein würde, hätte ich keine Sekunde gezögert. Bis heute bin ich erstaunt darüber, wie gut unser gemeinsamer Freund erkannt hat, dass mein Mann und ich zusammengehören, lange bevor wir es wussten. Wie gut, dass ich mich zu dem Treffen entschieden hatte.

Eine Falle beim Suchen ist die Suche um der Suche willen. Begeben Sie sich immer nur an Orten auf Partnersuche, an denen Sie gerne sind und wo Sie sich sicher und wohlfühlen. Nur so können Sie Ihre Zeit genießen und strahlen das auch aus. Wenn dann die Ausschau erfolglos bleibt, hatten Sie immerhin einen schönen Tag oder einen interessanten Abend. Auch sollte der Gedanke an einen möglichen neuen Partner nicht ständig präsent sein und alle Ihre Schritte bestimmen. Wirklich planbar ist die Partnersuche ohnehin nicht. Vertrauen Sie einfach auf den glücklichen Zufall. »Unverhofft kommt oft« ist genauso möglich wie eine Enttäuschung. Das Problem ist, dass zu einer Partnerschaft immer zwei gehören, d. h., dass es nicht reicht, wenn es für Sie passt. Für den anderen muss es das auch tun. Wichtig ist: für alle Möglichkeiten offen bleiben und für Niederlagen gewappnet sein! Wer »Körbe« persönlich nimmt und sich infolgedessen selbst infrage stellt, wird viele Tiefschläge erleiden. Ein guter Selbstwert ist unentbehrlich. Was für den Pilger die Wanderschuhe sind, ist für den Partnersuchenden der Selbstwert.

Vorsicht vor falschen Glaubenssätzen:

Was ich oft von Suchenden höre, sind Aussagen wie »In meinem Alter findet man keinen mehr.« oder »Wer jetzt noch übrig geblieben ist, hat eh eine Macke.«. Solche und ähnliche Denkweisen stehen dem Erfolg im Weg, bevor die Suche überhaupt begonnen hat. Was diese

Sätze uns bieten, sind Prophezeiungen von Misserfolgen, bevor sie überhaupt eingetreten sind – sozusagen ein Freibrief fürs Scheitern. Ist es aber nicht sinnvoller, sich zunächst den Chancen zuzuwenden und sich erst dann, wenn erforderlich, mit eventuellen Reinfällen auseinanderzusetzen? Und selbst wenn Sie bereits eine Weile erfolglos auf der Suche waren, gibt es viele Möglichkeiten, Ihre Strategien zu überdenken, anstatt sich gleich auf ewiges Pech festzulegen.

Mitte fünfzig sucht Jung und Dynamisch:
Karin ist eine attraktive Frau Mitte fünfzig. Sie kommt zu mir mit dem Problem, seit Jahren keinen Partner zu finden. Sie ist mittlerweile, trotz intensiver Suche, seit acht Jahren allein. Sie trat einem Golfclub bei, suchte im Internet nach Bekanntschaften, ging viel aus und geht insgesamt sehr offen mit ihrem Wunsch nach einer Partnerschaft um. Allerdings klagt sie darüber, dass Männer in ihrem Alter sich eher für Frauen interessieren, die zehn Jahre jünger sind. Für sie würden sich nach ihrer Aussage nur Männer interessieren, die ihr viel zu alt seien.

Natürlich ist das eine Erfahrung, die wahrscheinlich viele Frauen machen und nicht von der Hand zu weisen ist. Allerdings ist es für Karin wichtig, zu verstehen, dass sie das seit jeher bekannte männliche Beuteschema – nämlich jüngere, attraktive Frauen – nicht verändern kann. Welche Konsequenz wird sie daraus ziehen? Hoffentlich nicht die, zu resignieren und aufzugeben, nach dem Motto: »Wenn ich nicht genau den Mann finde, den ich mir vorstelle, dann lieber gar keinen.« Es wird schwer für sie sein, sich von dem Wunsch nach einem jungen und dynamischen Lebenspartner zu verabschieden. Vielleicht muss sie das auch nicht vollständig, sondern kann stattdessen ihre Suchkriterien etwas verändern. Hier gilt es, zu ergründen, was sie, abgesehen von ihren äußeren Reizen, für Männer attraktiv machen könnte und ebenfalls, welche Werte, abgesehen von Jugend und Dynamik, für Karin außerdem wichtig sein könnten. Wenn wir über längere Zeit mit unserer Strategie keinen Erfolg haben, sollten wir nicht das Umfeld dafür verantwortlich machen, das wir sowieso nicht verändern können, sondern stattdessen unsere Strategie abwandeln. Hierbei hilft es, zunächst zu entschlüsseln, zu welchem Zweck wir diese überhaupt entwickelt haben:

Karin fällt es schwer, ihr Bild von einem Traummann zu hinterfragen. Zu sehr ist sie auf die Außenwirkung, auf ihre eigene, auf die des Mannes, der sie interessieren könnte, und schließlich auf die des Bildes, das sie als Paar abgeben würden, fixiert. Für Karin wäre es wichtig, zu verstehen, warum und wodurch dieser Fokus entstanden ist. Sie muss ihre Programmierung entschlüsseln und begreifen, dass diese Haltung sie nicht glücklich machen wird. Acht Jahre erfolglose Partnersuche sind dafür Beweis genug. Erst wenn sie das akzeptiert, wird sie bereit sein, ihren Radius zu verändern, und wird eine Chance haben, ihr Glück zu finden.

In den folgenden Kapiteln werden Sie Wege kennenlernen, wie Sie Ihre Suche mit Erfolgsaussicht gestalten bzw. wie Sie Hindernisse aus dem Weg räumen können. Das Wichtigste ist die Offenheit für die vielfältigen Möglichkeiten. Gewisse Eigenschaften sollten nicht von vornherein ausgeschlossen werden. Hierin besteht auch der Nachteil der Partnerbörsen, bei denen Vorschläge anhand von »Matchingpoints« gemacht werden. Die Suche wird auf eine ausgewählte Altersspanne begrenzt. Was aber, wenn jemand zwei oder drei Jahre über der gewünschten Altersgrenze liegt oder den Punkten entsprechend zu wenige Gemeinsamkeiten aufweist? Könnte es nicht trotzdem sein, dass die Gefühle stimmen könnten und eine Chance erhalten sollten? Bitte denken Sie daran: Der Kopf und der Bauch arbeiten am besten zusammen und nicht gegeneinander. Lassen Sie also nicht den Kopf Ihre Gefühle bestimmen und bleiben Sie offen. Vergessen Sie nicht: Manchmal ist auch Liebe auf den zweiten Blick noch möglich.

Sie sind auf der Suche bei Weitem nicht alleine. Die traurige Statistik der immer noch steigenden Scheidungsraten ist gewissermaßen ein Vorteil. Nutzen Sie also die vielfältigen Angebote, experimentieren Sie, profitieren Sie von neuen Möglichkeiten. Sie werden erkennen, was am besten zu Ihnen passt. Offenheit und ein wenig Abenteuerlust helfen Ihnen dabei. Nicht vergessen: Die Partnersuche sollte Spaß machen. Es ist ja schließlich kein Gang zum Zahnarzt, sondern der Weg in eine neue Liebe.

Noch ein Wort an die Männer: Von Ausnahmen abgesehen, verkriechen sich Männer häufiger als Frauen. Sie sind passiver und defensiver bei der Suche – jedenfalls dann, wenn sie das Gefühl haben, eine Partnerin zu brauchen. Etwas zu brauchen, bedeute Schwäche, meinen sie. Schwächen zeigen Männer im Allgemeinen nicht gerne und verstecken sie lieber. In ihrem Versteck werden sie allerdings niemandem begegnen. Wir alle brauchen nicht unbedingt einen Partner. Wir hätten nur gerne einen an unserer Seite. Also, auf geht's!

WAS BIN ICH WERT?

»Es ist notwendig, dass wir, bevor wir uns auf die Suche nach einem Partner machen, uns selbst und unsere tatsächlichen Bedürfnisse erforschen. Je mehr Selbstbewusstsein wir haben, desto besser nehmen wir unsere eigenen Bedürfnisse wahr. Je höher der Selbstwert ist, desto mehr sprechen wir uns auch das Recht zu, ihnen in der Partnerschaft Raum zu geben.«

Beim Nachdenken über die Frage »Was bin ich wert?« stellen Sie möglicherweise fest, dass Sie spontan überlegen müssen, wie andere Sie bewerten. Das liegt daran, dass die meisten Menschen es nicht gewohnt sind, sich selbst zu beurteilen bzw. ihrem Urteilsvermögen in Bezug auf die eigene Person nicht vertrauen. Einigen scheint es sogar überheblich, wenn die Eigenbewertung positiv ausfällt oder sie stolz auf sich sind. Das gehöre sich nicht, meinen sie. Viele von uns sind so konditioniert. Uns schlechtzumachen, fällt den meisten leider schon leichter. Wir sind bei unserer Beurteilung mehr oder weniger von anderen abhängig. So sind wir es auch von klein auf gewohnt. Bereits ganz früh in unserem Leben waren es die Eltern, die uns für unser Verhalten gelobt oder getadelt haben. Später kam die Schule hinzu, die unsere Leistungen bewertet hat. Im Freundeskreis wurde uns gespiegelt, was cool bzw. uncool ist. Heute werden wir im Beruf beurteilt, messen uns an dem, was wir verdienen, oder daran, welche Stellung wir haben. Unser Ansehen bei Freunden und Nachbarn ist uns wichtig und wir sind auf unsere Statussymbole stolz. Je weniger wir unserer Eigenbewertung trauen, desto mehr sind wir auf eine Beurteilung von außen angewiesen.

All das, was uns von außen als Anerkennung gespiegelt wird, beeinflusst unseren Selbstwert und sollte von uns mit Vorsicht behandelt werden. Ich rate also jedem, Bewertungen von außen zumindest mit dem eigenen Wertesystem abzugleichen, bevor wir sie annehmen. In diesem Kapitel soll es um unseren Selbstwert gehen, also den Wert, den jeder von uns sich persönlich gibt, und darum, wie stark wir in der Eigenbewertung von unserer Außenwelt abhängig sind und warum er so stark unser Verhalten, unseren seelischen Zustand und unsere Ausstrahlung bestimmt. Dazu möchte ich zunächst einige Begriffe definieren, die damit in Verbindung stehen:

Die Begriffe **Selbstwert**, **Selbstwertgefühl**, **Selbstbewusstsein**, **Selbstvertrauen** und **Selbstsicherheit** unterscheiden sich in ihrer Bedeutung voneinander, obwohl sie im alltäglichen Sprachgebrauch oft als Synonyme verwendet werden.

- Das **Selbstwertgefühl** ist psychologisch betrachtet das Ich-Empfinden eines Menschen. Ob ich mich gut oder schlecht fühle, hängt davon ab, welchen Wert ich mir im jeweiligen Moment beimesse.

- Der **Selbstwert** ist dabei die »Einheit«, in der ich mich selbst bewerte. Ich kann mir einen hohen Selbstwert beimessen oder einen niedrigen. Auf dieser Basis kann ich den Wert, den ich mir gebe, damit vergleichen, wie ich andere bewerte.

Selbstbewusstsein und Selbstvertrauen werden umgangssprachlich oft mit einem hohen Selbstwert gleichgesetzt. Ich verwende die Begriffe allerdings im wörtlichen Sinne.

- Das **Selbstbewusstsein** ist das Bewusstsein, das ich meinen eigenen Gefühlen gegenüber habe. Ich kann nämlich ein niedriges Selbstwertgefühl haben, ohne mir dessen bewusst zu sein. Zwar drückt sich dieser niedrige Selbstwert trotzdem in dem, was ich ausstrahle, aus, aber ich bin mir dessen nicht bewusst. Wenn ich mir meiner inneren Gefühle nicht bewusst bin, weil mir die Fähigkeit zur Selbstwahrnehmung fehlt, kann ich folglich auch nichts verändern. Was das für die Ausstrahlung bedeutet, werde ich im nächsten Kapitel noch gesondert erläutern.

- Das **Selbstvertrauen** ist das Vertrauen, das ich in mich habe. Das bezieht sich auf den inneren Draht, den ich zu mir habe. Ein hohes Selbstbewusstsein ist eine wichtige Voraussetzung für ein großes Selbstvertrauen.

- Die **Selbstsicherheit** ergibt sich quasi aus den anderen Komponenten. Ein positiver Selbstwert, ein starkes Selbstbewusstsein und ein hohes Selbstvertrauen geben uns Sicherheit. Wenn wir uns in uns selbst sicher fühlen, brauchen wir weniger Sicherheiten m Außen und sind freier in der Wahl unseres eigenen Weges.

Je schwächer unser Selbstwertgefühl ist, das heißt, je tiefer wir uns selbst einstufen, desto mehr sind wir von der Bewertung anderer abhängig. Es kommt vor, dass unser persönliches Bewertungssystem in schwierigen Situationen schlechter ausfällt – ich nenne das den situativen Selbstwert – oder dass wir allgemein unsicher in der Bewertung der eigenen Person sind. Wie wir uns fühlen, hängt meist von situativen Faktoren und Persönlichkeitskomponenten ab. Dass unser Selbstwert gerade im Keller ist, merken wir daran, dass wir große Angst haben, Fehler zu machen oder die Kontrolle zu verlieren. Menschen mit einem niedrigen Selbstwert haben oft ein hohes Harmoniebedürfnis, sind leicht zu kränken und von Selbstzweifeln geplagt. Ist der Selbstwert im Keller, hat man oft das Gefühl, wenig bewirken zu können, oder man zweifelt an seinen persönlichen Rechten. Schnell fühlt man sich für etwas schuldig oder schämt sich für sein Verhalten. Man ist insgesamt unsicher und empfindet wenig Lebensmut und Freude. Menschen mit geringem Selbstbewusstsein können sich zudem schlecht selbst spüren und versuchen sich deshalb von außen in ihrem Verhalten zu beobachten. Das ist so, als ob sich das Leben auf einer Kinoleinwand abspielen würde. Man überlegt ständig, wie das, was man gerade tut, nach außen wirkt. Im Vergleich dazu legen Menschen mit einem hohen Selbstwertgefühl wenig Wert darauf, was andere von ihnen denken. Diese Menschen sind ihre eigenen Kritiker. Sie sprechen sich selber Lob für gute Leistungen aus oder überlegen, wie sie schlechtes Verhalten verbessern können. Das ist nicht mit sturem Eigensinn zu verwechseln, im Gegenteil, Menschen mit einem guten Selbstwertgefühl können gut mit Kritik von außen umgehen. Sie überlegen, ob das Feedback, das sie von ihrer Umwelt bekommen, mit ihren eigenen Werten übereinstimmt. Sind sie der Meinung, dass die anderen mit bestimmten Einwänden recht haben, dann sind sie auch in der Lage, ihr Verhalten entsprechend zu ändern, ohne das Gefühl zu haben, ihren Standpunkt zu verlieren. Selbstbewusste Menschen reflektieren die Wahrnehmung von außen, sind aber am Ende selber diejenigen, die über ihr weiteres Verhalten entscheiden. Menschen mit geringerem Selbstbewusstsein neigen dazu, sich entweder unreflektiert der Meinung anderer anzupassen oder stur auf die eigene Meinung zu pochen, um ihre inneren Zweifel vor anderen zu verstecken.

Wie kommt es, dass der eine ein positives Selbstwertgefühl hat und ein anderer ein negatives? Ein bisschen hat das immer auch mit der Veranlagung zu tun und daran können wir nichts ändern. So bewerten sich introvertierte und schüchterne Menschen insgesamt schlechter als extrovertierte, wobei die Extrovertierten oft auch sehr abhängig von ihrer Außenwirkung sind. Ein Großteil unseres Bewertungssystems ist allerdings erlernt und damit auch änderbar. Nachdem ich in den vorangegangenen Kapiteln schon einige Male auf den Zusammenhang zwischen unseren Erfahrungen aus den Ursprungsfamilien und unserem aktuellen Verhalten hingewiesen habe, wird es Sie an dieser Stelle nicht verwundern, wenn ich Ihnen sage, dass Sie vorrangig in Ihrem Elternhaus gelernt haben, wie Sie sich bewerten. Haben Sie von Ihren Eltern viel Zuspruch bekommen, ist das eine gute Basis für einen hohen Selbstwert, wurden Sie dagegen oft kritisiert oder an anderen gemessen, ist der Wert, den Sie sich geben, wahrscheinlich niedrig. Wie hoch Ihr Selbstbewusstsein ist, hängt noch dazu stark von der Art, wie in Ihrer Ursprungsfamilie kommuniziert wurde, ab. Wurde viel über Gefühle gesprochen, haben Sie wahrscheinlich ein höheres Bewusstsein für sich selbst bekommen. Sie hatten die Möglichkeit, Ihre Selbstwahrnehmung schon früh zu schulen und konnten lernen, Ihre Gefühle auszudrücken. Natürlich gibt es auch im späteren Leben und in späteren Beziehungen die Chance, positive Verhaltensweisen zu erlernen, die Ihnen sozusagen nicht in die Wiege gelegt worden sind. Das ist allerdings vergleichbar schwierig und setzt bei Ihnen ein hohes Bewusstsein für Ihre Persönlichkeit voraus, aber es ist in jedem Fall möglich. Gelerntes kann umgelernt werden.

Wenn Sie gerne mehr über das Thema Selbstwertgefühl, dessen Herausbildung und die Auswirkung auf das tägliche Leben im Allgemeinen erfahren möchten, erinnere ich Sie an das Buch von Stefanie Stahl *Leben kann auch einfach sein!*, das ich Ihnen vorgestellt habe. Stefanie Stahl zeigt auf anschauliche Weise, was einen niedrigen Selbstwert verursacht und wie Sie ihn stärken können.

Im ersten Buchteil bin ich auf die Bedeutung des Selbstwertes in der Trennungssituation eingegangen. Sie haben gesehen, wie stark es vom eigenen Selbstwertgefühl abhängt, ob man nach einem Beziehungsende in angemessener Zeit wieder Halt findet. Ich möchte hier nun den Fokus darauf richten, inwieweit unser Selbstwertgefühl die Partnersuche beeinflusst: Nur wenn ich mich realistisch bewerte, kann ich entscheiden, wer zu mir passt. Ich erinnere Sie an Ina, das Fallbeispiel aus dem letzten Kapitel des ersten Teils, die von sich meinte, einen Beschützer zu brauchen, obwohl das ihrer Lebenssituation nicht entsprach. Am Ende landete sie immer bei Männern, die wenig zu Inas tatsächlichen Qualitäten passten. Wenn sie sich erneut auf die Suche nach einem Partner macht, sollte sie sich mit ihrem Selbstbewusstsein auseinandersetzen. Sie hat so die Möglichkeit, zu erkennen, dass die Anforderungen, die sie heute an einen Mann und an eine Beziehung stellt, nichts mehr mit ihren kindlichen Sehnsüchten zu tun haben.

Es ist notwendig, dass wir, bevor wir uns auf die Suche nach einem Partner machen, uns selbst und unsere tatsächlichen Bedürfnisse erforschen. Je mehr Selbstbewusstsein wir haben, desto besser nehmen wir unsere eigenen Bedürfnisse wahr. Je höher der Selbstwert ist, desto mehr sprechen wir uns auch das Recht zu, ihnen in der Partnerschaft Raum zu geben. Ich schlage Ihnen vor, sich die Zeit zu nehmen, einmal eine Liste mit Ihren Sehnsüchten und Anforderungen zu machen. Sie werden schnell merken, wie leicht oder schwer es Ihnen fällt. Daran können Sie Ihr Selbstbewusstsein messen. Sollte es Ihnen schwerfallen, könnte es daran liegen, dass Ihnen in der Vergangenheit tatsächlich wenig Raum für Ihre Bedürfnisse gegeben wurde. Dann ist jetzt ein guter Zeitpunkt, sich ihn zu nehmen!

Ist Ihre Liste vollständig – sie kann natürlich jederzeit ergänzt werden – dann überlegen Sie, ob Sie sich vorstellen können, sie in einer Beziehung auch anzumelden. Wenn Ihr Gefühl ist, dazu kein Recht zu haben, oder wenn Sie keine Möglichkeit dafür sehen, gehören Sie möglicherweise zu den Menschen, die in Beziehungen schnell zurückstecken und eher darauf fokussiert sind, die Wünsche ihres Partners zu erfüllen. Vielleicht haben Sie sogar das dumpfe Gefühl, in vergangenen Beziehungen den Erwartungen Ihres Partners nicht ausreichend entsprochen zu haben, und meinen, deshalb für die Trennung verantwortlich zu sein. Bitte überlegen Sie, was das für Ihre zukünftige Partnerwahl bedeutet und ob Sie nicht nach Möglichkeiten suchen sollten, Ihren Selbstwert zu stärken.

Ein schwacher Selbstwert ist manchmal auf den ersten Blick nicht erkennbar, sondern kann hinter einer Fassade der Grandiosität verborgen werden. Wahrscheinlich haben Sie schon einmal beobachtet, dass der Selbstwert, den andere meinen zu haben, nicht immer der Realität entspricht. Selbstüberschätzung, Angeberei und Protzerei dienen oft als Tarnkappe, um sich in einem besseren Licht zu präsentieren. Sie haben Angst, dass sie so, wie sie sich selbst wahrnehmen, nicht bestehen können. Sie verstecken sozusagen ihr negatives Selbstwertgefühl unter einem Umhang der Großartigkeit. Das ist vergleichbar mit Superman. Der ist ja eigentlich auch ein ganz normaler Mann. Erst durch seinen Umhang bekommt er die heldenhafte Erscheinung. Oft nehmen sich Menschen mit Selbstdarstellungstendenzen selbst als grandios wahr. Allerdings ist das keine »echte« Selbstwahrnehmung, sondern eine gespiegelte. Sie definieren sich über ihre Außenwirkung. Dieses Phänomen ist als Narzissmus bekannt.

Diejenigen unter Ihnen, die schon länger erfolglos auf

Partnersuche sind und vielleicht mutmaßen, Anforderungen zu haben, die sich dauerhaft nicht erfüllen lassen, oder die von potenziellen Partnern nicht so wahrgenommen werden wie sie es möchten, lade ich ein, ihren Selbstwert zu überprüfen. Das Gleiche gilt auch für die, deren Beziehungen immer wieder nach kurzer Dauer enden und das sogar aus ähnlichen Gründen. Es könnte sein, dass Sie etwas ausstrahlen, das nicht dem Bild entspricht, das Sie von sich haben. In dem Fall wirken Sie nicht authentisch. Sie versuchen etwas darzustellen, von dem Sie meinen, dass es besser sei als das, was Sie tatsächlich sind.

Es lohnt sich, Ihr wirkliches Ich zu zeigen und so den Partner zu finden, der zu Ihnen passt. Wir alle haben Qualitäten, auch wenn wir uns diese manchmal erst bewusst machen müssen, und sind also nicht darauf angewiesen, uns anders darzustellen. Für jemanden, der es zeitlebens gewohnt war, sich auf eine bestimmte Weise zu präsentieren, ist das schwierig. Bitte denken Sie darüber nach, ob es sich nicht für Sie lohnen könnte, diesen neuen Weg zu gehen, um am Ende Sie selbst sein zu können. Ein anderer sein zu müssen, als man wirklich ist, und diese Fassade aufrechtzuerhalten, ist nämlich auf Dauer sehr anstrengend. Oft hält man das auch nur für eine gewisse Zeit durch. Spätestens wenn es zu ersten Problemen in der Beziehung kommt, kann das ganze Kartenhaus zusammenbrechen.

Nur durch Selbstsicherheit können wir unabhängig sein:

Ich habe bereits zu Beginn dieses Buchteils darauf hingewiesen, dass die Wahlfreiheit auch in Bezug auf die Partnerwahl in den letzten Jahren sehr viel größer geworden ist. Viele Optionen scheinen auf den ersten Blick immer eine großartige Errungenschaft zu sein. Für manch einen gibt es da aber auch einen Haken: Vor lauter Freiheit weiß man manchmal nicht mehr wohin. Die, die sich im Leben insgesamt haltlos fühlen, richten sich gerne nach vorgegebenen gesellschaftlichen, religiösen oder moralischen Konzepten. Menschen in unsicheren Lebenssituationen sind leicht beeinflussbar und schließen sich im Extremfall vielleicht sogar einer Sekte an. Je weniger Selbstsicherheit ein Mensch hat, sei es situativ oder konstant, desto größer ist seine Sehnsucht nach Führung von außen. Menschen, die nach einer langjährigen Beziehung plötzlich wieder alleine das Leben meistern müssen, fühlen sich verständlicherweise verunsichert. Trotzdem: Wer suchet, der findet! Immer noch haben wir die Möglichkeit, uns nach gesellschaftlichen, moralischen oder auch religiösen Vorgaben zu richten. Überlegen Sie bitte gut, ob Sie das möchten oder ob Sie den Weg zur Selbstsicherheit einschlagen, auch wenn dieser zunächst der beschwerlichere ist. Freiheit und Sicherheit scheinen nur auf den ersten Blick ein Widerspruch zu sein. Das muss aber nicht so sein, wenn die Sicherheit aus uns selbst kommt.

ATTRAKTIVITÄT – WAS IST DAS? AUSSTRAHLUNG – WOHER KOMMT SIE?

»Nehmen Sie sich zunächst so an, wie Sie sind. Auf dieser Basis wachsen Ihr Selbstbewusstsein und Ihre Möglichkeiten, Ihr Verhalten zu verändern.«

Attraktivität ist etwas sehr Subjektives. Vielleicht haben Sie Folgendes schon einmal erlebt: Sie begegnen einem Menschen, den Sie auf den ersten Blick nicht anziehend finden. Sie kommen dann mit dieser Person ins Gespräch und stellen fest, dass Sie sie sehr sympathisch finden. Plötzlich merken Sie, dass dieser Mensch ein schönes Lächeln hat, und langsam wird er in ihren Augen immer attraktiver. Umgekehrt kann das Gleiche passieren: Ein auf den ersten Blick gut aussehender Mensch verliert schnell an Ausstrahlung, wenn wir ihn in Bezug auf sein Verhalten ablehnen. Genauso verhält es sich mit der Wahrnehmung des eigenen Aussehens. Auch das werden Sie kennen. An guten Tagen können Sie sich viel besser annehmen als an schlechten Tagen. Wie attraktiv wir uns finden, hängt also stark von unserem subjektiven Bewertungssystem ab.

Natürlich gibt es objektive Variablen, die das Aussehen betreffen und durchaus messbar sind. Wenn ich zum Beispiel merke, dass sich seit der Trennung von meinem Partner mein Gewicht stark verändert hat, ist das nachmessbar. Wenn ich dann noch spüre, dass ich mich in meinem Körper nicht mehr wohlfühle, wäre es unsinnig, es allein auf die schlechte Tagesform zu schieben. Hier sollte ich mich zunächst damit auseinandersetzen, warum ich mich verändert habe. Wieder einmal kann ein innerer Dialog nur auf der Basis von Verständnis sich selbst gegenüber stattfinden. Ich kann dieses Zwiegespräch nur dann konstruktiv führen, wenn ich in der Lage bin, einen guten Kontakt zu mir aufzubauen. Sage ich:»Du fette Kuh, kein Wunder, dass sich niemand mehr für dich interessiert«, ist das destruktiv. Ich brauche Selbstvertrauen. Deshalb ist es besser, für Gelassenheit zu sorgen und auf folgende Art den inneren Dialog zu führen: ›Ich merke, dass du um einiges zugenommen hast. In deiner Situation ist das sicher Kummerspeck und absolut verständlich. Wie könntest du jetzt sinnvoll mit diesen extra Kilos umgehen? Brauchst du sie noch oder stehen sie dir eher im Weg? Was könnte ein Anreiz für dich sein, sie wieder loszuwerden? Was könnte dir da helfen?«

Natürlich kann ich mein Attraktivitätsgefühl nicht auf Knopfdruck ändern und auf positiv schalten. Folglich ist es wichtig, sich schon im Vorfeld mit seiner Selbstwahrnehmung und den sie beeinflussenden Faktoren zu befassen. Oft stellen wir dabei fest, dass wir den Spiegel anderer Menschen brauchen, um unsere Ausstrahlung zu bewerten. Viele von uns schaffen es nicht, sich selbst als attraktiv zu empfinden, ohne es gespiegelt zu bekommen. Was können wir also tun, wenn sich unsere Eigenwahrnehmung von der Fremdwahrnehmung in großem Maße unterscheidet? Ratsam ist es, sich zunächst mit der Ursache unserer Eigenbewertung zu befassen. Um das zu tun, benötigen wir wieder einmal eine große Portion Reflexionsvermögen. Wir müssen unsere inneren Stimmen und Glaubenssätze identifizieren. Liegt es an unserer momentanen Situation, müssen wir überlegen, inwieweit wir die äußeren Umstände, die oft nicht so leicht veränderbar sind, von der Bewertung unseres Selbst abgrenzen können, und wie wir es schaffen können, uns unabhängig von diesen Umständen zu bewerten. Stellen wir fest, dass wir uns immer noch so bewerten, wie unsere Eltern es getan haben, ist es Zeit, uns davon unabhängig zu machen und »erwachsen« zu werden.

Männer machen ihre Attraktivität übrigens nach wie vor seltener an Äußerlichkeiten als am Erfolg fest. Sind sie von Selbstzweifeln geplagt, stellen sie eher ihren beruflichen, wirtschaftlichen oder sportlichen Erfolg infrage. Natürlich kann es sein, dass sich auch Frauen nach diesen Kriterien definieren. Attraktivität hängt jedenfalls teilweise von äußeren Reizen und teilweise von gefühlten inneren Qualitäten ab. Insoweit beeinflusst unser Selbstwertgefühl die Art, wie wir uns wahrnehmen und umgekehrt. Habe ich z. B. ein berufliches Projekt gerade mit Erfolg abgeschlossen und schaue danach auf der Toilette in den Spiegel, hat dieser Erfolg einen positiven Einfluss auf die Wahrnehmung meines Spiegelbildes. Umgekehrt gilt das Gleiche: Fühle ich mich attraktiv, bevor ich ein neues Projekt präsentieren will, so wird das Auswirkungen auf die Art der Präsentation haben. Ich werde selbstsicherer auftreten und auch so wahrgenommen. Bei der Partnersuche verhält sich das ähnlich. Empfinde ich mich selber als attraktiv, werde ich auch von anderen entsprechend wahrgenommen.

... und woher kommt jetzt unsere Ausstrahlung?

Ausstrahlung ist das, was von unserem Selbstwert nach außen dringt. Stellen Sie sich vor einen großen Spiegel und stellen Sie sich die Frage, ob Sie sich attraktiv fänden, wenn Sie ein potenzieller Partner wären. Lautet die Antwort Ja, ist alles in Ordnung. Ist Ihre Antwort allerdings Nein, sollten Sie etwas verändern. Entweder an Ihrem Aussehen oder an Ihrer Einstellung. Wenn man sich unwohl fühlt, drückt sich das in der Ausstrahlung aus. Der eine oder andere von Ihnen mag denken: »Prima, ich muss nach außen ja nicht zeigen, wie ich mich wirklich fühle«, denn schließlich sind wir es ja gewohnt, ein Pokerface aufzusetzen oder anderen etwas vorzumachen. Das gelingt aber nur bis zu einem gewissen Grad und über einen bestimmten Zeitraum. Vergessen Sie also nicht, dass selbst die beste Fassade irgendwann bröckelt und der innere Kern zum Vorschein kommt.

Wenn sich zwei Menschen ineinander verlieben, passiert das oft auf einer tieferen Ebene, die uns nicht bewusst ist und die wir nicht beeinflussen können. Aus dem Grund können wir oft auch nicht erklären, warum wir uns überhaupt vom anderen angezogen fühlen und wovon eigentlich genau. Ist es etwas in seinem Blick, ist es eine Geste? Genauso schwierig ist es, zu definieren, was wir an einer Person abstoßend finden. Das liegt daran, dass diese Form von Zuneigung oder Ablehnung auf einer intuitiven und emotionalen und nicht auf einer kognitiven Ebene, auf der wir uns mit Erklärungen und Schlussfolgerungen beschäftigen, stattfindet. Hier treffen sich nicht zwei Gehirne, sondern zwei Seelen. Manche benutzen gerne den Begriff »Seelenverwandtschaft«. Auf welche Weise begegnen sich zwei Seelen? Nehmen wir an, dass diese Begegnung über die Ausstrahlung stattfindet, die etwas mit Strahlen zu tun haben könnte. Aus der Physik kennen wir die unterschiedlichsten Strahlen, von denen die meisten über die Sinnesorgane nicht wahrnehmbar sind, die uns aber trotzdem beeinflussen. Begegnen wir einem anderen Menschen, treffen uns seine Strahlen ebenso, ohne dass wir es bewusst wahrnehmen oder erklären können. Wie eine solche Verbindung hergestellt wird, ist vergleichbar mit dem Schlüssel-Schloss-Prinzip. Hierzu ein Beispiel:

Markus und sein Helfersyndrom:

Markus erzählt mir von seinem Problem, sich immer wieder in Frauen zu verlieben, die unselbstständig sind. Anfangs findet er es schön, für sie da zu sein; allerdings sind sie irgendwann völlig abhängig, was ihm das Gefühl gibt, keine Luft mehr zu bekommen. An dem Punkt kommt es unweigerlich zur Trennung. Markus ist es leid, dass seine Beziehungen immer wieder nach einigen Monaten zu Ende gehen. Er ist inzwischen Ende dreißig und möchte gerne »ankommen«. Er hat bereits länger den Wunsch, eine Familie zu gründen. Allerdings konnte er sich das bisher mit keiner seiner Partnerinnen vorstellen.

Da Markus jetzt schon seit einigen Jahren immer wieder, wie er sagt, »an die Falsche gerät«, geht er inzwischen davon aus, dass es sich nicht um puren Zufall oder einfach nur um Pech handelt. Er möchte verstehen, was seine Partnerwahl beeinflusst.

Nachdem mir Markus von dem sich wiederholenden Muster in seinen Beziehungen erzählt hat, interessiert mich, wie es entstanden sein könnte. Ich frage ihn also, wie er aufgewachsen ist, und nach der Beziehung zu seinen Eltern sowie deren Beziehung zueinander. Er beschreibt seinen Vater als jemanden, der tonangebend in der Familie war. Markus erinnert sich, dass er oft abwesend war und viel gearbeitet hat. Auch wenn er einmal zu Hause war, war er sehr mit seinen eigenen Dingen beschäftigt und wollte nicht gestört werden. Als er acht Jahre alt war und seine Schwester vier, verließ der Vater die Familie. Später stellte sich heraus, dass er schon seit einiger Zeit eine Geliebte hatte, mit der er nach der Trennung zusammenlebte, bis er sich dann auch von ihr trennte. Markus hat bis heute Kontakt zu seinem Vater, den er aber als einen nicht besonders innigen beschreibt.

Ganz anders spricht Markus über seine Verbindung zur Mutter. Sie beschreibt er als sehr gutmütig und sensibel, aber auch immer etwas traurig. Nach der Trennung hat sie keine dauerhafte Beziehung zu einem anderen Mann aufbauen können. Markus fühlte sich immer schon für sie verantwortlich, die ihm auch stets, wie einem Partner, von ihren Problemen erzählte hatte. Noch heute sei der Kontakt zu seiner Mutter sehr eng. Sie telefonieren fast täglich miteinander und sehen sich oft. Auf meine Frage, ob ihm das nie zu viel gewesen sei, erklärt er, dass er das nie hinterfragt habe. Es hätte ja auch niemand anderen gegeben, der sich um seine Mutter hätte kümmern können. Seine Schwester war bei der Trennung der Eltern noch sehr jung gewesen und sei auch ein ganz anderer Typ als er. Sie mache einfach ihr eigenes Ding.

Wenn man sich bewusst macht, dass die Mutter die erste Frau im Leben eines Mannes ist, erkennt man, dass bereits Markus' allererste Beziehung die zu einer hilflosen, bedürftigen Frau war. Er hat von ihr wahrscheinlich viel Anerkennung und Wertschätzung für seine Zuwendung bekommen. Als Junge war er bestimmt stolz auf seine Rolle als kleiner Mann an der Seite seiner Mutter. Tatsächlich bestätigt Markus mir auch, dass er froh darüber ist, was er für seine Mutter tun konnte und auch heute noch tut.

Markus' Beispiel zeigt, wie ein Mann lernt, über das Helfen mit Frauen in Kontakt zu treten, dadurch Wertschätzung zu bekommen und sich maskulin zu fühlen. Zudem hatte er oft genug erlebt, wie sein Vater Frauen schlecht behandelt. Dafür hatte er ihn abgelehnt. So wollte er nicht werden. Markus kennt also gar keine andere Möglichkeit als die, einer Frau zu helfen, um eine Beziehung zu ihr aufzubauen. Findet er eine Frau attraktiv, ist anzunehmen, dass er geradezu auf seine Chance lauert, ihr Helfer werden zu können. Für hilfsbedürftige Frauen wiederum ist er der ersehnte Retter. Das ist mit dem Schlüssel-Schloss-Prinzip gemeint.

Es bleibt die Frage, wie Markus immer wieder auf den gleichen Typ Frau trifft. Hier kommt die Ausstrahlung ins Spiel. Weil die Anziehungskraft auf einer unbewussten Ebene wirkt, bleibt uns der Grund, warum wir einen bestimmten Menschen anziehend finden, oft verborgen. In Wirklichkeit lernt Markus viel mehr Frauen kennen, als ihm tatsächlich bewusst ist. Damit meine ich diejenigen, denen Markus im täglichen Leben begegnet, ohne ihnen weiter Beachtung zu schenken. Die Gründe, warum wir viele Menschen unbeachtet lassen, denen wir täglich begegnen, sind natürlich vielschichtig. Zunächst spielt die Wahrnehmung von Äußerlichkeiten eine Rolle. Finden wir einen Menschen auf den ersten Blick attraktiv, interessant oder auch abstoßend, folgt automatisch der zweite Blick und eine bewusste Bewertung setzt ein. Trotzdem passiert es, dass wir meistens kein weiterführendes Interesse an der Person haben und sie schnell vergessen, selbst wenn sie uns gefallen hat. Was jetzt folgt, oder eben auch nicht, hat mit der Ausstrahlung zu tun. Sie hängt davon ab, ob es etwas gibt, zu dem wir uns in Beziehung setzen können.

In Markus' Fall könnte sich das folgendermaßen abspielen: Wenn er einer Frau begegnet, die er attraktiv findet, und die Möglichkeit hat, mit ihr ins Gespräch zu kommen, wird er wie ein Seismograf darauf lauern, ihr in irgendeiner Form zu helfen. Stellt er aber fest, dass sie stark und eigenständig ist, wird er es schwierig finden, den Erstkontakt fortzuführen, selbst wenn er das gerne tun würde. Er wird sich in ihrer Gegenwart hilflos, unattraktiv und unmännlich fühlen und sich von ihr abwenden. Besteht der Kontakt zu der Frau dennoch weiter, weil sie z. B. eine Arbeitskollegin ist, gibt es für ihn trotz alledem die Möglichkeit, sie näher kennenzulernen und seine Ängste und die Hilflosigkeit gegenüber selbstbewussten Frauen mit der Zeit abzubauen, wenn er merkt, dass sie eine liebenswerte und weiche Seite hat, die er auf den ersten Blick nicht wahrgenommen hat.

Es ist wichtig, die eigene Programmierung zu verstehen, um bei der Partnersuche offen für neue Möglichkeiten zu werden. Allerdings ist das Begreifen auch nur der erste Schritt. Markus hat den Wunsch, etwas zu verändern. Das ist nicht einfach. Zunächst rate ich jedem, sein Wesen zu akzeptieren und anzunehmen. Wir können uns nicht gänzlich neu erfinden und werden immer die bleiben, die wir geworden sind. Durch das Verstehen seines Verhaltens wird er es in Zukunft leichter für ihn, sich selbst auszuprobieren. Das nächste Mal, wenn er einer Frau begegnet, die sehr selbstbewusst scheint, soll er versuchen, mit ihr in Kontakt zu bleiben, auch wenn es schwierig für ihn sein wird. Nur durch Training können wir uns weiterentwickeln und erst mit der Zeit und einer Portion Muskelkater wird Ungewohntes zur Gewohnheit und fühlt sich dann auch gut und sicher an.

Ich möchte Ihnen dazu noch ein weiteres Beispiel vorstellen, das veranschaulicht, wie wir schon früh im Leben lernen, unsere eigene Ausstrahlung für uns arbeiten zu lassen. Im Folgenden ist es die Erscheinung, die beeinflusst, wie Tine von Männern wahrgenommen wird. Sie lernt schnell, wie sie ihre Wirkung auf Männer erfolgreich einsetzen kann, wird dadurch aber auch ungewollt in eine Ecke gedrängt:

Die kleine Tine:

Tine ist eine zierliche Frau. Schon als Teenager wurde sie in der Schule von den Jungs wegen ihrer Größe geneckt. Sie erinnert sich daran, dass diese einmal ihr Fahrrad an eine Astgabel gehängt und darüber gelacht hatten, dass sie nicht heranreichte. Tine muss bei der Geschichte schmunzeln. Sie fand das damals nämlich selber witzig, und wenn die Sticheleien sie auch oft genervt haben, hatte sie schnell die Ahnung, dass die Jungs sie ganz niedlich fanden, und hat das genossen. Tine hat so gelernt, ihre Körpergröße für sich positiv einzusetzen und ihr Verhalten gegenüber Männern an deren Erwartungen angepasst. Niedlich und frech wollten die Jungs sie haben. Diesem Bild hat Tine dann auch gerne entsprochen. Später nervte sie es aber, auf diese Weise bewertet zu werden. Auch wenn sie an ihrer Größe wenig ändern konnte, hatte sie es satt, mit Ende zwanzig immer noch als süßes kleines Mädchen wahrgenommen zu werden. Tine wollte ernst genommen werden. Sie wollte nicht nur niedlich sein, sondern auch weiblich und sexy. Allerdings wusste sie nicht, wie das geht. Sie hat es nicht gelernt, als Frau mit Männern in Kontakt zu treten, sondern nur als kleines süßes Mädchen.

Tine kann etwas verändern, wenn sie gerne anders wahrgenommen werden möchte. Sie kann lernen, wie man als geistreiche Frau einen Mann erobert. Es wird für sie zunächst ungewohnt sein, auf diese Weise mit Männern in Kontakt zu kommen, und es wird über einen gewissen Zeitraum auch mit Unsicherheit verbunden sein. Das kann zum Grund werden, weswegen wir, wenn es darauf ankommt, lieber wieder auf unsere gewohnten Verhaltensweisen zurückgreifen. Hier also mein Rat: Dranbleiben und es immer wieder aufs Neue versuchen. Tine wird sicherlich auch erkennen, dass niedlich und geistreich zu sein kein Widerspruch, sondern eine interessante Kombination sein kann.

Die Übergangsphase zwischen zwei Beziehungen ist die ideale Zeit, um Neues auszuprobieren. Überlegen Sie also, was potenzielle Partner ausstrahlen, um für Sie interessant zu sein, und was Sie selbst ausstrahlen. Überlegen Sie, inwieweit das für Sie heute noch passt oder ob Sie etwas anderes probieren möchten. Hier noch einmal der Hinweis: Sich von Grund auf neu zu erfinden, wird nicht möglich sein. Nehmen Sie sich zunächst so an, wie Sie sind. Auf dieser Basis wachsen Ihr Selbstbewusstsein und Ihre Möglichkeiten, Ihr Verhalten zu verändern.

DIE PARTNERSUCHE MIT KINDERN

»Es ist ein Trugschluss, Kindern durch den Verzicht auf eine Partnerschaft etwas Gutes zu tun. Umgekehrt könnte es für sie sogar entlastend sein, wenn die Eltern wieder einen Erwachsenen an ihrer Seite haben.«

Kinder schränken uns ein. Das ist eine Tatsache, der, glaube ich, kein Elternteil widersprechen kann. Es könnte allerdings sein, dass einige Eltern sich schwertun, sich dies einzugestehen, aus dem gleichen Grund, aus dem es einigen Eltern schwerfällt, negative Attribute im Zusammenhang mit Kindern zu sehen. Ich persönlich bin da in meiner Einstellung eher pragmatisch: Meine drei Kinder sind in erster Linie eine Bereicherung für mich und nichts gibt meinem Leben einen so dauerhaften und nachhaltigen Sinn wie sie. Und trotzdem nerven sie mich manchmal, erschöpfen mich, schränken mich ein ... Damit kann ich leben. Gut sogar!

Nach der Trennung von meinem ersten Mann, dem Vater, war ich sehr froh darüber, Kinder zu haben. Sie halfen mir dabei, im Leben zu bleiben. Vielleicht zwangen sie mich sogar ein Stück weit dazu. Sie holten mich durch ihre pure Existenz oft aus meiner Traurigkeit heraus und sorgten durch ihre Bedürfnisse für Struktur, während um mich herum meine alte Welt zusammenbrach. Andererseits wurde ich durch sie mit Schuldgefühlen belastet, weil ich die Beziehung mit ihrem Vater nicht aufrechterhalten konnte und sie zu Scheidungskindern machte, wie ich eins war. Was hatte ich ihnen angetan? In dieser Situation, so weiß ich aus eigener Erfahrung, kann es schnell dazu kommen, dass man aus lauter Schuldgefühlen heraus den Kindern zu viel Raum gibt. In dieser Situation fangen getrennte Eltern oft an, diesen mehr Aufmerksamkeit zu geben oder sie mit Geschenken zu verwöhnen, um etwas wiedergutzumachen. Väter leiden häufig noch stärker unter ihren Schuldgefühlen, v. a. wenn sie es waren, die ihre Frau verlassen haben, denn die Kinder leben nach der Trennung in den meisten Fällen weiterhin bei der Mutter. Was Kinder in einer solchen Situation, in der alles aus den Fugen geraten ist, tatsächlich brauchen, sind keine Eltern, die aufgrund von Schuldgefühlen handeln, sondern Eltern, die stark sind und in der Führungsrolle bleiben. Kinder können sich nur dann sicher fühlen, wenn sie geführt werden. Je schneller Sie es als Eltern also schaffen, wieder Verantwortung zu übernehmen, anstatt der Diener ihrer Kinder oder des eigenen schlechten Gewissens zu sein, desto schneller haben diese wieder das Gefühl, sich auf Sie verlassen zu können. Nur Eltern, die eigenverantwortlich handeln, können Kindern das Gefühl vermitteln, für sie gut sorgen zu können.

Was passiert, wenn ich das Bedürfnis nach einer neuen Partnerschaft habe? Darf ich überhaupt diesem Wunsch nachgehen, wenn meine Kinder noch die Trennung der Eltern verarbeiten müssen? Habe ich unter diesen Umständen überhaupt eine neue Beziehung verdient? Wieder laufen wir Gefahr, in die Schuldfalle zu geraten und unser Handeln durch unsere Schuld bestimmen zu lassen, statt als eigenverantwortlicher Erwachsener die Entscheidungen zu treffen. Wir sollten uns fragen, wie die Erfüllung unserer Sehnsüchte mit unserer Verantwortung den Kindern und deren Bedürfnissen gegenüber vereinbar ist. Gerade in einer so turbulenten Zeit, die von Trennung und Neuanfang geprägt ist, lassen Sie bitte nicht das Steuer los. Vergessen

Sie nicht, dass Sie der Kapitän und damit verantwortlich für Ihr eigenes Wohl und das der Kinder sind. Bitte denken Sie daran, dass, sprichwörtlich, glückliche Eltern glückliche Kinder haben. Kinder fühlen sich schnell für die Erwachsenen verantwortlich, obwohl sie das nicht sind. Es nimmt ihnen ein Stück Kindheit, die Pflicht der Eltern zu übernehmen, was sie auch nicht müssen, wenn die Eltern ihnen das Gefühl vermitteln, selbst für ihr Glück sorgen zu können.

Ja, die Bedürfnisse der Kinder müssen bei der Partnersuche berücksichtigt werden! Je jünger diese sind, desto größer ist unsere Verantwortung für sie und desto größer ist auch ihr Einfluss auf unser Verhalten. Möchte ich z. B. wieder öfters ausgehen, bin ich gegebenenfalls auf einen Babysitter angewiesen oder auf klare Absprachen mit meinem Ex-Partner, bezüglich der Betreuung, die aus meiner Sicht zum Wohl der Kinder und der getrennten Eltern ohnehin verbindlich geregelt sein sollte. Hat man kleine Kinder, sind bei der Partnersuche Kontaktbörsen übrigens wieder einmal sehr dienlich. Da kann die Partnersuche nämlich im eigenen Wohnzimmer beginnen. Hier rate ich, in jedem Fall nichts zu verheimlichen, um bei potenziellen Partnern des Verständnisses für Kinder sicher sein zu können. Ist die Offenheit nicht gegeben, ist aus meiner Sicht jeder weitere Schritt sinnlos, es sei denn, dass es Ihr Wunsch ist, sich auf eine Affäre einzulassen, aus der keine feste Beziehung werden soll. Selbst dann kann es allerdings schwer werden, wenn der Liebhaber kein Verständnis dafür hat, dass die Kinder vorgehen und manch einem Treffen im Weg stehen könnten. Aber keine Angst, ab einem gewissen Alter gehen die meisten Menschen ohnehin davon aus, dass Kinder existieren. Ich habe schon viele sagen hören: »Was, in dem Alter und noch keine Kinder? Da stimmt doch was nicht!« Das ist natürlich ein Vorurteil, zeigt jedoch, dass man sich diesbezüglich keine Sorgen machen muss.

Habe ich mich dann erst einmal auf die Suche begeben und lerne jemanden kennen, kommt das nächste Problem mit Kindern: »Zu mir oder zu dir?« Ich muss an dieser Stelle schmunzeln: »Hatten wir das nicht schon mal? Na klar, damals habe ich noch bei meinen Eltern gelebt ...« Übrigens, schmunzeln ist gut, über sich selber lachen auch! Es hilft, locker zu bleiben, Spaß zu haben und sich nicht schon gleich am Anfang auf die Probleme zu fokussieren. Es ist schließlich die Zeit des Verliebtseins! Trotzdem muss diese Frage irgendwann geklärt werden. Schwieriger ist es natürlich, wenn beide Partner Kinder haben. Dann ist eine große Portion Kreativität gefragt, um eine Lösung zu finden. So langsam stellt sich dann auch die Frage, wie man die Partnersuche bzw. die neue Errungenschaft den Kindern mitteilen kann. Das ist eine komplizierte Frage, für die es keine allgemeingültige Antwort gibt. Drei Aspekte sind hier zu berücksichtigen:

1. Wie alt sind die Kinder?
2. Wie ernst ist es mir mit der neuen Partnerschaft? Bin ich noch der Pubertierende, Ziellose, vielleicht nur auf der Suche nach einer Affäre oder habe ich das hinter mir und habe ernsthafte Absichten?
3. In welcher Phase des Kennenlernens befindet sich die neue Beziehung?

Neben diesen Faktoren gibt es noch unzählige weitere situationsbedingte, die ich unmöglich hier zusammenfassen kann, weil sie so vielfältig sind. Was Sie ihren Kindern wann erzählen, kommt deshalb in erster Linie auf die Situation an. Auch hier gibt es kein Richtig oder Falsch, mit einer Ausnahme: Bitte lügen Sie Ihr Kind nicht an. Fragt Ihr Sohn Sie z. B., ob Sie wieder eine Freundin haben, und es stimmt, sagen Sie bitte die Wahrheit. Offensichtlich hat er etwas wahrgenommen, das ihn zu der Frage veranlasst hat. Diese Wahrnehmung stellen Sie infrage, wenn Sie lügen. Das heißt, dass Ihr Kind, das Ihnen als Elternteil vertraut, in einen Konflikt gerät, was wiederum bedeutet, dass es entweder das Vertrauen in Sie verliert oder das Vertrauen in seine eigene Wahrnehmung – und somit sein Selbstvertrauen. Sollten Sie ihm nicht sagen wollen, dass Sie jemanden kennengelernt haben, haben Sie bessere Alternativen, als die Unwahrheit zu sagen. Zum Beispiel: »Ja, aber das ist noch ganz frisch und ich will erst sehen, wie sich das entwickelt, bevor ich darüber spreche.« oder Ähnliches. Ebenso falsch ist es, dem Kind zu sagen: »Ja, aber sage es nicht der Mama.« Wieder gerät das Kind in einen Konflikt. Dieses Mal in einen Loyalitätskonflikt in Bezug auf die Eltern, was unbedingt und immer vermieden werden sollte.

Geheimnisse sind unheimlich und machen einsam!

Kinder haben sehr feine Antennen. Spüren sie etwas, bekommen aber vermittelt, dass sie es nicht wissen sollen, bekommt das Geheime etwas Geisterhaftes. Noch dazu haben sie nicht die Möglichkeit, darüber zu reden, weil sie es nicht greifen können. Schlimmer noch ist, was sie aus der Botschaft »Darüber spricht man nicht!« lernen: Es bleibt ihnen nichts anderes übrig, als sich mit dem Halbwissen zu verkriechen und sich selbst einen Reim darauf zu machen, was auch immer dabei herauskommen mag. Da sind der Phantasie dann keine Grenzen gesetzt. Besonders Männer sind gut darin, Dinge nicht mitzuteilen, und laufen Gefahr, ihre Söhne auch zum Schweigen zu erziehen. Wenn die Kinder in der Pubertät dann jemanden kennenlernen, teilen sie sich den Eltern nicht mit, was für die Kinder problematisch werden kann, weil sie Fragen, die sie beschäftigen, nicht stellen können. Damit ist nicht nur die Beziehung zu den Eltern gestört, auch die Beziehungsfähigkeit zu ihren späteren Partnern könnte schwierig werden, wenn Sie lernen, Dinge mit sich selber ausmachen zu müssen. Auch Geheimnisse, die zwei aneinander binden, nach dem Motto:»Das bleibt unser Geheimnis«, nehmen Kindern die Möglichkeit, sich mitzuteilen. Gerade in der Beziehung zu ihren Eltern, aber auch zu anderen Personen, zu denen ein Kind eine enge Bindung hat und die es frei wählen durfte, sollte einem Kind nicht der innere Konflikt des Es-nicht-sagen-Dürfens aufgebürdet werden. Erst recht nicht in einer Lebensphase, in der es so wichtig ist, Unsicherheiten mit anderen teilen zu können.

An dieser Stelle würde ich gerne nochmals auf das Buch von Irmela Wiemann *Wie viel Wahrheit braucht mein Kind?* verweisen, die darin anhand zahlreicher Beispiele darlegt, welche Wirkung Geheimnisse auf Kinder haben, und aufzeigt, wie die Dialoge mit Kindern idealerweise ablaufen könnten. Sie geht dabei auch auf unterschiedliche familiäre Situationen ein.[12]

Manchmal merken Sie, nachdem Sie etwas erzählt haben, dass Ihr Kind es nicht verstanden hat oder davon überfordert ist. Auch hier ist dann die Sensibilität, entsprechende weitere Gespräche zu führen, gefragt. Wichtig ist es, dem Kind anzubieten, jederzeit weitere Fragen stellen oder Wahrnehmungen, Ängste und Sorgen zu dem Thema mit Ihnen teilen zu dürfen. Vielleicht sagt es auch z. B.:»Ich will nicht, dass du eine

---

12 Wiemann, Irmela: *Wie viel Wahrheit braucht mein Kind.* Hamburg: Rowohlt Verlag, 2001.

Freundin hast.« Eine Antwort wie »Du hast gar nichts zu wollen!« ist natürlich falsch. Sich nach dem Willen des Kindes zu richten, wäre wiederum tragisch, weil es ihm die Macht gibt, zu entscheiden. Gut wäre es, zu fragen, warum es das nicht wolle und wovor es Angst habe. Versuchen Sie, ihm die Angst zu nehmen, indem Sie ihm klarmachen, dass sich für es selber wenig ändern wird. Erklären Sie ihm dann einfühlsam, aber bestimmt, dass Sie eine neue Beziehung möchten und deshalb nicht darauf verzichten werden. Weisen Sie Ihr Kind ruhig darauf hin, dass Sie erwachsen sind und somit die Entscheidungen treffen. Es gibt dem Kind Sicherheit, wenn Sie klar die Führung übernehmen. Keine Sorge: Kinder freuen sich und empfinden es als Entlastung, wenn die Eltern glücklich sind. Besonders dann, wenn sie sie nach der Trennung oft traurig erlebt haben. Wenn die Kinder nämlich oft die Verantwortung für das Glück ihrer Eltern übernehmen, leiden sie unter dieser viel zu schweren Last.

Ein Trugschluss:

Wer meint, den Kindern etwas Gutes zu tun, indem er darauf verzichtet, dem Wunsch nach einer Partnerschaft nachzugehen, befindet sich auf dem Holzweg! Innere Bedürfnisse, und hier ist der Wunsch nach Bindung ein Urbedürfnis, haben den Drang, sich einen Weg nach außen zu bahnen. Gerade Alleinerziehende und Eltern in schlechten Beziehungen laufen Gefahr, ihre Kinder zum Partnerersatz oder zur »besten Freundin« werden zu lassen, wenn ihr Bedürfnis nach Bindung nicht durch einen erwachsenen Partner gestillt wird. Oft sind die Kinder sogar stolz auf ihre Rolle als »kleiner Mann« oder »großes Mädchen«. Tatsächlich sind sie aber mit dieser, ihrem Alter nicht angemessenen Rolle überfordert. Sie übernehmen die Verantwortung für ihre Eltern und das nimmt ihnen die Möglichkeit, Kind sein und sich mit zunehmendem Alter frei von den Eltern entwickeln zu können. Es ist also e n Trugschluss, Kindern durch den Verzicht auf eine Partnerschaft etwas Gutes zu tun. Umgekehrt könnte es für sie sogar entlastend sein, wenn die Eltern wieder einen Erwachsenen an ihrer Seite haben. Außerdem ist es gerade für Trennungskinder eine gute Erfahrung, eine funktionierende Beziehung miterleben zu können.

Was also, wenn Sie schon eine Weile mit jemandem zusammen sind, die Beziehung sich festigt und der Wunsch entsteht, den Kindern den neuen Partner vorzustellen oder seine kennenzulernen? Aus meiner Sicht sollte es dabei in erster Linie nicht um den Wunsch der Erwachsenen gehen, sondern sich vielmehr nach dem Interesse der Kinder richten, ob sie Ihren neuen Partner treffen möchten. Oft kommt dieses ganz von selbst, wenn Sie kommuniziert haben, dass Sie jemandem begegnet sind. Geben Sie Ihren Kindern die Möglichkeit, neugierig auf Ihren neuen Partner zu werden und ihn dann in kleinen, gut verdaulichen Schritten kennenzulernen. Sagen Sie Ihren Kindern, wenn Sie mit Ihrem neuen Freund ausgehen, und erzählen Sie am nächsten Morgen, dass Sie im Kino waren und welchen Film Sie gesehen haben. Sie können auch in einem passenden Moment sagen: »Klaus hat auch einen Hund.« oder »Susannes Tochter ist genauso alt wie du.« Damit vermitteln Sie Ihren Kindern Normalität. Je ungezwungener und vertrauter Sie mit der neuen Situation umgehen, desto angstbefreiter ist sie für die Kinder. Die haben die Gelegenheit, mit Ihrem neuen Partner schon einmal indirekt Bekanntschaft zu schließen. Dadurch, dass Sie über ihn offen reden, geben Sie den Kindern die Möglichkeit, Fragen zu stellen. Vielleicht schaffen Sie es sogar, ihre Neugier zu wecken, sodass sie fragen, wann sie »Klaus« denn endlich mal kennenlernen dürfen. Ansonsten können Sie natürlich auch selber fragen, ob es okay für die Kinder wäre, wenn »Susanne und ihre Tochter« am Wochenende mit in den Zoo kämen.

Natürlich läuft es nicht immer so reibungslos. Ihre Kinder antworten Ihnen vielleicht: »Deine Susanne interessiert mich nicht und ihre blöde Tochter auch nicht!« oder »Lass mich mit deinem bescheuerten Klaus in Ruhe!« Erst einmal haben sie natürlich ein Recht darauf, dies zu sagen, denn nicht sie haben sich für die neue Partnerschaft entschieden. Wo kommt die Ablehnung aber her? Das sollten Sie erforschen, denn irgendetwas steckt dahinter. Eine Angst, dass Sie Ihre Liebe oder Ihre Zeit nun teilen, eine vom Ex-Partner übernommene Ablehnung oder vielleicht die Befürchtung, nicht mehr gebraucht zu werden. Hinter solchen Ängsten stecken ernst zu nehmende Ursachen. Ich möchte Ihnen deshalb dazu raten, sich nicht gekränkt zu fühlen oder auch nicht dem Drang zu folgen, für Ihren Partner in die Bresche zu springen. Die Aussage Ihres Kindes ist ein versteckter Hilferuf, auf den Sie eingehen sollten. Versuchen Sie, seine Angst zu ergründen, ohne sich davon manipulieren zu lassen. Wenn Sie es selbst mit viel Geduld und nach mehreren Versuchen nicht schaffen, die Ursachen zu analysieren, brauchen Sie Hilfe. Bestenfalls ist Ihr Kontakt zum Ex-Partner so gut, dass Sie sich mit ihm beraten können. Oder im Umfeld des Kindes gibt es möglicherweise eine andere Person, der es vertraut. Wenn gar nichts anderes mehr geht, vielleicht kann eine familientherapeutische Beratung weiterhelfen. Mit dem Kind zum Psychologen zu gehen, halte ich allerdings immer für die letzte der möglichen Lösungen. Die Ursache des Problems liegt im Grunde immer bei den Eltern. Warum also nicht zuerst da suchen? Allerdings sollten Sie Ihr Kind mit seinen Ängsten nie alleine lassen, deshalb ist es gut, dass es diese letzte Möglichkeit gibt.

Zwischen den Fronten:

Oft geraten wir zwischen die Fronten der Bedürfnisse von verschiedenen Menschen, mit denen wir in Beziehung stehen. Versuchen Sie, so etwas zu vermeiden, weil Sie nämlich in jedem Fall verlieren werden. Viel besser ist es, erwachsene Entscheidungen zu treffen, die nicht von Pflicht- oder Schuldgefühlen beeinflusst sind. Hören Sie auf, das liebe Mädchen oder der liebe Junge sein zu wollen. Erwachsene übernehmen Verantwortung, und zwar für das, was sie für richtig halten. Es ist nicht die Aufgabe eines Erwachsenen, Erwartungen zu erfüllen. Das bedeutet natürlich, dass Sie auch die Konsequenzen Ihrer Entscheidung im Blick haben. Von Zeit zu Zeit eben auch die, die andere verletzen oder enttäuschen könnten. Das bleibt leider nicht immer aus. Verantwortung übernehmen Sie, indem Sie im Dialog mit Ihrem Partner und auch den Kindern bleiben und sagen, dass Sie merken, dass sie enttäuscht sind, dass Sie das nicht beabsichtigt haben und es Ihnen leidtut, aber auch, dass Sie hoffen, dass Ihre Entscheidung akzeptiert wird, weil Sie sie auch nach langem Überlegen für die beste Möglichkeit halten.

Im dritten Teil des Buches wird es darum gehen, wie die Kinder gut in die neue Partnerschaft integriert werden können. Für die Phase der Partnersuche gilt, dass es eine Gratwanderung ist, inwieweit man die Kinder einbezieht und inwieweit man sie außen vor lässt. Die Bedürfnisse der Kinder sollten bei der Partnersuche unbedingt berücksichtigt werden, niemals aber sollten sie den Ton angeben. Das bleibt in jedem Fall Aufgabe der Erwachsenen.

DEN MUT FINDEN, SICH EINZULASSEN

»Das Beziehungs-Hopping ist eine in unserer heutigen Gesellschaft weitverbreitete Vermeidungsstrategie. Natürlich gibt es noch die ›Keiner-ist-gut-genug-Strategie‹, die ›Keiner-will-mich-Strategie‹, die ›Ich-bin-gerne-Single-Strategie‹ …«

Ein bekanntes Sprichwort sagt: »Ein gebranntes Kind scheut das Feuer.« Es steckt eine wichtige Bedeutung dahinter. Über das Kind in jedem von uns habe ich hinlänglich im Kapitel «Die späte Pubertät« geschrieben. Den guten Draht zu uns selbst brauchen wir, besonders wenn unser Inneres Kind Angst hat oder mutlos ist. Als Erwachsener können wir dem Kind in uns Halt und Vertrauen geben. So können Ängste überwunden und auch der nötige Mut wiedergefunden werden, um sich erneut auf eine Beziehung einzulassen. Es gibt viele unterschiedliche Strategien, Beziehungen zu vermeiden. Einige davon sind gut getarnt. Ich möchte Ihnen eine Vermeidungsstrategie vorstellen, die Beziehungs-Hopping genannt wird. Dazu ein Beispiel aus meiner Praxis:

Vermeidungsstratege Karl:

Karl ist ein äußerst attraktiver Mann Anfang vierzig. Er erzählt mir, dass er seit drei Jahren mit seiner Freundin Eva zusammen sei und sie sehr liebe. Trotzdem droht die Beziehung zu scheitern. Seine Freundin äußert in letzter Zeit immer wieder den Wunsch, mit ihm zusammenzuziehen und in den kommenden Jahren eine Familie mit ihm zu gründen. Eva ist Anfang dreißig und Kinder haben immer zu ihrer Lebensplanung gehört. Ich frage Karl, was denn eigentlich dagegenspräche, mit seiner Freundin zusammenzuziehen. Die Frage

trifft den Kern seines Problems. Es spricht nämlich gar nichts dage-
gen. Er liebt Eva und sie ist auch in jeder Hinsicht die richtige Frau
für ihn. Die beiden teilen viele Interessen, verbringen schöne Urlaube
zusammen, haben sich einen gemeinsamen Freundeskreis aufgebaut
und beide fühlen sich auch ansonsten in ihrer Beziehung rundherum
wohl. Karl versteht selber nicht, was ihn davon abhält, mit Eva den
nächsten Schritt zu gehen. Eigentlich hat er gar nichts dagegen, mit
ihr zusammenzuziehen. Sie verstehen sich gut, wenn sie die Wochen-
enden gemeinsam in seiner oder ihrer Wohnung verbringen. Auch
Kinder mit ihr zu haben, könnte er sich grundsätzlich vorstellen. Er
merkt allerdings, dass sich tief in ihm jedes Mal wortwörtlich etwas
zusammenzieht, wenn das Thema zur Sprache kommt. Was ist die
Ursache dieses Gefühls? Wenn es nicht direkt etwas mit Eva zu tun
hat, muss es einen anderen Grund geben.

Ich frage Karl zunächst nach seinen Beziehungserfahrungen vor
Eva. Er sagt über sich selbst, ein Lebemann gewesen zu sein, der sich
vorzugsweise auf keine längere Beziehung festgelegt hat. Noch nie hat
er mit einer Frau zusammengelebt, geschweige denn, auch nur dar-
über nachgedacht. Wenn es ihm zu eng wurde und die Frauen mehr
von ihm wollten, als er zu geben bereit war, hat er die Reißleine gezo-
gen und die Beziehung beendet. Man sieht ihm bei seiner Erzählung
förmlich an, dass es ihm damit auch lange Zeit sehr gut ging. Erst
Eva hat etwas bei ihm verändert. Er möchte sie nicht verlieren.

Karls bisheriges Beziehungsverhalten zeigt sein Muster deutlich. Indem er sich nie auf die Frauen eingelassen hat, konnte
er bisher vermeiden, mit seiner Angst vor intensiven Bindungen
konfrontiert zu werden. Sobald es ernster wurde, ist er jedes Mal
gegangen. Damit ging es ihm viele Jahre gut, bis er Eva getroffen hat. Sie hat es geschafft, dass Karl nicht Reißaus nahm, als es

ernst wurde. Eventuell liegt es an ihr, dass Karls Vermeidungsstrategie nicht mehr funktioniert, oder es könnte daran liegen, dass Karl eine tiefe Sehnsucht nach einer innigen Bindung hat, die er viele Jahre unterdrücken konnte. Der Gewinn war aus seiner Sicht groß: seine Freiheit. Über die Jahre passiert es aber, dass unsere Sehnsüchte wachsen und größer werden als der vermeintliche Gewinn. Versuchen wir, die Ursachen zu ergründen. Dazu frage ich ihn nach seiner Ursprungsfamilie:

Karl erzählt mir, dass sich seine Eltern getrennt haben, als er acht Jahre alt war. Geschwister hat er keine. Sein Kontakt zum Vater war auch nach der Trennung gut. Die beiden hatten an den gemeinsamen Wochenenden immer eine tolle Zeit und verbrachten auch viele schöne gemeinsame Urlaube miteinander. Karls Vater hatte zwar nach dem Ende seiner Ehe immer wieder Beziehungen mit Frauen, aber es wurde eigentlich nie etwas Ernstes daraus. Erst in den letzten Jahren ist er fest mit einer Frau zusammen. Die beiden leben allerdings immer noch in getrennten Wohnungen. Auch Karls Mutter ist nach der Trennung von ihrem Mann nie wieder eine Beziehung eingegangen. Karl erinnert sich nicht einmal daran, dass sie in all den Jahren je ein Date gehabt hätte. Seine Mutter war sehr auf ihn fokussiert. Sie gab ihm das Gefühl, das Wichtigste in ihrem Leben zu sein. Noch heute sei das so, erzählt er. Er kümmert sich um all ihre Belange, ihre Finanzen, Renovierungen am Haus, ja sogar den Wocheneinkauf. Fast täglich telefonieren die beiden miteinander. Manchmal ruft die Mutter mehrfach am Tag bei ihm an. Als ich Karl frage, ob ihm das nicht manchmal zu viel sei, sagt er, dass er nicht darüber nachdenke, da die Mutter schließlich niemanden sonst habe. Allerdings erinnert sich Karl, dass er in der Pubertät, als er anfing, öfter auszugehen, oft ein schlechtes Gewissen

hatte, wenn er die Mutter abends allein ließ. Tatsächlich, bestätigt
mir Karl, war dies ein ähnliches Gefühl wie das, das er verspürt,
wenn seine Freundin ihn mit ihren Zukunftsplänen konfrontiert.

Als Kind saß Karl in der Falle, ohne dass es ihm je bewusst war. Nach der Trennung der Eltern musste er die Verantwortung für seine Mutter übernehmen. Er war der kleine Mann. Gleichzeitig hat sein Vater ein für ihn erstrebenswertes Leben voller Freiheiten vorgelebt. Erst in der Pubertät konnte sich Karl zeitweise von seiner Mutter entfernen, dies aber immer nur mit einem schlechten Gefühl. Wenn Karl heute damit konfrontiert wird, eine feste Bindung mit Eva einzugehen, schlägt seine Psyche Alarm. Seine Gefühle wollen ihn davor warnen, wieder für eine Frau mehr Verantwortung übernehmen zu müssen, als er stemmen kann. Sein Inneres Kind will ihm sagen: »Nimm dich in acht, Karl, du weißt doch, wo das hinführt! Bald kannst du nicht mehr ausgehen, ohne ein schlechtes Gewissen zu haben.« Wenn Karl diesen Zusammenhang versteht, kann er seinem Inneren Kind einerseits Verständnis entgegenbringen und ihm andererseits zeigen, dass sich die Welt um es herum verändert hat. Karl ist jetzt erwachsen. Er hat die Möglichkeit, Beziehungen mitzugestalten. Er muss keine Anforderungen mehr erfüllen. Heute kann er mit Eva über die Freiräume, die er braucht, verhandeln und so seinen Bedürfnissen Raum geben, ohne sich dabei schlecht fühlen zu müssen. Auch muss er für Eva keine Verantwortung übernehmen. Ich vermute, dass Karls Mutter Probleme hatte, für sich selbst zu sorgen, und deshalb ihrem Sohn diese Bürde aufgezwungen hat. Das soll jedoch keine Schuldzuweisung sein. Karls Mutter wird das sicherlich nicht bewusst getan haben. Es ist aber wichtig für Karl, zu begreifen, dass er noch heute so schwer an dieser Last trägt, dass er vor weiteren Bindungen zurückschreckt. Dann wird er erkennen, dass eine Beziehung auch eine Bereicherung sein kann und nicht zwangsläufig eine Belastung sein muss.

Beziehungs-Hopping, so wie Karl es bislang praktiziert hat, ist eine in unserer heutigen Gesellschaft weitverbreitete Vermeidungsstrategie. Natürlich gibt es noch die »Keiner-ist-gut-genug-Strategie«, die »Keiner-will-mich-Strategie«, die »Ich-bin-gerne-Single-Strategie« und viele, viele mehr. Wenn Sie das Gefühl haben, dass Sie gerne eine feste Beziehung führen möchten, aber irgendetwas Sie davon abhält bzw. dem im Weg steht, lohnt es, sich auf die Suche nach der Ursache zu machen. Stefanie Stahl geht in ihrem Buch *Jein!* gezielt auf die Beziehungsvermeidenden ein und schildert anhand vieler anschaulicher Beispiele, wie sich dieses beziehungsvermeidende Verhalten ausdrückt und welche Möglichkeiten es gibt, etwas zu verändern.[13] Die meisten meiner Leser werden wahrscheinlich erst kürzlich eine lange Beziehung beendet haben. Viele verfallen gerade nach längeren Beziehungen zeitweise in ein Beziehungsvermeidungs- oder Beziehungs-Hopping-Verhalten. Der Grund für dieses Phänomen ist, dass Sie wegen der erst kürzlich gemachten schmerzhaften Erfahrungen vor engeren Bindungen zunächst zurückschrecken. Für eine gewisse Zeit ist das auch in Ordnung. Wenn Sie allerdings aus diesem Verhalten nicht wieder herausfinden, obwohl Sie sich eigentlich nach einer festen Beziehung sehnen, ist das womöglich eine Vermeidungsstrategie, verursacht durch die Angst, wieder verletzt zu werden. Wenn Sie sich in der Vergangenheit auf lange Beziehungen nicht hundertprozentig

---

13   Stahl, Stefanie: *Jein! Bindungsängste erkennen und bewältigen.* Hamburg: Eller & Richter Verlag, 2013.

einlassen konnten und z. B. oft von Ihrem Partner gehört haben, dass Sie zu viel arbeiten und zu wenig Zeit in die Beziehung investieren würden, könnte dies ein Hinweis auf eine Vermeidungsstrategie sein. Es gibt auch Beziehungsvermeider in Beziehungen. Ich möchte niemanden, der viele Stunden pro Woche in seine Arbeit investieren muss, in ein falsches Licht rücken. In unserer heutigen Gesellschaft wird uns einiges abverlangt. Wenn Sie sich allerdings öfter dabei erwischt haben, lieber eine Stunde länger im Büro zu bleiben, als sich »das ständige Genörgel zu Hause anzuhören«, ist das schon ein erstes Indiz dafür. Verbessern können Sie Ihre Situation allerdings nur dann, wenn Sie lernen, Konflikte konstruktiv auf einer erwachsenen Ebene auszutragen. Immer, wenn uns etwas stört und wir es aus Angst vor Konflikten lieber nicht ansprechen und stattdessen davonlaufen oder uns verstecken, gefährden wir ernsthaft unsere Beziehung. Wir laufen Gefahr, uns immer weiter voneinander zu entfernen, und nehmen uns die Möglichkeit, unsere Situation zu verbessern. Ein gutes Konfliktverhalten ist das beste Werkzeug, um in Zukunft nicht mehr davonlaufen oder sich verstecken zu müssen.

Streiten wie Erwachsene:

Ein gutes Selbstbewusstsein hilft uns, unsere Bedürfnisse wahrzunehmen. Wenn uns in der Beziehung etwas fehlt oder wir uns nicht wohlfühlen, sollte man ruhig und überlegt auf den anderen zugehen und um ein klärendes Gespräch bitten. Wir sollten in einer erwachsenen Haltung unsere Bedürfnisse vorwurfsfrei darstellen und den anderen einbeziehen. Beide sollten sich genau zuhören, um sich zu verstehen. Erst wenn beide Sichtweisen klar sind, kann verhandelt werden. Jetzt gilt es, als Paar gemeinsam die für die Beziehung bestmögliche Lösung zu finden. Nicht bei jedem Thema ist ein Kompromiss möglich. In einer stabilen Beziehung ist es aber kein Problem, wenn einer nachgibt, solange beide das Gefühl haben, dass Geben und Nehmen sich ausgleichen. Streitereien, die auf einer kindischen Ebene stattfinden, verlaufen ganz anders. Sie beginnen meist mit einem Vorwurf. Der andere fühlt sich angegriffen und schießt zurück. Schnell kommt es zu einer emotionalen Eskalation, zu gegenseitigem Anschreien, manchmal sogar zu Gewalt, Tränen fließen oder einer zieht sich vom anderen zurück, knallt dabei Türen und igelt sich ein. Bei einem kindischen Streit geht es beiden nur darum, recht zu haben und den anderen von der eigenen Position zu überzeugen. Nachgeben bedeutet verlieren und man will den Streit doch schließlich gewinnen! Die zwei Kontrahenten verlieren allerdings die Beziehung dabei völlig aus den Augen. Auf der Paarebene gibt es nämlich weder Gewinner noch Verlierer, sondern entweder zwei Gewinner oder zwei Verlierer. Das ist auch der Grund dafür, dass am Ende solcher Streitereien beide meist völlig erschöpft und weiter von einer Lösung entfernt sind als vorher.

Natürlich ist ein kindisches Konfliktverhalten in Situationen, die emotional sehr belastend sind, ganz normal. Manchmal tut es sogar gut, einmal Dampf abzulassen. Das Problem kann aber nur dann grundsätzlich gelöst werden, wenn mit dem nötigen Abstand eine konstruktive, lösungsorientierte Streitkultur möglich ist. Wenn Sie in einer Beziehung waren, in der es das nicht gab, hatten Sie wahrscheinlich auch keine Möglichkeit, Ihren Bedürfnissen Raum zu geben. Sie hatten unter Umständen nur noch ein Gefühl der Hilflosigkeit und des Ausgeliefertseins. Das sind die Gefühle Ihres Inneren Kindes. Ihr Innerer Erwachsener hätte mithilfe eines guten Konfliktverhaltens die Möglichkeit, dem hilflosen Kind zur Seite zu stehen. Ich empfehle also jedem Paar, sich nach einem emotionalen Ausbruch zu gegebener Zeit zusammenzuraufen und sich erneut auf der Erwachsenenebene über das Thema auszutauschen. Zu einem erwachsenen Verhalten gehört es auch, sich zu entschuldigen und die Verantwortung für seinen Emotionsausbruch zu übernehmen, anstatt dem anderen die Schuld dafür zu geben.

Ich möchte Sie einladen, über Ihre vergangene Beziehung nachzudenken und zu überlegen, welche Art der Streitkultur Sie miteinander hatten. Versuchen Sie nachzuvollziehen, ob es eher zwei Kinder oder zwei Erwachsene waren, die miteinander disputierten, oder ob Sie Konflikten sogar von vornherein aus dem Weg gegangen sind. Überlegen Sie, was Sie in Zukunft ändern würden. Wenn Sie merken, dass Sie Auseinandersetzungen im Allgemeinen ablehnen, sollten Sie die Ursachen dafür ergründen. Wenn zwei Menschen zusammen sind, gibt es neben den Gemeinsamkeiten auch Unterschiede. Nur wer gelernt hat, in der Beziehung einen Raum für seine Bedürfnisse zu finden, wird dauerhaft in einer Beziehung glücklich sein können.

Ein gutes Konfliktverhalten hilft dabei, sich in Beziehungen wohlzufühlen. Das gilt nicht nur für partnerschaftliche Bindungen, sondern auch für berufliche, freundschaftliche oder familiäre. Zu wissen, dass Sie Ihre Bedürfnisse auf gute Weise durchsetzen können, schafft so das nötige Selbstvertrauen, um sich auf etwas Neues einzulassen. Sollten Sie Angst vor Auseinandersetzungen haben, setzen Sie sich mit dieser Angst auseinander. Es ist nie zu spät, die bestehende Beziehung zu verändern, es ist meist nur etwas schwerer. Besonders wenn Sie merken, dass Sie davor zurückschrecken, sich ernsthaft einzulassen, könnte Ihnen ein gestärktes Konfliktverhalten neuen Mut schenken. Auch Selbstverteidigungskurse sind schließlich dazu da, Menschen zu ermutigen, sich in Situationen zu begeben, in denen Gefahren lauern könnten.

VERLIEBEN PASSIERT VON ALLEIN,
ZUR LIEBE GEHÖRT EINE ENTSCHEIDUNG

*»Fakt ist jedoch, dass die Beziehung ohne diese bewusste
Entscheidung stagniert und irgendwann verkümmert, oft auch
trotz tiefer Gefühle für den anderen.«*

Wenn Sie sich einmal mit anderen Menschen darüber unterhalten, was sie unter Liebe und Verliebtsein verstehen, werden Sie merken, dass es unterschiedliche Vorstellungen von den Begriffen und den damit verbundenen Gefühlen gibt. Das liegt daran, dass Gefühle individuelle Empfindungen sind. Wie wir unsere Gefühle wahrnehmen, ob wir sie genießen können oder sie uns ängstigen und wie wir sie zum Ausdruck bringen, hat mit den Erfahrungen zu tun, die wir in der Vergangenheit gemacht haben und mit diesen Gefühlen verbinden. So unterschiedlich unsere Vorstellungen von der Liebe sind, so unterschiedlich sind auch die Theorien, die versuchen, dieses Phänomen zu beschreiben: Die Neurologen erklären das Gefühl der Verliebtheit als hormonellen Prozess. Einige sagen, es hat etwas damit zu tun, ob man den anderen gut riechen kann, und sind der Ansicht, dass das für die Fortpflanzung eine wichtige Rolle spiele. Einige Psychologen meinen, dass man sein Alter-Ego auf einer dem Bewusstsein nicht zugänglichen Ebene aufspürt. Dabei gehen sie davon aus, dass man das im anderen erkennt, was verspricht, ursprüngliche Sehnsüchte zu befriedigen und Anlagen auszugleichen, die einem selber fehlen. In diesem Fall trifft das Sprichwort »Gegensätze ziehen sich an« zu. Andere sind wiederum der Meinung: »Gleich und Gleich gesellt sich gern.« Dass sich beide Ansichten nicht ausschließen, sondern ergänzen, werde ich später noch genauer erläutern. So ganz genau weiß jedenfalls keiner, was passiert, wenn zwei sich ineinander verlieben. Nicht einmal die Betroffenen können es genau erklären. Das liegt nicht zuletzt daran, dass es uns generell schwerfällt, Empfindungen, die auf einer unbewussten Ebene entstehen, auf der bewussten Ebene auszudrücken.

Auch wenn unsere Vorstellungen von Verliebtsein und Liebe unterschiedlich sind, verläuft doch jede Beziehung immer in Phasen, deren Entwicklung für das weitere Zusammensein von Bedeutung ist. In diesem Kapitel möchte ich Sie dazu einladen, sich das, was auf unbewusster Ebene passiert, einmal bewusst zu machen. Betrachten wir also zunächst die Phase des Verliebtseins und schauen dann, wie sie in Liebe übergehen kann und was dabei den Unterschied macht.

Man empfindet die Phase der Verliebtheit im Grunde als etwas Wunderbares und wünscht sich, dass es nie enden wird. Es ist wie eine Art Rausch, verursacht durch einen stark erhöhten Spiegel des Glückshormons Dopamin. Man ist bei diesem Hochgefühl einzig auf den anderen fixiert. Freunde werden schnell zur Nebensache, die Gedanken kreisen nur noch um die eine Person und selbst im Job schweifen die Gedanken immer wieder ab. Sogar die eigenen Kinder laufen Gefahr, zeitweise aus dem Fokus zu geraten. Platon soll diesen Zustand in seiner Zeit sogar als schwere Geisteskrankheit bezeichnet haben. Obwohl heute wohl keiner mehr so weit gehen würde, erkennen verschiedene Experten bei Verliebten Symptome, die sonst nur bei seelischen Krankheiten auftreten. Tatsächlich fühlen sich auch nicht alle in dem Zustand der Verliebtheit wohl. Einige sind durch den plötzlichen Kontrollverlust verunsichert. Sie wünschen sich, dass schnell wieder Stabilität in ihr Leben einzieht. Andere dagegen werden geradezu zu Verliebtheitsjunkies und jagen von einer kurzen Beziehung in die nächste.

Untersuchungen haben ergeben, dass die Verliebtheitsphase durchschnittlich ein Jahr dauert. Ich bin allerdings der Ansicht, dass das bestenfalls ein sehr grober Richtwert sein kann. Die Zeit der Verliebtheit kann sich durch einen räumlichen Abstand, wie er z. B. in Fernbeziehungen gegeben ist, verlängern. Auch bei On-Off-Beziehungen schaffen sich einige Paare immer wieder neu das Gefühl der Verliebtheit und das auch noch nach Jahren.

Diese zeitliche Eingrenzung klingt so, als sei nach einem Jahr die Verliebtheit ganz plötzlich vorbei. Das ist natürlich nicht der Fall. Allerdings beginnt sich die Beziehung nach mehreren Monaten langsam zu verändern. Ein Gefühl der Harmonie und des Angekommenseins setzt ein und man kann feststellen, dass sich auf hormoneller Ebene langsam alles wieder normalisiert. Einige empfinden diese Veränderung als angenehm, andere vermissen den Rausch des Neuen. Auch die Sexualität verändert sich. Idealerweise wird die anfängliche Erregtheit durch eine größere Vertrautheit und ein besseres Aufeinandereingespieltsein ersetzt. Das muss zwangsläufig kein Eingefahrensein bedeuten, auch wenn das leider manchmal so empfunden wird. Ich nenne dies die Sexualität des kleinsten gemeinsamen Nenners. Das heißt, dass die Partner sich unausgesprochen an einen vertrauten Umgang miteinander gewöhnen, der weitestgehend für beide befriedigend zu sein scheint. Dabei beraubt man sich allerdings vieler Möglichkeiten zu experimentieren, sich neu zu entdecken oder seinen Horizont zu erweitern. Das ist schade, denn meistens liegt es lediglich an der mangelnden Kommunikation, ein Problem, das leider gerade im sexuellen Bereich auftritt. Ich werde am Ende des Buches nochmals genauer auf das Thema Sexualität eingehen und auch den in diesem Zusammenhang wichtigen Begriff der Intimität erklären. Zunächst möchte ich jedoch bei der Betrachtung der unterschiedlichen Phasen und deren Bedeutung bleiben.

Die Verliebtheitsphase wird auch als Kennenlernphase bezeichnet. Es ist tatsächlich so, dass wir den neuen Partner in dieser Zeit in verschiedenen Lebenssituationen erleben und immer mehr über das Verhalten des anderen erfahren. In der Phase der Verliebtheit wird uns manches vielleicht sogar erschrecken. Der Zusammenprall mit der Realität kann manchmal hart sein. Bei der einen oder anderen Eigenschaft müssen wir vielleicht sogar überlegen, ob wir uns unter diesen Umständen eine dauerhafte Beziehung überhaupt vorstellen können. Machen Sie bitte an dieser Stelle nicht den Beziehungsfehler Nummer eins und überlegen, wie Sie den anderen verändern könnten. Denken Sie daran: Verändern kann man nur sich selbst und das auch nur zu einem gewissen Grad. Tatsächlich kommt jede Beziehung irgendwann an den Punkt, wo beide Partner eine bewusste Entscheidung für oder gegen den anderen treffen müssen. Das ist dann der Beginn der Liebe oder manchmal auch das Ende der Beziehung.

In der Paarberatung stelle ich immer häufiger fest, dass diese bewusste Entscheidung für den anderen immer schwerer zu werden scheint. Immer öfter kommen Paare zu mir, die schon ein paar Jahre zusammen sind, den Partner lieben und zusammenbleiben möchten, aber trotzdem fühlt sich einer der beiden nicht in der Lage, den nächsten Schritt zu gehen. Den Vermeidungsstrategen Karl habe ich Ihnen im letzten Kapitel vorgestellt. Vergangene Beziehungs- bis hin zu Kindheitserfahrungen lösen Ängste in uns aus, die eine Entscheidung für den nächsten Schritt in einer Beziehung blockieren. Natürlich verunsichern uns auch wachsende Trennungs- und Scheidungsraten und viele andere Sorgen. Fakt ist jedoch, dass die Beziehung ohne diese bewusste Entscheidung stagniert und irgendwann verkümmert, oft auch trotz tiefer Gefühle für den anderen. Der Mensch strebt nach Entwicklung, auch auf der Beziehungsebene. Wenn es nicht weitergeht, wachsen Frustration, Enttäuschung und Wut, bis schließlich einer der beiden resigniert und den Schlussstrich zieht. Das mag manches Mal bestimmt sogar als Erleichterung empfunden werden, weil es den Entscheidungsängstlichen zunächst von seiner Angst erlöst. Auf lange Sicht wird man es so allerdings nicht schaffen, in einer dauerhaften Beziehung ankommen zu können.

Liebe ist im Vergleich zur Verliebtheit ein erwachsenes, willentliches Gefühl, das sich aus dem kindlichen, unbeabsichtigten Verliebtsein entwickelt. Lieben kann ich einen Menschen nur im Ganzen. Natürlich muss ich nicht jede Eigenschaft des anderen lieben, aber wirklich entscheiden kann ich mich für den anderen nur ohne Einschränkung. Während das Verlieben also ein automatisierter Prozess allein auf der Gefühlsebene ist, ist die Liebe ein ebenso tiefes, allerdings reflektiertes Gefühl. Das heißt, dass wir das Gefühl der Liebe kognitiv bewerten und erklären können. Es ist einfacher zu sagen, wofür wir jemanden lieben, als aus welchen Gründen wir in jemanden verliebt sind. So erklären mir Paare meist ziemlich genau, warum sie sich entschieden haben, den anderen zu heiraten. Es gibt vieles, wofür ich meinen Partner liebe und was die Basis der Entscheidung ist, mit ihm einen gemeinsamen Weg zu gehen.

Während das Gefühl der Verliebtheit langsam schwindet,

kann die Liebe mit der Zeit wachsen. In muslimischen Kulturkreisen ist man der Meinung, dass Liebe erst nach zehn Jahren Beziehung möglich ist. Sie erklären die Liebe als ein starkes Gefühl der Verbundenheit, das anfangs gar nicht da sein kann, weil es Zeit braucht, um sich zu entwickeln. Dem muss man aus westlicher Sicht natürlich nicht zustimmen, es zeigt allerdings, dass die Bedeutung von Liebe sogar in unterschiedlichen Religionen und Gesellschaften anders bewertet wird. In unserer Gesellschaft verbinden wir mit der partnerschaftlichen Liebe in erster Linie starke romantische Gefühle wie ein Kribbeln im Bauch, das der andere bei uns verursacht. Viele von uns haben den Anspruch, dass diese Gefühle, die eher dem Verliebtsein zuzuordnen sind, auch nach jahrelanger Beziehung noch da sein müssen. Da aber das intensive Gefühl des Verliebtseins nicht dauerhaft aufrechtzuerhalten ist, wird das Schwinden häufig für das Ende von Beziehungen verantwortlich gemacht. Meiner Ansicht nach haben Beziehungen in der heutigen Zeit oft keine Chance mehr, weil die Erwartung eines ewig andauernden Gefühls des Verliebtseins die Entwicklung der Beziehung in eine dauerhafte Liebesbeziehung verhindert. Viele entscheiden sich dennoch für eine gemeinsame Zukunft, für eine Eheschließung und für Kinder. Da ihnen aber oft nicht bewusst ist, dass die Liebe nicht automatisch passiert, sondern ein Gefühl ist, das sich entwickelt und dann gepflegt werden muss, um erhalten zu bleiben, scheitern diese Verbindungen häufig. Gerade junge Paare fokussieren sich auf die Karriere oder die Erziehung der Kinder und meinen, dass die Beziehung sozusagen durch die Eheschließung garantiert wäre. Ist das der Fall, laufen sie Gefahr, sich auseinanderzuleben. Der Ausdruck trifft das, was dann passiert, sehr gut: Der andere gerät immer mehr aus dem

Visier, es gibt immer weniger Verbindendes und die persönliche Entwicklung findet nicht mehr gemeinsam statt, man wird sich fremd.

Wie kann man das verhindern? Liebe hat viel mit Verantwortung zu tun, nicht mit der Verantwortung für den anderen, denn die sollte auch in der Partnerschaft weiterhin jeder für sich selbst übernehmen. Das bedeutet natürlich nicht, dass wir nicht für den anderen da sein sollten, wenn wir einmal gebraucht werden. Auf der Beziehungsebene ist es wichtig, die Verantwortung für die Beziehung, deren Fortbestand und Pflege zu übernehmen, und zwar im Idealfall zu gleichen Teilen. Die Liebe ist, wie gesagt, ein Gefühl, das mit einer Entscheidung verbunden ist. Habe ich mich für jemanden entschieden, muss ich mich um diese Verbindung kümmern, wenn ich sie erhalten will. Das geht allein über die Kommunikation. Das ist sozusagen die Brücke zum anderen. Natürlich gibt es verbale und nonverbale Kommunikation. Zwei Dinge sind dabei zu beachten: Versteht der andere mich und drücke ich mich auch verständlich aus? Und zweitens: Auf welcher Ebene kommuniziere ich? Es gibt dabei die alltägliche Kommunikationsebene, auf der organisatorische Absprachen stattfinden, und die intime Kommunikationsebene, auf der sich Paare mitteilen, wie es ihnen geht und welche Bedürfnisse sie haben. Diese zweite Kommunikationsebene schafft eine tiefe Verbindung, die den Unterschied zwischen intimen und freundschaftlichen Beziehungen kennzeichnet. Leider geht diese Intimität in vielen Beziehungen verloren, wenn sie von den Paaren nicht aktiv gepflegt wird. Viele meiner Klienten sagen mir, sie haben das Gefühl, wie Bruder und Schwester zusammenzuleben. Was sie meinen ist, dass die intime Verbindung fehlt. Ich werde mich später noch tiefer gehend mit dem Begriff der Intimität, auch im Zusammenhang mit der Sexualität, befassen.

Wenn Sie zurückblicken, stellen Sie vielleicht fest, dass es auch in Ihrer Beziehung so war, dass die intime Verbindung zu Ihrem Partner verloren gegangen ist. Eventuell erinnern Sie sich an die erste Phase der Verliebtheit in Ihrer Beziehung. Es stimmt, dass sich Paare in dieser Zeit sehr intensiv miteinander beschäftigen und sich dem anderen immer mitteilen. Erst später, wenn wir bewusst entscheiden müssen, uns dem anderen gegenüber zu öffnen, fehlt vielen der Mut dazu, sich dem Partner so unmittelbar zu zeigen. Haben wir darüber hinaus auch in unseren Herkunftsfamilien keinen so offenen Umgang miteinander erfahren, wird es umso schwerer, diesen dann in der aktuellen Beziehung zu leben. Viele haben dann weder die Erfahrung gemacht, dass es guttut, sich auf diese Weise einzubringen, noch haben sie die geringste Ahnung, wie das überhaupt funktioniert. Die Entwicklung der Beziehung verläuft oft vergleichbar mit der Entwicklung, die man als Kind durchlaufen hat. Das kleine Kind hat ein instinktives Bindungsbestreben. Erst im Laufe der Zeit beginnt es, sich von den Eltern zu entfernen. Das kann es nur, wenn die Eltern das Vertrauen haben, es auch loszulassen. Nach der Pubertät ist das Kind in der Lage, die Beziehung zu den Eltern zu steuern, wenn eine gesunde Entwicklung stattgefunden hat und der Heranwachsende nicht auf einer bestimmten Stufe in seinem Verhältnis zu den Eltern stehen geblieben ist bzw. von den Eltern festgehalten wird. Das kann auf spätere Beziehungen Auswirkungen haben. Was nicht gelöst wurde, kann jetzt zur Beziehungsfalle werden. War es als Kind z. B. schwer für mich, mich von den Eltern abzugrenzen, habe ich möglicherweise heute noch Angst, von Beziehungen verschlungen zu werden, und ich bin in meinem Nähe-Distanz-Verhalten noch von der damaligen Erfahrung geprägt. Das bedeutet, dass ich in Partnerschaften aus Angst, vom Partner fremdgesteuert oder manipuliert zu werden, auf Distanz gehe. Diese Angst hat nichts mit der aktuellen Beziehung zu tun, sondern mit einer weit zurückliegenden Erfahrung. Trotzdem findet in uns noch ein Reiz-Reaktions-Verhalten statt, das uns dahingehend beeinflusst, ob wir bei Nähe die Flucht ergreifen. Wenn Sie sich das bewusst machen, können Sie gegensteuern, indem Sie sich ganz bewusst für das Wagnis entscheiden, Nähe zuzulassen. Wenn Sie dabei gut auf sich aufpassen und nicht geschehen lassen, dass Ihre Grenzen und Bedürfnisse übergangen werden, werden Sie das nötige Selbstvertrauen entwickeln, um sich auf diese einlassen zu können. Das ist dann die bewusste Entscheidung für die Liebe.

Zusammengefasst gibt es also zwei Hauptängste, die uns den Weg in eine neue Beziehung versperren: die Angst vor Verantwortung und die Angst, verschlungen zu werden. Ich habe darauf hingewiesen, dass diese Ängste mit tief sitzenden, oft unbewussten Beziehungserfahrungen zu tun haben, die zunächst einmal erkannt werden müssen. Ich möchte abschließend festhalten, warum diese Ängste zwar psychologisch gesehen verständlich sind, allerdings auf der rationalen Ebene in zweierlei Hinsicht unverständlich bleiben: Erstens bedeutet die Entscheidung für eine dauerhafte Beziehung nicht, die Verantwortung für den anderen zu übernehmen. Das wäre eine Adoption. Und zweitens: Wer die Verantwortung an den anderen nicht abgibt, kann auch nicht verschlungen werden. Weil es ein so häufig auftretender Trugschluss ist, der uns davon abhält, uns auf eine neue Beziehung einzulassen, möchte ich abschließend noch einmal ganz genau erklären, wie es sich mit der Verantwortung in Beziehungen verhält:

Für meinen Partner verantwortlich zu sein, ist ein Trugschluss:

Ich bin in einer Partnerschaft auch weiterhin für mein eigenes Handeln und die Konsequenzen verantwortlich. Das Gleiche gilt für meinen Partner. Wenn ich Hilfe benötige, liegt es bei mir, dafür zu sorgen, dass ich sie bekomme. Es reicht nicht, mir insgeheim etwas zu wünschen und davon auszugehen, dass mein Partner hellsehen kann. Wenn ich etwas haben möchte, muss ich es ansprechen. Aus dem Grund brauche ich auch keine hellseherischen Fähigkeiten, um meinen Partner zufriedenzustellen. Er kann nämlich auf dieselbe Art und Weise für sich sorgen. Das gilt auch für den Fall, dass mir etwas nicht gefällt. Behalte ich das für mich, wird sich nichts ändern. In jeder Hinsicht muss ich auch in einer Beziehung weiterhin für mich sorgen. Wenn ich krank bin oder mich schwach fühle, werden die, die mir nahestehen, auch helfen, wenn ich sie darum bitte. So kann auch ich bei Bedarf für meinen Partner sorgen, ohne mich für sein Wohl oder Unwohlsein verantwortlich zu fühlen. Wenn jeder die Verantwortung für sich behält, kann auch keiner vom anderen verschlungen oder manipuliert werden. Habe ich doch einmal dieses Gefühl, ist es ein Indiz dafür, nicht gut für mich gesorgt zu haben. Für die Beziehung zeige ich mich verantwortlich, indem ich das, was ich tue, denke und fühle, mit meinem Partner kommuniziere und in gleicher Weise bereit bin, die Bedürfnisse des anderen wahrzunehmen. So können wir uns nicht aus den Augen verlieren.

III. Teil
In der neuen Beziehung ankommen

Eine neue Beziehung anzufangen, ist immer mit viel emotionaler Aufregung verbunden. Einerseits sind es positive, euphorische Gefühle, wie die Freude darüber, jemanden kennengelernt zu haben, mit dem man sich sogar eine Zukunft vorstellen könnte, andererseits sind es aber auch Ängste und Zweifel, die der Beginn einer neuen Partnerschaft in uns auslösen kann, besonders dann, wenn die letzte Beziehung auf schmerzhafte Weise gescheitert ist. Viele stehen dann vor der Frage, ob sie sich überhaupt einlassen sollen. Genau darum soll es im dritten Teil des Buches gehen: Wie kann ich mich auf etwas Neues einlassen, ohne das Alte zu wiederholen.

Um sich auf etwas Neues einzulassen, braucht man Vertrauen. Allerdings ist dieses Vertrauen häufig bei Menschen mit schlechten Beziehungserfahrungen erschüttert. Auch wenn Sie inzwischen Ihre alte Beziehung weitestgehend gut für sich abgeschlossen haben, kann es sein, dass Sie angesichts einer neuen Liebe trotzdem noch Vorbehalte spüren. Sie stellen sich eventuell die Frage, ob Sie es wirklich wagen sollten, sich noch einmal auf eine feste Beziehung einzulassen. Besonders, wenn Sie vor der Entscheidung stehen, den neuen Partner den Kindern vorzustellen oder gar mit ihm zusammenzuziehen, kann dies alte Ängste in Ihnen aktivieren. Es könnte also sein, dass Sie zunächst noch ein paar Hindernisse aus dem Weg räumen müssen, bevor Sie sich tatsächlich für eine neue Beziehung und eine neue Liebe aussprechen können.

Wie bereits besprochen, besteht die Option, dass mögliche Blockaden auf dem Weg in die neue Beziehung nicht erst in der letzten Beziehung entstanden sind, sondern bereits viel früher in Ihrem Leben. Eine Voraussetzung, um sich auf eine riskante Situation, und genau das ist eine neue Beziehung, einlassen zu können, ist unser Urvertrauen. Dieses tief in uns angelegte Fundament befähigt uns, auf andere und darauf zu bauen, dass am Ende alles gut wird. Es ist die Grundlage für unser Selbstvertrauen, das uns die Zuversicht gibt, bei Misserfolgen und Problemen eine Lösung zu finden. Diese innere Grundhaltung entwickelt sich in der Kindheit. Wenn wir als Erwachsene merken, dass unser mangelndes Selbstvertrauen ein Problem ist, liegt es in unserer Verantwortung, dieses aufzubauen. Wir sind durchaus in der Lage, uns das zu erschaffen, was uns nicht mit auf den Weg gegeben wurde. Im Kapitel »Altlasten gehören dazu, auch Ex-Partner« werde ich genauer darauf eingehen, wie Urvertrauen entsteht bzw. wodurch diese Entwicklung blockiert werden kann. Auch das Thema Eifersucht steht dabei in einem direkten Zusammenhang mit dem mangelnden Vertrauen in den Partner.

Manche von Ihnen könnten der Meinung sein, dass man in einer neuen Beziehung nur ankommen kann, wenn man sich fallen lassen kann, so wird es jedenfalls gesagt, auch wenn viele gar nicht so richtig verstehen, was damit überhaupt gemeint ist. Ebenso wird gesagt, man solle sich dem anderen hingeben. Davor möchte ich Sie allerdings warnen! Ihr Inneres Kind könnte es Ihnen sehr übel nehmen, wenn Sie sich fallen lassen oder hingeben. So etwas tut man nicht mit Kindern. Möglicherweise haben Sie auch schon einige Blessuren aus vergangenen Situationen. Ich möchte Ihnen etwas anderes vorschlagen: Passen

Sie gerade jetzt gut auf sich auf! Der Erwachsene sollte sich nicht abwenden, wenn das Kind auf riskante Höhen klettert. Der Trick ist, etwas zu wagen, Neues auszuprobieren, dabei aber das Geschehen aus einer angemessenen Distanz zu beobachten, nicht zu nah, um sich selbst nicht im Weg zu stehen, und nicht zu entfernt, um, wenn nötig, eingreifen zu können. Denken Sie zurück und überlegen Sie, in welchem Verhältnis Ihr Inneres Kind und Ihr Erwachsener zu Beginn früherer Beziehungen zueinander standen. Wie sah es mit Ihrem Selbstvertrauen aus? Hatten Sie das Gefühl, sich im Weg zu stehen und durch Ihre Ängste daran gehindert wurden, Neues auszuprobieren? Haben Sie sich dem anderen vielleicht wenig geöffnet aus Scham oder Angst vor Verletzungen? Vielleicht auch in sexueller Hinsicht? Dann könnte Ihnen der Mut, Grenzen zu setzen, gefehlt haben. Oder war es ganz anders? Haben Sie sich Hals über Kopf ins Unbekannte gestürzt und sind dann schnell und hart wieder auf dem Boden der Realität aufgeprallt? Dann könnten Sie zu wenig auf sich geachtet haben. Sie entscheiden, was Sie verändern wollen, um in Ihrer neuen Beziehung die Erfolgsaussichten zu verbessern. Denken Sie daran, dass ein Neuanfang dafür immer die beste Gelegenheit ist, denn später wird es immer schwerer. Es geht also nicht nur darum anzukommen, sondern auch um die Frage, wie man ankommen will.

DU DARFST SO BLEIBEN WIE DU BIST

»Im Bemühen, die Harmonie wiederherzustellen, passt man sich immer mehr an die Bedürfnisse des Partners an. Die so wiedergewonnene Eintracht birgt allerdings auf Dauer auch eine Bedrohung für die Beziehung ...«

»Gleich und gleich gesellt sich gern« und »Gegensätze ziehen sich an« sind in erster Linie Redensarten und keine unterschiedlichen Konzepte bei der Partnerwahl, auch wenn oft heiß darüber diskutiert wird, welches der beiden eher zutrifft. In Wirklichkeit ist es so, dass beide zu einem gewissen Teil in jeder Partnerschaft ihre Anwendung finden. Anfänglich, in der Phase der ersten Verliebtheit, sind wir stark auf unsere Gemeinsamkeiten fixiert. Die Ähnlichkeit, die manch einer als Seelenverwandtschaft empfindet, ist eine stark bindende Komponente in der Zweierbeziehung. Gleiche Wert- und Moralvorstellungen und gemeinsame Vorlieben schaffen in vielen Partnerschaften eine stabile Basis. Die Bindungsintensität dieser ersten Beziehungsphase wird als genussvoller Rausch empfunden, der beim Übergang des Gefühls der Verliebtheit in das Gefühl der Liebe abklingt. Die Liebe braucht irgendwann Luft zum Atmen. Es sind eben nicht zwei gleiche Menschen, die eine dauerhafte Bindung miteinander eingehen, sondern zwei Individuen, die neben den Gemeinsamkeiten auch Unterschiede aufweisen. So wie Gemeinsamkeiten als bindendes Element erlebt werden, werden jene oft als Bedrohung für die neue Partnerschaft empfunden, weil wir uns fragen, ob wir überhaupt zum anderen passen, wenn wir uns in gewissen Punkten unterscheiden.

Allerdings empfindet nicht jeder gleich: Bei vielen entsteht nach dem ersten Rausch auch wieder ein natürlicher Drang nach Freiheit und Individualität. Es kann auch passieren, dass der Wunsch nach Eigenständigkeit und die Angst vor der Unterschiedlichkeit als innerer Konflikt empfunden werden. Ganz allgemein gilt: Je höher das Selbstvertrauen eines Menschen ist, desto geringer ist die wahrgenommene Bedrohung durch das Anderssein.

In dieser Umbruchphase, wenn der erste Drang nach Freiräumen spürbar wird, egal ob bei einem selbst oder dem Partner, gerät das neue Beziehungsgefüge gewaltig ins Wanken. Aus Angst um die Beziehung sind beide unbewusst darum bemüht, die vorherige Stabilität wiederherzustellen, indem einer nachgibt und seine Bedürfnisse hintanstellt, ohne mit dem anderen zu verhandeln. Eine solche Verhandlung setzen viele mit Streit gleich und damit mit einer Gefährdung der Harmonie der Beziehung. Davor haben die meisten Angst. Das ist aber unbegründet, denn wenn sich die Paare bewusst damit auseinandersetzen, was bei ihnen passiert, und wenn Sie ihre Eindrücke miteinander teilen würden, könnte auf diese Weise eine neue Bindung auf der Basis eines intimen Austauschs geschaffen werden, worauf ich im letzten Kapitel genauer eingehen werde. An dieser Stelle erkläre ich zunächst, was da meist unbewusst passiert: Im Bemühen, die Harmonie wiederherzustellen, passt man sich immer mehr den Bedürfnissen des Partners an. Die so wiedergewonnene Eintracht birgt allerdings auf Dauer auch eine Bedrohung für die Beziehung, die sich Langeweile nennt.

Ganz langsam, sodass wir es erst gar nicht merken, schleicht die Langeweile in unsere Beziehungen. Zu sehr sind wir darauf fokussiert, uns unseren Partnern anzupassen, in der Hoffnung, uns stärker aneinander zu binden. Dabei verbreitet sich unterschwellig bei dem einen oder auch bei beiden Partnern Frustration darüber, auf Bedürfnisse verzichten zu müssen. Langeweile und Frust werden zu einem immer gefährlicheren Cocktail, der die Beziehung von innen zu vergiften droht. Folgendes Paradox wird deutlich: Hatten wir nicht versucht, durch unser Harmoniebestreben die Beziehung zu schützen? Jetzt merken wir, dass wir sie langsam genau dadurch von innen töten. Viele Paare, die zu mir in die Beratung kommen, befinden sich an diesem Punkt: Sie lieben sich und verstehen nicht, warum es ihnen miteinander nicht gut geht. Verzweifelt berichten sie mir über andauernde Streitereien, in denen es inhaltlich eigentlich um nichts geht, oder über ein brachliegendes Sexualleben. Hierzu ein Beispiel:

Brüderchen und Schwesterchen:

Hanna und Simon kommen zu mir in die Praxis, weil sie in den letzten drei Jahren nur ungefähr vier Mal miteinander Sex hatten und diese vereinzelten Begegnungen als absolut verkrampft empfunden haben. Abgesehen davon, so erzählen mir die beiden, hätten sie eine sehr harmonische Beziehung und würden eigentlich nie streiten. Tatsächlich sitzen sie Händchen haltend auf meinem Sofa. Beide sind Mitte dreißig und möchten zu einer entspannten Sexualität zurückfinden, so wie sie sie am Anfang ihrer Beziehung erlebt hatten. Die beiden sind seit acht Jahren ein Paar und haben vor vier Jahren geheiratet. Kinder haben sie keine. Als ich sie frage, ob die nicht zu ihrer Lebensplanung gehören, antwortet Simon sichtlich frustriert, dass man dazu Sex haben müsse. Ich frage zunächst Simon, ob er denn tatsächlich wieder regelmäßig Sex haben wolle. Als er mir sagt, dass das schließlich der Grund sei, warum sie hier seien, frage ich ihn weiter, was er in den letzten Jahren getan habe, um sich diesen Wunsch zu erfüllen. Er erzählt mir, dass er anfangs schon immer wieder Annäherungsversuche gemacht, aber fast jedes Mal von seiner Frau einen Korb bekommen habe. Irgendwann habe er dann aufgegeben. Er möchte nicht mit ihr streiten. Nach und nach erfahre ich, dass es auch bei der Freizeitgestaltung meist ihre Bedürfnisse sind, denen die beiden als Paar nachgehen. Simon störe das aber nicht. Er mag es, seine Frau glücklich zu machen, und Hanna berücksichtige im täglichen Miteinander auch seine Wünsche. Als ich sie frage, ob sie sich ebenso ein aktives Sexualleben mit ihrem Mann wünscht, zögert sie. Es fiele ihr schwer, das zu sagen, denn sie liebe ihren Mann sehr, allerdings könne sie sich Sex mit ihm einfach nicht mehr vorstellen. Das wäre für sie, als ginge sie mit dem eigenen Bruder ins Bett. Früher hat ihr Sex viel Spaß gemacht und eigentlich hätte sie das gerne zurück, nur eben nicht mit ihrem Mann. Auch sie hätte eigentlich gerne Kinder, kann sich aber auch das im Moment nicht vorstellen, obwohl sie meint, dass ihr Mann der perfekte Vater wäre.

Hanna spricht es sogar aus, dass sie das Gefühl hat, mit ihrem Bruder zusammenzuleben. Ich habe auch Konstellationen erlebt, wo die Beziehungen in ein Vater-Tochter- oder Mutter-Sohn-Verhältnis gekippt sind, in denen einer den anderen stark umsorgt. Einige Klienten bezeichnen ihr Miteinander auch als Zweckgemeinschaft. Egal, wie genau sich das Miteinander verändert oder wie man es bezeichnen will, die ursprüngliche Mann-Frau-Ebene schleicht sich bei zu viel Harmonie davon. Ich möchte gerne erklären, warum das so ist: Männer und Frauen sind unterschiedlich. Das ist auch gut so! Es sind nämlich doch die Gegensätze, die sich im Sexualleben anziehen. Durch

Unterschiedlichkeit entsteht Spannung, das Gegenteil zu Langeweile. An der Andersartigkeit des Partners kann man sich reiben. Durch Reibung entstehen Wärme und Sexualität. Wir brauchen die Gegensätze in einer Beziehung, um die Gleichheit zu relativieren. Sie sind quasi die Gewürze dieser harmonischen Komposition, die dem Ganzen Lebendigkeit geben.

Auch wenn beide Partner Angst vor dem scheinbar trennenden Element der Unterschiedlichkeit haben, sind es heute tatsächlich aus meiner Erfahrung eher die Männer, die sich an die Vorgaben der Frauen anpassen. Ich habe mich intensiv damit beschäftigt, woran das liegen könnte, und meine Vermutung ist, dass Männer im Allgemeinen in Beziehungen unsicher sind, auch was das Thema Intimität betrifft. Das mag an ihrer Erziehung liegen oder vielleicht auch an unserer emanzipierten Gesellschaft, die die Männer verunsichern könnte. Ich habe noch eine weitere interessante Feststellung gemacht: Es sind selten die angepassten Männer, die das größere Problem mit ihrer Rolle haben, als viel mehr die tonangebenden Frauen. Die berichten mir, dass sie das Gefühl hätten, alles alleine schultern zu müssen, zu viel Verantwortung in der Familie zu übernehmen, immer alles organisieren zu müssen und so weiter. Viele dieser Frauen sehnen sich danach, dass ihre Männer mehr Aufgaben übernehmen, mehr mitgestalten und eine Schulter zum Anlehnen bieten. Wenn es aber so wäre, dass der Partner prädominanter sein sollte, stellt sich die Frage, warum diese Frauen dann überhaupt so tonangebend geworden sind. Viele antworten darauf, dass sie da ungewollt reingerutscht seien. Tatsächlich ist es so, dass sich mit der Zeit eine gewisse Beziehungsdynamik einschleicht, für die beide mitverantwortlich sind. Das Ganze läuft weitestgehend unbewusst und automatisch ab. Wenn wir uns aber bewusst machen, was passiert, können wir auch etwas verändern.

Dass wir Unterschiedlichkeit auf der Paarebene ablehnen, ist, abgesehen von unserem Selbstvertrauen, durch die Gesellschaft und unsere Erziehung geprägt: Männer und Frauen gelten heute als gleichberechtigt. Zumindest wird das angestrebt. Hier findet allerdings aus meiner Sicht eine folgenschwere Verwechslung von Begriffen statt, die auch dafür verantwortlich ist, dass die Welle der Emanzipation nicht nur Gutes hervorgebracht hat:

Gleichberechtigung ist nicht dasselbe wie Gleichheit:

Gleichberechtigt sind zwei Menschen, die verschieden sind und trotzdem die gleichen Rechte haben. Ein Schwarzer und ein Weißer sollten gleichberechtigt sein, ein Homosexueller sollte die gleichen Rechte haben wie ein Heterosexueller, eine Frau den gleichen Stellenwert wie ein Mann. Gleichberechtigung bedeutet nicht, die Unterschiedlichkeiten auszumerzen, sondern sie anzuerkennen. Jeder hat ein Recht auf seine eigene Individualität, solange sie keinem anderen schadet. Gleichberechtigung bedeutet also nicht Gleichmacherei.

Viele von uns werden heute nicht nur zur Gleichberechtigung, sondern auch zur Gleichheit erzogen. Ein deutliches Beispiel dafür ist, dass sich Männer beim Urinieren setzen sollen, so wie die Frauen. Eine Ursache in unserem Kulturkreis ist, dass die meisten Jungs heute von Frauen erzogen werden, auch wenn es einen Trend dahin gibt, dass die Männer sich mehr einbringen und sogar zunehmend in Elternzeit gehen. Das ist Gleichberechtigung, allerdings nur dann, wenn die Männer auch ihre eigenen Ideale an ihre Jungs weitergeben und sich nicht dem weiblichen Erziehungsstil anpassen. Auch in Kindertagesstätten, Kindergärten und Schulen stehen die Jungen von heute unter einem stark weiblichen Einfluss. Das Männliche wird immer weiter zurückgedrängt. Ich möchte hier nun die Bedeutung von Männlichkeit und Weiblichkeit, besonders im sexuellen Bereich, erläutern:

Männlichkeit und Weiblichkeit ziehen sich an wie die unterschiedlichen Pole eines Magneten:

Es gibt spezielle Attribute, abgesehen von Körperbau und Kleidung, die mit Weiblichkeit verbunden werden. Frauen gelten als besonders feminin, wenn sie sich anmutig, weich, warmherzig, einfühlsam, ausgleichend und familiär oder sozial orientiert verhalten. Mit Männlichkeit hingegen verbindet man weitläufig, abgesehen von äußeren Eigenschaften, Dominanz, Stärke, Härte, Aggressivität und Führungsbereitschaft. Nicht zuletzt werden diese unterschiedlichen Merkmale in Aussehen und Verhalten durch die Sexualhormone hervorgerufen. Das Testosteron ist für die männlichen Attribute verantwortlich, während die weiblichen Merkmale durch Östrogene ausgelöst werden. Beide Hormone, die männlichen und die weiblichen, kommen bei beiden Geschlechtern vor. Es ist ihr Verhältnis, das einer Frau weibliche Züge verschafft und einem Mann männliche. Dadurch haben alle Frauen auch männliche Attribute und alle Männer auch weibliche. Das gilt für Äußerlichkeiten ebenso wie für das Verhalten. Wie wir unsere Möglichkeiten in bestimmten Situationen einsetzen, ist weitestgehend durch unsere Erziehung und späteren Lebenserfahrungen bestimmt. Im Beruf lernen Frauen, die erfolgreich sein wollen, schnell, ein eher dominantes Verhalten zu zeigen. Männer hingegen haben gelernt, dass es längst nicht mehr als unmännlich gewertet wird, wenn sie Gefühle zeigen und zu ihren Schwächen stehen. Im Bereich der sexuellen Anziehung hat sich allerdings wenig geändert. Hier gilt nach wie vor, dass Männer sich von weiblichen Attributen angezogen fühlen und Frauen männliche Merkmale attraktiv finden. Die sexuelle Lust kann nicht kognitiv gesteuert werden und entzieht sich somit jeglichen kulturellen oder intellektuellen Vorgaben. Sexualität ist ein rein instinktives Verhalten, das allein von den Gefühlen ausgelöst wird. Sind die Gefühle blockiert, durch Ängste oder Schuld gegenüber den eigenen Empfindungen, ist auch die Lust blockiert.

Unsere Erziehung steht also oft im Widerspruch zu unserem Verlangen. Typisch männliche Attribute wie Dominanz, Stärke, Härte und Aggression gelten in einer weiblich geprägten Erziehungskultur als negativ und bekommen keinen Raum, sich auf gesunde Weise zu entfalten. Jungen wird anerzogen, diese Verhaltensweisen zu unterdrücken. Nehmen sie diese Gefühle trotzdem bei sich wahr, empfinden sie Schuld und lernen, sie zu verbergen, weil ihnen beigebracht wird, dass ihr Verhalten teilweise falsch oder schlecht ist. Ähnliches gilt heute für die Mädchen. Ihnen wird anerzogen, ihre Weichheit zu verbergen, um später nicht ausgebeutet zu werden. Was dabei herauskommt ist, dass sich Männer und Frauen in ihrem Verhalten immer mehr ähneln. Die Männer werden weicher, die Frauen härter und nähern sich dem jeweils anderen Geschlecht an. Das Resultat ist, dass die Frauen eine unbefriedigte innere Sehnsucht nach Männern entwickeln, die ihnen eine Schulter zum Anlehnen bieten, obwohl sie sich das so oft nicht einmal selbst eingestehen können und im realen Leben auch gar nicht wirklich brauchen. Die Männer hingegen haben einen ungestillten Hunger nach weichen, warmherzigen und einfühlsamen Frauen. Sie gehen oft trotzdem gerne Bindungen mit dominant auftretenden Frauen ein, weil das mehr ihrer erzieherischen und kulturellen Prägung entspricht. Was auf der Strecke bleibt, ist die Sexualität. Das Schlüssel-Schloss-Prinzip funktioniert nicht mehr, wenn zwei glatte Oberflächen aufeinandertreffen. Was in der anfänglichen Verliebtheitsphase, in der wir weitestgehend instinktiv von unseren Gefühlen gesteuert wurden, noch Raum hatte, wird mit zunehmender Beziehungszeit immer mehr »ausgebügelt«.

Ich möchte daran erinnern, dass ein Mann, genau wie eine Frau, männliche und weibliche Attribute hat und auch haben sollte. Es muss nicht ein Entweder-oder sein, sondern ein Miteinander verschiedener Wesensmerkmale, die dann situativ optimal eingesetzt werden können. Allerdings spielen wir unsere Trümpfe oft nicht aus, wenn wir damit negative Eigenschaften verbinden. Unsere gute Erziehung hält uns davon ab. Leidenschaftliche Sexualität und gute Erziehung passen irgendwie nicht zusammen, denke ich. Vielleicht ist es also sinnvoll, die gute Erziehung zeitweise zu vergessen. Wir wissen jedoch, dass das gar nicht so einfach ist. Dazu müssen wir auch im sexuellen Bereich zunächst einmal unsere Prägung verstehen, um dann gegebenenfalls schrittweise unser Verhalten zu ändern, indem wir uns etwas erlauben, was uns früher vielleicht verboten wurde oder was wir nie erlernt haben. Im Fall von Hanna und Simon erfahre ich in weiteren Sitzungen Folgendes:

Simon war ein sehr braver Junge. Wenn er doch einmal ein Verhalten zeigte, das seine Mutter ablehnte, wurde er häufig mit Liebesentzug bestraft. Selbst als er in der Pubertät war, hat sie manchmal tagelang nicht mit ihm geredet und ihn behandelt, als ob er Luft sei, wenn er ihr einmal widersprach oder sogar frech wurde. Wenn er sich so verhielt, wie es seine Mutter guthieß, wurde er mit Liebe und Geschenken überschüttet. Das Konfliktverhalten der Eltern untereinander sei ähnlich gewesen. Sein Vater, ebenso ein konfliktscheuer, folgsamer Mann, gab schnell klein bei, wenn es zu Unstimmigkeiten kam. Aus der Erziehung seines Sohnes hatte er sich weitestgehend herausgehalten. Das überließ er seiner Frau. Er war unter der Woche selten zu Hause, wenn er aber da war, verbrachte er gerne Zeit mit seinem Sohn.

Liebesentzug stellt für die kindliche Psyche eine große Bedrohung dar. Kinder sind von der körperlichen und emotionalen Nähe der Eltern abhängig. Simon hat durch das Verhalten seiner Mutter gelernt, dass Konflikte bedrohlich für eine Beziehung sind. Sein Vater hat Simons Wahrnehmung durch sein Verhalten bestätigt. Auch er hat lieber klein beigegeben, als seine Bedürfnisse bei seiner Frau durchzusetzen. Es ist nicht verwunderlich, dass Simon heute ebenso versucht, Streit zu vermeiden, und derjenige ist, der das höhere Harmoniebestreben in der Beziehung hat. Obwohl es Simons Bedürfnisse sind, die so mit der Zeit immer weniger Raum in der Beziehung bekommen, ist es Hanna, die die Unzufriedenere zu sein scheint. Sie findet ihren Mann nicht mehr anziehend. Woran könnte das liegen? Folgende Antwort bekomme ich von ihr:

Hannas Mutter hatte immer viel an ihrem Mann auszusetzen gehabt. Die meiste Zeit bestimmte sie zu Hause, wie etwas vonstatten zu gehen hatte. Hanna fand das als Kind furchtbar und nahm sich vor, nie wie die Mutter zu werden. Gleichzeitig ärgerte sie sich über ihren Vater, der sich ständig von seiner Frau herumkommandieren ließ. Wie oft hatte sie sich gewünscht, dass der Vater einmal mit der Faust auf den Tisch hauen würde.

Zwar ist Hanna keine Nörglerin und versucht, die Interessen ihres Mannes zu berücksichtigen, trotzdem ist sie diejenige, die in der Beziehung den Ton angibt. Genau wie damals beim Vater wünscht sie sich, dass ihr Mann ihr etwas entgegensetzt. Da von ihm nichts kommt, fühlt sie sich in die Rolle der Macherin gedrängt. Eine andere Rolle kennt sie nicht, jedenfalls nicht von zu Hause. Auf diese Weise passiert es oft, dass wir die Muster unserer Eltern wiederholen, auch wenn wir sie als unvorbildlich empfunden haben.

Grundsätzlich ist es so, dass jeder erst einmal seine eigenen Vorstellungen mit in die Beziehung bringt und für sich entscheidet, was richtig und falsch ist bzw. wie etwas ablaufen sollte. In vielen Punkten sind sich Paare von vorneherein oft einig oder haben zumindest ähnliche Vorstellungen. Besonders, wenn beide aus dem gleichen Kulturkreis kommen und ähnliche familiäre Erfahrungen gemacht haben, ist allein dadurch eine gemeinsame Basis gegeben. Es ist statistisch bewiesen, dass Menschen aus dem gleichen Kulturkreis, sozial ähnlichen Schichten und mit gleichem Bildungsniveau eine höhere Chance auf eine langfristig funktionierende Partnerschaft haben. Das bedeutet aber nicht, dass interkulturelle Beziehungen keine Chance haben, dauerhaft zu bestehen. Individuelle Unterschiede gibt es in jeder Beziehung.

In jeder Familie werden Beziehungen unterschiedlich gelebt. Bei den einen wird viel gestritten, bei den anderen gar nicht, die einen teilen sich mit, andere gehen sich eher aus dem Weg und auch wer für wen oder was verantwortlich ist, ist unterschiedlich aufgeteilt. Die Einstellung, dass in einer Beziehung alles nach der eigenen Vorstellung laufen soll, weil man daran gute Erinnerungen knüpft, ist problematisch, wenn beide Partner in ihrer Kindheit und Jugend unterschiedliches Miteinander erlebt haben. Das kann nur funktionieren, wenn einer für den anderen seine Vorstellung, wie die Beziehung gelebt werden sollte, aufgibt. Damit gibt er allerdings einen Teil seines Selbst auf, was dauerhaft zu Frustrationen führt, wie wir gesehen haben. Schön wäre es dagegen, stattdessen die Lebensweise des anderen kennenzulernen und dann zusammen aus den Unterschiedlichkeiten etwas Gemeinsames und für die Beziehung Eigenes zu schaffen. Warum aber geht es am Ende größtenteils oft doch nach der Nase nur des einen oder anderen?

Ich denke, dass wir die Welt zu sehr in Richtig und Falsch einteilen, weil es uns Orientierung verspricht, wenn wir uns unsicher fühlen. Eine neue Beziehung ist immer mit Risiken verbunden. Schnell greifen wir dann auf das für uns Altbewährte zurück. Man kann aber auch versuchen, anstatt zu werten mehr Neugier auf die Andersartigkeit zuzulassen. Damit geben wir uns die Chance, Neues zu entdecken. Auf diese Weise kann die Partnerschaft eine Bereicherung sein. Allerdings ist natürlich nicht alles immer gut oder tragbar. Dann kommt es darauf an, wie wir miteinander verhandeln. Wenn Sie jetzt der Meinung sind, dass derjenige mit den stärkeren Argumenten oder der höheren Überzeugungskraft gewonnen hat, muss ich Ihnen leider sagen, dass Sie falschliegen. In einer Paarbeziehung gibt es nämlich nicht einen Gewinner und einen Verlierer, sondern am Ende immer zwei Gewinner oder eben zwei Verlierer. Denken Sie daran, wenn Sie am Anfang einer neuen Beziehung stehen und bevor Sie versuchen, Ihre neue Liebe nach Ihren Vorstellungen zu formen. Sie haben viel zu verlieren! Falls Sie doch das Gefühl haben, in Ihrer Beziehung etwas ändern zu müssen, sollten Sie sich das folgende Modell genauer betrachten:

Das Beziehungs-Mobile:

Wenn wir in unseren Beziehungen, egal ob zum Partner oder zu Familienmitgliedern, etwas ändern wollen, können wir immer nur bei uns selbst ansetzen. Verändern wir unsere eigene Position, verhält es sich in Beziehungsgefügen wie bei einem Mobile: Zunächst gerät alles in Bewegung, wird instabil und unruhig. Mit der Zeit pendelt sich das Mobile allerdings wieder ein. Keiner der Teile hat dann noch die gleiche Position wie vorher. Sie haben die Möglichkeit, den Standort der anderen Ihnen gegenüber zu verändern, indem Sie Ihre eigene Position umwandeln. Wenn Sie also mit einer Situation unzufrieden sind und sich unwohl fühlen, überlegen Sie zunächst ganz genau und entscheiden Sie dann in Ruhe, welche neue Konstellation sinnvoller für das gesamte Miteinander sein kann. Bleiben Sie standhaft in Ihrem neu gewählten Verhalten, auch wenn zunächst alles ins Wanken gerät. Fallen Sie jetzt auf Ihren vorherigen Standpunkt zurück, weil Sie die entstandene Unsicherheit nicht aushalten, wird sich alles wieder beim Alten einpendeln. Bleiben Sie allerdings standhaft, werden sich die Menschen, mit denen Sie in Beziehung stehen, mit der Zeit Ihnen gegenüber neu einpendeln.

MEINE BEDÜRFNISSE SIND MEINE VERANTWORTUNG

»Wenn jeder die Verantwortung für seine Bedürfnisse übernimmt, ist man davon befreit, sich dem Wohl des Partners verpflichtet zu fühlen, denn wir neigen dazu, nicht nur den anderen für unser Wohlbefinden verantwortlich zu machen, sondern meinen gleichfalls, für dessen Wohlbefinden Sorge tragen zu müssen.«

Vielleicht gehören auch Sie zu den Menschen, die in Beziehungen öfter das Gefühl haben, zu kurz zu kommen. Das kann in Liebesbeziehungen ebenso der Fall sein wie bei freundschaftlichen oder familiären Bindungen. Selbst im Beruf kann es sein, dass Sie übergangen werden. Wann immer Sie empfinden, dass Ihre Bedürfnisse nicht beachtet werden, ist das ein Zeichen dafür, dass Sie nicht gut für sich gesorgt haben. Wie das gemeint ist, möchte ich kurz erklären: Ich habe bereits darauf hingewiesen, dass wir als Erwachsene für uns selbst zuständig sind. Wir können weder unsere Partner noch andere Menschen für unser Wohlbefinden verantwortlich machen, nicht einmal unsere Eltern, obwohl sie uns geprägt haben. Als Erwachsene sind wir frei und unabhängig in unserem Verhalten. Wir können entscheiden, wo wir nachgeben wollen und was wir für uns einfordern möchten. Etwas einzufordern ist allerdings bei vielen Menschen mit großen Ängsten verbunden. Schlechte Bindungserfahrungen in der Vergangenheit haben dazu geführt, heute lieber einzustecken als sich zu wehren. Lieber nachgeben als streiten ist bei vielen das Motto. Auf diese Weise soll verhindert werden, die Beziehung zu gefährden. Selbst zu kurz zu kommen, um die Beziehung zu retten, ist dementsprechend eine persönliche

Entscheidung, unabhängig davon, ob sie bewusst oder unbewusst getroffen wurde. Vielleicht möchten Sie sich in Ihrer neuen Beziehung anders entscheiden, nämlich dazu, sich für Ihre eigenen Bedürfnisse mehr Raum zu nehmen. Dazu brauchen Sie den Mut zur Auseinandersetzung.

Ich möchte Ihnen zeigen, dass eine gute Streitkultur eine Beziehung nicht gefährdet, sondern notwendig ist, um eine stabile Bindung aufrechtzuerhalten. Diskussionen werden meistens nur deshalb als bedrohlich empfunden, weil Paare gegeneinander und nicht miteinander streiten. Den Unterschied möchte ich verdeutlichen: Wenn ich miteinander streite, bin ich darauf bedacht, meinen Bedürfnissen in der Beziehung mehr Raum zu geben, nicht auf Kosten des anderen, sondern im Einverständnis mit ihm. Warum das manchmal so schwierig ist, werde ich im Verlauf dieses Kapitels erklären. Das wichtigste Werkzeug für eine konstruktive Auseinandersetzung ist eine gute Kommunikation.

Eine gute Kommunikation ist aus meiner Sicht das bindende Element Nummer eins in einer Beziehung. Es ist nicht das Miteinanderreden und, von mir aus, auch Streiten, das Paare auseinanderbringt, sondern das Schweigen. Bei Langzeitpaaren nehmen oft die Anzahl und die Intensität der gemeinsamen Gespräche schleichend ab. Das kann dann zu Problemen führen. Ich selbst habe in der Endphase meiner ersten Ehe die schmerzliche Erfahrung gemacht, dass man sich innerhalb einer Beziehung einsamer fühlen kann, als wenn man tatsächlich allein ist. Ich habe festgestellt, dass dies mit meiner Erwartungshaltung zu tun hatte: Wenn ich allein bin, weiß ich, dass nur ich für meine Bedürfnisse sorgen kann. Logisch! In meiner Ehe ging diese Logik unbemerkt verloren und ich hatte den kindlichen Wunsch, dass mein Mann für mich sorgen solle. Anstatt auf erwachsene

Weise ihm meine Bedürfnisse mitzuteilen, habe ich nach einem kindlichen Muster gehandelt und mich verletzt und frustriert immer weiter zurückgezogen. Meine Einsamkeit wurde dadurch immer größer und erinnerte mich an die Zeit, in der ich mich als Kind allein und unbeachtet gefühlt hatte. Natürlich hat das meine Traurigkeit und Verzweiflung innerhalb der Beziehung noch vergrößert. Kommunikation schafft auch Verständnis und Vertrauen, zwei weitere Voraussetzungen für eine stabile Bindung. Trotzdem wird der gemeinsame Dialog bei sehr vielen Paaren mit der Zeit vernachlässigt. Das ist aus meiner Sicht der Hauptgrund, warum Paare sich trennen. Sie kommen zu mir in die Praxis und sagen: »Wir verstehen uns nicht mehr.« oder »Wir haben uns auseinandergelebt.« Wie das passiert und was das mit unseren Bedürfnissen zu tun hat, möchte ich im Folgenden erklären.

Miteinander zu reden, dem anderen alles von sich zu erzählen, an seinen Lippen zu hängen, wenn er von sich erzählt, ist typisch für die Anfangsphase unserer Beziehung. In dieser Verliebtheitsphase wird unsere kindliche Sehnsucht nach einer innigen Bindung mit einem Menschen gestillt. Warum aber hören viele Langzeitpaare auf, miteinander zu reden? Irgendwann diskutieren sie dann nur noch über den Wocheneinkauf oder ein mögliches Urlaubsziel. Einige Paare können sich vielleicht nach langer Zweisamkeit prima über andere unterhalten, nur über sich reden sie nicht. Warum ist das, was am Anfang so selbstverständlich war, später so schwierig? Nach meinem Empfinden ist das eines der großen Geheimnisse der Zweierbeziehung. Auf der Suche nach einer Antwort, warum das so ist, bin ich darauf gestoßen, dass es als hohes Risiko empfunden werden kann, sich dem anderen zu öffnen. Indem ich mich öffne, mache ich mich verletzlich. Das ist zwar auch am Anfang der Beziehung so, allerdings geht es dort darum, Ähnlichkeiten zu entdecken, die uns miteinander verbinden. Wir sind in diesem ersten Rausch der Verliebtheit dermaßen auf die Gemeinsamkeiten fixiert, dass die eigenen Bedürfnisse zunächst in den Hintergrund treten, was über einen gewissen Zeitraum als angenehm empfunden wird. Erst später melden sich die eigenen zu kurz gekommenen Bedürfnisse wieder zurück. Dann geht es nicht mehr um Gemeinsamkeiten, sondern um Unterschiede, und das sind nicht die bindenden, sondern die vermeintlich trennenden Elemente einer Beziehung. Die Entdeckung der Unterschiedlichkeit ist der Zeitpunkt, an dem wir eine Gefahr für die Beziehung wittern. Jetzt stehen wir vor der Entscheidung, auch die Bedürfnisse, die sich nicht mit denen des Partners decken, anzumelden, selbst auf die Gefahr hin, dass das zu einer Auseinandersetzung führen könnte, die zumindest für den Moment die Harmonie gefährden kann.

Als besonders heikel empfinden wir es, dem anderen im Bereich der Sexualität unsere Bedürfnisse zu zeigen. Auch wenn man manchmal das Gefühl hat, dass in der Öffentlichkeit gerne so getan wird, als seien viele offen und tabulos, ist tatsächlich wenig davon bis in die Schlafzimmer durchgedrungen. Auch im Bett geht es den meisten erst einmal darum, zu gefallen. Der Grund dafür ist, dass Sexualität gerade am Anfang der Beziehung oft als Mittel zum Zweck, nämlich um Bindung aufzubauen, eingesetzt wird, anstatt zur Lustbefriedigung. Häufig gibt es hier zwischen Männern und Frauen einen Unterschied, der unter anderem entwicklungsbiologisch begründet ist und, denke ich, nicht neu ist: Männer sind in ihrem Sexualverhalten durch ihre Lust bestimmt, um so ihren Samen für eine gesicherte Nachkommenschaft möglichst weitläufig zu verbreiten.

Frauen dagegen sind primär bindungsorientiert, um so eine gute Versorgung für sich und ihre Nachkommen zu sichern. Jemand sagte einmal zu mir, dass Frauen einen Grund, Männer einen Ort für Sex bräuchten. Gleichgültig, was uns motiviert, im Bett wollen Männer und Frauen das Gleiche: dem Partner gefallen. Da scheint es für viele der sicherste Weg zu sein, sich möglichst konform zu verhalten und die eigenen Wünsche hintanzustellen. Je mehr wir darauf bedacht sind, dem anderen zu gefallen, und je verunsicherter wir in Bezug auf unsere Sexualität sind, desto größer ist die Gefahr, die eigenen Bedürfnisse zu vernachlässigen. Besonders am Anfang sagen nur wenige dem Partner, was sie im Bett am liebsten mögen, und später sagen wir dann oft gar nichts mehr, weil es uns peinlich erscheint, das nicht schon am Anfang getan zu haben. Was dabei herauskommt, nenne ich die bereits erwähnte »Sexualität des kleinsten gemeinsamen Nenners«. Das klingt genauso langweilig wie es ist. Viele meiner Leser stehen eventuell schon am Anfang einer neuen Beziehung. Überlegen Sie einmal, ob es für Sie sinnvoll sein könnte, gleich am Anfang Ihr Verhalten, auch im sexuellen Bereich, so weit zu ändern, dass Sie Ihre eigenen Wünsche, die in Ihrer früheren Partnerschaft keinen Platz hatten, jetzt ausleben können. Manchmal ist das am Anfang der Beziehung leichter, als wenn sich bereits eine gewisse Routine eingeschlichen hat. Zu spät ist es natürlich nie, etwas zu umzugestalten. Wie überall ist der Schlüssel die Kommunikation. Sie kann auch nonverbal stattfinden. Der sexuelle Bereich bietet sich hier geradezu an. Hauptsache ist, dass Ihr Partner Sie versteht.

Die Gefahr, sich unbewusst auf Verhaltensmuster zu einigen, die dem kleinsten gemeinsamen Nenner entsprechen, ist natürlich in allen Lebensbereichen gegeben. Das Risiko, dass sich Langeweile einschleicht, droht nicht nur im Bett. In einer Beziehung geht es natürlich nicht nur um die eigenen Bedürfnisse. Ich kann nicht meinen Willen stur durchsetzen, wenn ich mein Leben mit jemandem teilen möchte. Das ist nicht damit gemeint, selbst für die eigenen Bedürfnisse zu sorgen. Wenn ich mit jemandem zusammen bin, teile ich die Verantwortung für die Beziehung mit ihm. Gemeinsam für etwas die Verantwortung zu übernehmen, verbindet, trotz eventueller Unterschiede. Diese Verbindung hält man nur durch Kommunikation aufrecht. Dazu brauche ich folgende Grundvoraussetzungen:

1. Vorbehaltloses ZUHÖREN, um die Bedürfnisse des anderen zu VERSTEHEN
2. WAHRNEHMEN und MITTEILEN der eigenen Wünsche
3. VERHANDELN für ein gemeinsames Ziel

Zunächst einmal sollte ich meinem Partner möglichst vorbehaltlos und ohne zu werten zuhören. Wenn Paare zu mir in die Praxis kommen und mir sagen, sie würden sich nicht mehr verstehen, nehme ich das wörtlich und überprüfe, ob sie sich denn überhaupt noch gegenseitig zuhören. Die meisten Paare mit Beziehungsproblemen haben damit aufgehört und verstehen sich infolgedessen immer weniger. Um die eigenen Bedürfnisse darzulegen, hilft eine gute Selbstwahrnehmung. Wenn jemand seine Wünsche nicht kennt, kann ich sie auch nicht kommunizieren. Wenn beide Partner sich ihre Sehnsüchte mitgeteilt haben, haben sie eine Basis, auf der sie miteinander vereinbaren können, wie die Wünsche, die jeder mitbringt, ausgelebt werden können. Im Idealfall versucht keiner der beiden, sein Anliegen gegen das des Partners durchzusetzen, sondern strebt an, eine für beide passende Lösung zu finden. In langen Beziehungen sind es manchmal alte Verletzungen, die einen davon abhalten, dem Partner vorbehaltlos zuzuhören. Wenn das der Fall ist, muss dieses Hindernis zunächst aus dem Weg geräumt werden, um die Möglichkeit einer lösungsorientierten Kommunikation zu schaffen. Nur wer dem Partner für vergangene Verletzungen verzeihen kann, schafft die Möglichkeit für ein gutes Miteinander. Zur Erinnerung: In einer Beziehung gibt es weder einen Gewinner noch einen Verlierer, sondern immer nur zwei Gewinner oder zwei Verlierer. Kommunikation sollte deshalb nicht gegeneinander, sondern auf ein gemeinsames Ziel hin geführt werden. Allerdings ist nicht immer ein Kompromiss möglich. Manchmal ist es notwendig, dass einer nachgibt. Ist das jedoch ausgeglichen, sodass nicht immer derselbe Partner derjenige ist, der einlenken muss, sollte das unterm Strich eigentlich für beide in Ordnung sein. Hingegen gibt es einige Menschen, die grundsätzlich schlecht nachgeben können:

Die chronisch Zu-kurz-Gekommenen:

Besonders, wenn wir bereits als Kinder oder in vergangenen Beziehungen oft das Gefühl hatten, zu kurz gekommen zu sein oder zurückstecken zu mussten, kann es sein, dass wir dadurch gelernt haben, dass Nachgeben die Gefahr birgt, noch mehr zu verlieren. Nach dem Motto »Was ich habe, halte ich fest, egal ob das sinnvoll ist oder nicht« beharren diese Menschen auf ihrem Standpunkt. Es gehört viel Selbstbewusstsein dazu, sich solch ein Verhalten im Nachhinein einzugestehen. Erschwerend kommt hinzu, dass gerade diejenigen, die solche Erfahrungen gemacht haben, meist auch nicht die Möglichkeit hatten, ein gutes Selbstwertgefühl aufzubauen. Sollten Sie erkennen, dass Nachgeben grundsätzlich schwierig für Sie ist, bitte ich Sie einmal mehr, sehr behutsam mit sich umzugehen. Es hilft, wenn Sie sich zunächst verdeutlichen, dass sich heute, im Unterschied zu früher, etwas grundsätzlich verändert hat: Ihr Partner heute ist ein anderer als Ihre Bezugsperson von früher. Ein Grund, sich ihm gegenüber genau so zu verhalten, wie in der damaligen Beziehung, ist damit eigentlich auch nicht mehr gegeben. Es ist ein Unterschied, etwas auf kognitiver Ebene zu verstehen oder auf emotionaler Ebene zu begreifen. Seien Sie großzügig mit sich und nehmen Sie sich die Zeit, zu begreifen, dass Nachgeben heute nicht mehr gefährlich ist.

In einer Partnerschaft nachzugeben bedeutet, die eigenen Bedürfnisse zugunsten des Partners hintanzustellen. Das gehört gewissermaßen auch dazu, wenn man mit jemandem sein Leben teilt, und ist sogar notwendig, damit der andere nicht dauerhaft den Kürzeren zieht. Ob sich Nachgeben für mich gut oder schlecht anfühlt, hängt von meiner Motivation ab. Es könnte die Angst vor Konflikten und Verlust sein, die mich zum Nachgeben bewegt, oder die Gefühle meines Inneren Kindes, die mich dazu veranlassen, meine Bedürfnisse hinter die meines Partners zu stellen. Genauso verhält es sich, wenn ich aus einem Gefühl der Schuld heraus agiere. Ich kann auf ebenso kindliche Weise entscheiden, nicht nachzugeben, z. B. aus Wut oder Sturheit, oder auch aus der Angst heraus, etwas zu verlieren. Manch einer spürt in solchen Momenten sogar ein Gefühl der Bedrängnis oder Hilflosigkeit, wie er es aus Kindertagen kennt. Anders ist es, wenn ich als Erwachsener nachgebe. Ich verhalte mich dann vernünftig und überlegt. Ich nehme meine Gefühle wahr und setze mich mit ihnen auseinander, im Idealfall lasse ich aber am Ende meine Vernunft über mein Verhalten bestimmen. Das heißt, ob ich nachgebe oder nicht, entscheide ich zwar unter

Berücksichtigung meiner Gefühle, aber erst, nachdem eine innere Verhandlung stattgefunden hat, die auch Vernunftgründe einbezieht. Mit einer solchen Entscheidung geht es mir in jedem Fall besser, egal ob ich schlussendlich zugunsten meiner eigenen Bedürfnisse entschieden habe oder zugunsten derer meines Partners. Die eigenen Wünsche hintanzustellen, um dem Partner etwas Gutes zu tun, kann ja etwas sehr Schönes sein, allerdings nur dann, wenn es auf einer freiwilligen Entscheidung basiert.

Ich möchte Sie an dieser Stelle einladen, vergangene Entscheidungen daraufhin zu überprüfen, ob sie Ihr Inneres Kind oder Ihre erwachsene Instanz getroffen hat. Die Auswirkungen eines kindlichen bzw. eines erwachsenen Entschlusses können sich sehr unterschiedlich auf Ihre Gefühlswelt auswirken. Dazu folgendes Szenario:

Elvira und Carlo:

Elvira liebt Urlaub am Meer. Carlo geht gerne in den Bergen wandern. Zwar diskutieren beide jedes Jahr aufs Neue, wohin sie fahren, allerdings entscheidet Carlo jedes Jahr wieder, auf seinen Wanderurlaub zu verzichten, weil er Elvira liebt und unterschwellig denkt, ihr ihren Wunsch nach einem Badeurlaub erfüllen zu müssen, um auch weiterhin eine harmonische Beziehung zu haben. Carlos Beweggründe sind kindlicher Art. Wenn das dauerhaft seine Art zu entscheiden bleibt, wird er sich irgendwann nicht mehr wohlfühlen können und vielleicht sogar frustriert sein. Er gibt quasi sich selbst für die Beziehung auf. Auch Elvira wird es nicht gefallen, wenn er sich so verhält. Im letzten Kapitel haben wir bereits gesehen, wo das hinführen kann. Wahrscheinlich nimmt er sich so die Möglichkeit, den gemeinsamen Badeurlaub zu genießen. Es könnte auch sein, dass Elvira eine unterschwellige Schuld empfindet, weil sie sich wiederholt durchgesetzt hat. Dann kann auch sie den Urlaub nicht in vollen Zügen genießen. Ganz anders würde es sein können, wenn die beiden gemeinsam eine erwachsene Entscheidung bezüglich ihrer Urlaubswahl getroffen hätten. In dem Fall könnten Carlo und Elvira zunächst ihre Wünsche darstellen und dann gemeinsam versuchen, ein Reiseziel auszusuchen. Er könnte eventuell anführen, auf den Wanderurlaub zu verzichten, weil sie im letzten Jahr beruflich so viel Stress hatte. Elvira könnte im Gegenzug vorschlagen, vor Ort mit ihm auch einmal wandern zu gehen oder im nächsten Urlaub Carlos Wünsche zu berücksichtigen. Obwohl er auch bei diesem Szenario auf seinen Wanderurlaub verzichtet, schaffen sie damit Bedingungen, mit denen sich beide gut fühlen. Wenn der Erwachsene entschieden hat, kann sich das Innere Kind entspannen. So können auch Unternehmungen als angenehm empfunden werden, die eher dem Wunsch des einen Partners entsprechen.

Wenn jeder die Verantwortung für seine Bedürfnisse übernimmt, ist man davon befreit, sich zum Wohl des Partners verpflichtet zu fühlen, denn wir neigen dazu, nicht nur den anderen für unser Wohlbefinden verantwortlich zu machen, sondern meinen gleichfalls, für dessen Wohlbefinden Sorge tragen zu müssen. Viele verwechseln Verantwortung mit Fürsorge. Letzteres ist eine temporäre Entscheidung. Verantwortung zu übernehmen ist dagegen eine Grundhaltung. Ich muss für mich selber und meine Kinder bzw. andere mir Schutzbefohlene Sorge tragen und für sonst niemanden.

Ich möchte Ihnen vorschlagen, einmal zu probieren, weniger Verantwortung für den anderen zu übernehmen und stattdessen mehr für Ihre eigenen Bedürfnisse zu sorgen. Dazu müssen

Sie aufhören, Streitereien zu vermeiden, und stattdessen lernen, sich konstruktiv auseinanderzusetzen. Vielleicht besprechen Sie diese Möglichkeit einmal mit Ihrem Partner, auch damit er nicht unvorbereitet bezüglich Ihres veränderten Verhaltens ist und versteht, was Sie dazu veranlasst hat. Wenn Sie entscheiden, gemeinsam Ihr Verhalten entsprechend zu verändern, können Sie sich sogar gegenseitig ein Feedback geben und werden eine stärkere Verbundenheit angesichts dieser gemeinsamen Aufgabe empfinden. Wenn Sie das zusammen mit Ihrem Partner als gemeinsames Projekt betrachten und sich frei machen von dem Gefühl, gegen den Partner gewinnen zu müssen, könnte es der Beginn eines spannenden, neuen Weges für Sie beide werden.

ABHÄNGIGKEIT VERMEIDEN, FREI BLEIBEN FÜR DIE LIEBE

»Binde zwei Vögel zusammen, sie werden nicht fliegen können,
obwohl sie nun vier Flügel haben.«

Freiheit stellt für uns ein hohes Gut dar, das unbedingt schützenswert ist. Egal, ob im politischen Sinne oder im persönlichen Bereich, wir sind sehr bemüht, unsere Unabhängigkeit zu erhalten. In Ländern, in denen das Leben der Menschen zum großen Teil fremdbestimmt ist, kämpfen viele sogar unter Einsatz ihres Lebens für Selbstbestimmung. Nur in der Liebe sind wir oft gewillt, unsere Freiheit aufzugeben, als sei sie eine notwendige Opfergabe an den geliebten Partner. Der Preis für die Zweisamkeit? Es scheint fast so, als seien Beziehung und Selbstbestimmung für viele ein Widerspruch. Tatsächlich waren Ehen bis vor Kurzem auch in unserer Kultur in erster Linie Versorgungsgemeinschaften. Noch heute sind Frauen, die Kinder haben, zumindest in finanzieller Hinsicht, oft nach wie vor abhängig von ihrem Mann. Nach einer Scheidung stehen sie finanziell schlechter da und können sich oft ohne Hilfe nicht über Wasser halten. Heute sind Frauen immer häufiger darauf bedacht, ihre finanzielle Unabhängigkeit zu wahren. Das geht allerdings zulasten der Geburtenrate. Die Art der gegenseitigen Abhängigkeit in einer Beziehung, die ich hier ansprechen möchte, bezieht sich allerdings nicht auf den materiellen Bereich, sondern auf eine innere Verbundenheit.

Zunächst möchte ich Sie dazu einladen, mit mir zu überlegen, was eine Liebesbeziehung ausmacht. Ganz allgemein bedeutet eine Beziehung eine Verbindung mit einem anderen

Menschen, meist zu einem gewissen Zweck oder mit einer bestimmten Zielsetzung. Eine Liebesbeziehung ist dabei ein inniges Miteinander, das meist eine intime, erotische oder sexuelle Komponente hat. In der Paarbeziehung sind viele der Meinung, dass das dazugehöre, eine gegenseitige Verpflichtung einzugehen und sich selbst für den anderen ein Stück weit aufgeben zu müssen. Das kann zu einer gegenseitigen Abhängigkeit führen, die der Liebe schaden kann. Warum das so ist, werde ich später erklären. Zunächst möchte ich darauf eingehen, warum viele von uns dazu neigen, die persönliche Freiheit für den anderen aufzugeben.

Ich bin der Ansicht, dass wir nur dann etwas freiwillig tun, wenn wir uns dadurch auch einen Gewinn versprechen. Was könnte also unser Gewinn sein, wenn wir beschließen, Teile unserer Freiheit für den anderen aufzugeben? Warum sind viele von uns so schnell bereit, sich für den anderen aufzugeben und die eigenen Bedürfnisse hintanzustellen, auch wenn der andere das oft gar nicht verlangt? Die häufigste Antwort, auf die ich durch die Arbeit mit meinen Klienten gestoßen bin, ist, dass der Gewinn in der Sicherheit liegt. Im Umkehrschluss bedeutet das, dass die Annahme, Freiheit sei ausschließlich ein erstrebenswertes Gut, nicht für jeden gelten muss. Unabhängigkeit bedeutet nämlich auch Unsicherheit. Auf der Paarebene ist das die Verlustangst.

Menschen mit einem niedrigen Selbstwert können sich gar nicht vorstellen, einfach nur um ihrer selbst willen geliebt zu werden. Sie haben das Gefühl, etwas dafür tun zu müssen. Solche Menschen wollen vom anderen gebraucht werden, weil ihnen das die Sicherheit in der Beziehung gibt, dass der andere bleibt. Eifersucht heißt die Fessel, mit der wir versuchen, den

Verlust des Partners zu vermeiden. Das will ich genauer erklären: Die Eifersucht wird von der Angst geschürt, von einem anderen Menschen verdrängt zu werden und so unsere Liebe zu verlieren. Zuneigung, Liebe, Respekt und Aufmerksamkeit des Partners können uns die Sicherheit geben, für unseren Partner einzigartig zu sein. Es ist eine Illusion, tatsächlich der einzig mögliche Partner für den anderen zu sein. Diese Illusion kann man in der ersten Verliebtheitsphase, in der wir fast ausschließlich aufeinander bezogen sind, aufrechterhalten, aber spätestens, wenn wir schrittweise wieder in der Realität ankommen, wird uns auch bewusst, nicht die einzige Frau oder der einzige Mann in der Wahrnehmung des anderen zu sein. Wie sehr wir unsere Mitmenschen als Bedrohung für unsere Beziehung empfinden, hängt stark von unserem Selbstwert ab. Menschen mit einem großen Selbstwertdefizit sind mehr auf die Bestätigung des Partners angewiesen.

Wie wir als Paar miteinander umgehen, ist auch stark durch das Vertrauen beeinflusst, das wir zueinander haben. John Gottman ist amerikanischer Psychologieprofessor und hat in seinem »Love Lab« die Kommunikation zahlreicher Paare genauestens betrachtet. Zusammen mit Nan Silver hat er seine Beobachtungen in dem Buch *Die Vermessung der Liebe* aufgezeichnet. Gottman hat untersucht, auf welch unterschiedliche Weise wir in unseren Beziehungen den Partner betrügen und so die gemeinsame Vertrauensbasis aufs Spiel setzen. Eine Affäre ist aus seiner Sicht nur eine von vielen Möglichkeiten, den Partner zu hintergehen, und meist auch erst die Folge vieler kleinerer Vertrauensbrüche, die die Beziehung von innen schleichend vergiftet haben. Darunter versteht er z. B. Lügen oder nicht eingehaltene Versprechen, emotionale Abwesenheit oder Kälte, Bündnisse, die mit anderen gegen den Partner eingegangen werden, sowie Respektlosigkeit, Ungerechtigkeit und Selbstsucht. Der anfängliche Vertrauensbonus, der ein Sicheinlassen auf einen Partner erst möglich macht, ist schnell verbraucht, wenn sich die kleinen Vertrauensbrüche summieren.[14]

Auch wenn ich Gottmans Darstellung für sehr plausibel halte, kann darin meiner Ansicht nach eine Gefahr liegen: Seine Erkenntnisse könnten als Vorwand missbraucht werden, um sich nicht mit dem eigenen Selbstwert auseinandersetzen zu müssen, weil es leichter ist, auf das zu schauen, was der andere getan oder unterlassen hat, als Eigenverantwortung für das eigene Verhalten zu übernehmen. Menschen mit einem geringen Selbstvertrauen können einen Vertrauensbonus gar nicht erst geben. Gottmans Beobachtungen sollten aus diesem Grund nicht isoliert betrachtet werden. Unser Vertrauen in einer Beziehung hat immer etwas mit uns selbst und mit dem Verhalten des Partners zu tun. Egal, ob das Vertrauen später zerstört wurde oder von Anfang an unmöglich war: Eine partnerschaftliche Bindung ist ohne es schwierig. Wenn Misstrauen erst einmal überwiegt, sind wir wie Detektive auf der Suche nach Beweisen, die eine schwache oder fehlende Bindung belegen. Wer sucht, der findet! Wenn wir den Partner trotz allem nicht verlieren wollen, kommt es oft vor, dass wir versuchen, das verlorene Vertrauen durch Fesseln zu ersetzen, um die Bindung aufrechtzuerhalten.

Ich möchte kurz erklären, warum das so ist: Das Vertrauen in einer Partnerschaft ist ein stark bindendes Element auf der emotionalen Ebene. Es gibt auch andere Faktoren, die uns in einer Partnerschaft aneinander binden: gemeinsame Kinder,

---

14 Gottman, John; Siver, Nan: *Die Vermessung der Liebe*. Stuttgart: Klett-Cotta Verlag, 2014.

geteilte Verantwortungsbereiche, Hobbys oder Vorlieben und vieles mehr. Im emotionalen Bereich ist es aber so, dass wir uns gegenüber Gefühlen abschotten, wenn die Vertrauensbasis zerstört ist. Das Vertrauen ist sozusagen die Brücke, über die der Austausch von Gefühlen stattfinden kann. Fehlt diese innere Verbindung zum anderen, kann das Verlustängste in uns erzeugen. Dann reagieren viele entweder mit Rückzug, um sich vor noch tieferen Verletzungen zu schützen, oder sie versuchen, den Partner auf andere Weise an sich zu binden. Leider ist es dann in Wahrheit aber oft schon so, dass wir ihn emotional längst verloren haben und somit die Basis für die Verbindung gestört ist. Deshalb hilft nur, das Vertrauen wiederherzustellen, um erneut eine emotionale Verbindung aufzubauen.

Beziehungsfesseln können unterschiedlichster Art sein: Die einen versuchen, den Partner durch Schuldgefühle an sich zu binden, andere drohen mit Konsequenzen, wenn Absprachen gebrochen werden, oder wir betreiben emotionale Erpressung und setzen Liebes- oder Sexentzug ein. Natürlich lässt sich nur fesseln, wer auch dazu bereit ist. Ist die Bereitschaft des anderen gegeben, können die Verlustängste zunächst tatsächlich kleiner werden. Das Ganze birgt aber ein großes Problem: Wir nehmen der Liebe die Freiheit, sich entfalten zu können. Wir ersticken sie mit unseren Ängsten. Dazu passt ein von mir sehr geschätztes, uraltes persisches Sprichwort von Dschalal ad-Din Muhammad Rumi: »Binde zwei Vögel zusammen, sie werden nicht fliegen können, obwohl sie nun vier Flügel haben.«[15] Wer versucht, die Liebe einzufangen, vertreibt sie. Sobald einer das Gefühl hat, durch die Beziehung in seiner Freiheit eingeschränkt zu werden,

---

15 Dschalal ad-Din Muhammad Rumi (1207–1273) aus Ghazanfari, Ali: *Gipfel der Liebe*. Leipzig: Engelsdorfer Verlag, 2009.

entsteht bei ihm ein Fluchtimpuls. Das hat zur Folge, dass der Partner versucht. Absprachen zu umgehen, und nicht mehr ehrlich zum anderen ist. Das bedeutet, dass ausgerechnet das Mittel, mit dem wir versuchen, die Beziehung zu konservieren, gleichzeitig das größte Gift für sie ist. Das Gegengift heißt Vertrauen.

Wie also können wir für das Entstehen oder den Erhalt von Vertrauen sorgen, damit wir unsere Liebe nicht fesseln müssen? Eine intime und ehrliche Kommunikation, bei der jeder den Mut hat, sich offen zu zeigen in seinen Emotionen und Bedürfnissen, ist die Grundvoraussetzung für den Erhalt des gegenseitigen Vertrauens. Die Gefahr, die Verbindung zum anderen durch Enttäuschung und Verletzung zu verlieren, ist besonders groß, wenn sich die Umstände der Beziehung ändern. Die im ersten Buchteil bereits angesprochenen Beziehungsverträge, also die Vereinbarungen, die die Partner bewusst oder auch unbewusst miteinander getroffen haben, passen dann oft nicht mehr zu den neuen Gegebenheiten. Das wiederum führt dazu, dass einer der Partner oder auch beide nicht mehr das vom anderen bekommen, was ihnen ursprünglich versprochen wurde. oder nicht mehr in der Lage sind, dem anderen das zu geben, was sie früher einmal versprochen haben. Dazu folgendes Beispiel:

Gebrochene Anfangsverträge:

Als Tom und Daniela sich kennenlernten, hat er sie mit seiner Großzügigkeit überschüttet. Ständig machte er ihr Geschenke, lud sie in teure Restaurants ein und spendierte ihr Wochenenden in teuren Wellnesshotels. Daniela liebte Toms ungebrochene Aufmerksamkeit, zog sich im Gegenzug immer sehr sexy an und umgarnte ihn mit ihrer Zuneigung. Beide schwärmen sehr von der Anfangszeit ihrer Beziehung. Daniela wurde schon nach einigen Monaten schwanger. Das war nicht geplant, aber da beide schon Ende dreißig und sehr verliebt ineinander waren, haben sie es einfach auf einen Versuch ankommen lassen. Sie freuten sich dann auch sehr auf ihr Kind und malten sich ihr Leben zu dritt in den schönsten Farben aus. Inzwischen ist die gemeinsame Tochter zwei Jahre alt und die beiden sitzen enttäuscht in meiner Praxis. So haben sie sich das Ganze nicht vorgestellt.

Das Beispiel zeigt mehrere Beziehungsfallen: Toms Anfangsversprechen an Daniela war es, sie immer zu verwöhnen. Daniela versprach ihm im Gegenzug, immer sexy für ihn zu sein und ihn zu umgarnen. Natürlich haben die beiden diese Absprache nicht bewusst getroffen. sonst hätten sie sicher gemerkt, dass das in der Form nicht dauerhaft aufrechtzuerhalten ist. Nur in der ersten Zeit der Verliebtheit ist eine solche Fixierung möglich, wird später aber, wie bereits besprochen, auch schnell als Enge empfunden. Auch bei der Vorstellung von ihrem Leben zu dritt haben sich Tom und Daniela ihre romantischen Vorstellungen nicht durch einen Realitätscheck verderben lassen. Der aber kam zwangsläufig von selbst:

In der Zeit unmittelbar nach der Geburt der Tochter war es Daniela nicht mehr möglich, ihr gewohntes Verhalten gegenüber Tom aufrechtzuerhalten und ihm das gewohnte Maß an Aufmerksamkeit zu schenken. Toms Einladungen zur romantischen Zweisamkeit fanden auch keinen Platz mehr. Als ich die beiden dann frage, warum sie sich keinen Babysitter nehmen, jetzt, wo ihre Tochter alt genug dazu ist, und sich die schönen gemeinsamen Zeiten vom Anfang ihrer Beziehung zumindest zeitweise zurückholen, schauen sie sich hilflos an. Irgendwie kriegen sie die Kurve nicht, erzählen sie mir. Beide sind zu enttäuscht voneinander.

Sie werden sich jetzt möglicherweise fragen, was die beiden denn hätten machen sollen. Wenn ein Kind da ist, verändert sich schließlich vieles. Die Antwort ist: Sie müssen lernen, in Anbetracht der veränderten Umstände neu miteinander zu verhandeln. Die Anfangsverträge, die ein Paar miteinander schließt, werden meist unbewusst eingegangen, so wie vieles in der Verliebtheitsphase sich einfach ergibt. Wenn dann aber die Beziehung auf eine andere Ebene gehoben werden soll, wird es höchste Zeit für einen Realitätscheck. Jetzt ist es sinnvoll, dass beide überlegen, was von den jeweiligen Ursprungsversprechen sie noch einlösen können. Sind sie sich darüber klar geworden, sollten sie in einem gemeinsamen Gespräch neue Vereinbarungen treffen. Immer wenn sich in der Beziehung etwas verändert, sei es durch äußere Gegebenheiten, sei es durch persönliche Veränderungen, sollten wir mit dem Partner gemeinsam überlegen, wie man die Beziehung gut an die veränderte Situation anpassen kann. Achten Sie dabei genau auf die Verträge, die Sie miteinander abschließen. Verhandeln Sie fair für sich und im Hinblick auf Ihren Partner. Ein guter Vertrag gibt auch Freiräume. Denken Sie daran, dass er nur dann gilt, wenn beide Parteien ihm auch zugestimmt haben. Überlegen Sie aber genau, ob Sie sich auch in Zukunft an die Vereinbarung halten wollen, bevor Sie zustimmen. Ansonsten ist der Vertrauensbruch in Gottmans Sinn vorprogrammiert. Wenn ich als erwachsener Mensch einen Vertragsbruch begehe, muss ich auch die Verantwortung für die Konsequenzen tragen. Auf dem Spiel steht im schlimmsten Fall Ihre Beziehung. Natürlich bedeutet das nicht, dass ich durch eine einmal getroffene Zusage für immer an diese gebunden bin. Im Laufe der Beziehung, besonders wenn sich etwas Grundlegendes geändert hat, ist es sinnvoll, diese Vereinbarungen regelmäßig zu prüfen. Auch wenn einer der Partner merkt, dass es ihm schwerfällt, aus welchen Gründen auch immer, sich weiterhin an die Absprachen zu halten, sollte er das Gespräch suchen, um neu zu verhandeln. Nur wenn beide Partner sich mit dem Vereinbarten wohlfühlen, gibt es keinen Grund, sich rauszumogeln oder Vereinbarungen unangekündigt zu brechen. Absprachen können uns Sicherheit und Freiheit geben, wenn wir sie fair ausgehandelt haben, uns freiwillig darauf einlassen und wissen, dass wir jederzeit wieder das Gespräch mit dem Partner suchen können, um etwas zu ändern, wenn es nicht mehr passt. Eine gute Kommunikation ist das Ticket zur Freiheit in der Beziehung.

Die Beziehung zwischen zwei Erwachsenen sollte aus meiner Sicht eine immer wieder aufs Neue getroffene Entscheidung für den anderen sein und keine Verpflichtung. Die partnerschaftliche Liebe ist ein Kind der Freiheit. Viele Beziehungen scheitern heute daran, zu einer Zweckgemeinschaft geworden zu sein. Zumindest berichten mir das viele Paare, wenn sie sagen, dass sie nur noch eine Wohngemeinschaft seien oder sich auf emotionaler Ebene auseinandergelebt hätten. In unserer Gesellschaft besteht die Notwendigkeit einer solchen Zweckverbindung nur noch selten. Dass wir sie trotzdem noch eingehen, ist meiner Meinung nach der Hauptgrund für die steigende Zahl von Trennungen und Scheidungen. Immer noch scheint es tief in vielen von uns verankert zu sein, dass eine Paarbeziehung eine Versorgungsgemeinschaft ist. Hierzu möchte ich Ihnen erzählen, was ich erfahren habe, als ich zum zweiten Mal geheiratet habe:

Als mein Mann und ich uns nach vierjähriger Beziehung entschlossen hatten, zu heiraten, haben viele unserer Freunde uns mit großem Erstaunen gefragt, warum. Mich hat diese Frage sehr überrascht. Als ich das erste Mal geheiratet hatte, kamen solche Fragen nicht. Warum also jetzt, und was war das überhaupt für eine Frage: Warum wollt ihr heiraten? Welche Gründe gibt es zu heiraten? Die für mich offensichtliche Antwort auf die Frage war, dass ich meinen Mann liebe und den Wunsch hatte, mit ihm mein Leben zu teilen.

Einmal wurde ich sogar gefragt: Ihr müsst doch nicht heiraten, oder? Nein, wir wollten es einfach. Warum aber muss man heiraten? Weil ein Kind unterwegs ist oder man sich Kinder wünscht oder aus finanziellen Gründen vielleicht? Da wir beide finanziell unabhängig voneinander sind und auch keine gemeinsamen Kinder mehr planen, passen diese Beweggründe für uns nicht. Ich habe mich schließlich mit meinem Mann darüber unterhalten. Wir kamen beide zu dem Entschluss, dass wir tatsächlich nicht heiraten müssen, sondern es einfach nur wollen. Wir fanden dann, dass diese Feststellung genau der richtige Grund zum Heiraten war.

Oft ist es so, dass eine Beziehung nicht einfach automatisch zur Zweckgemeinschaft wird. Anfangs, in der Verliebtheitsphase, stehen die Gefühle für den anderen im Vordergrund. Basiert die Entscheidung für eine dauerhafte Verbindung dann aber in erster Linie auf dem Versorgungsaspekt, fehlt spätestens, wenn die Kinder größer sind, oft die eigentliche Basis der Paarverbindung, nämlich eine bewusste und freie Entscheidung für den anderen als Partner. Ohne diese Entscheidung fühlen wir uns gefangen in der Beziehung und sehen nicht mehr den eigentlichen Sinn. Viele streben dann danach, ihrem Bedürfnis nach Freiheit, Abenteuer und emotionaler Verbundenheit nachzugehen. Können sie das nicht innerhalb der Beziehung, kommt es zu Seitensprüngen oder Trennungen. In der Kirche oder vor dem Standesbeamten geben sich auch heute viele noch das Jawort und meinen, ein für alle Mal eine Bindung besiegelt zu haben. Wie kann das gehen, wenn sich die Bedingungen ständig ändern? Eine freie Entscheidung für den anderen und für die Liebe sollte also immer wieder aufs Neue getroffen werden. Ich rate Ihnen, von Zeit zu Zeit Ihre Anfangsverträge und Absprachen auf ihre Gültigkeit zu überprüfen. Manchmal müssen neue Vereinbarungen getroffen werden, die der aktuellen Situation angemessen sind. Dabei sollte jeder darauf achten, dass die Verträge, die man miteinander eingeht, angemessen für eine Beziehung auf Augenhöhe sind. Verheimliche ich dem anderen etwas, laufe ich Gefahr, die Beziehung in eine Schieflage zu bringen. Das Gefälle, das so entstehen kann, ähnelt dann mehr einer Vater-Tochter- oder Mutter-Sohn-Beziehung. War es nicht so, dass wir als Teenager unsere Bedürfnisse heimlich ausgelebt haben, wenn sie den Anforderungen der Eltern nicht entsprochen haben? Haben wir uns dann nicht schließlich irgendwann aus der elterlichen Bindung gelöst, um frei und selbstbestimmt leben zu können? Was allerdings bei Teenagern zur normalen Entwicklung gehört, ist in Partnerschaften keine erstrebenswerte Lösung. Es würde vielmehr das Ende der Paarbeziehung bedeuten. Der Vergleich mit der Eltern-Kind-Beziehung zeigt, dass uns Verträge in unserer Freiheit einschränken können, allerdings nur, wenn wir sie nicht miteinander ausgehandelt haben, so wie es in der Kindheit der Fall war, als wir uns nach den Vorgaben der Eltern richten mussten. Haben wir die Übereinkommen aber gemeinsam getroffen, geben sie uns Verlässlichkeit und schaffen eine Vertrauensbasis. Durch die Vereinbarungen gehen die Partner eine freiwillige Bindung miteinander ein. So können gegenseitige Abhängigkeiten durch gute Absprachen zwischen den Partnern vermieden werden. Wer sich frei für die Beziehung entscheidet, bleibt unabhängig. Im Interesse der eigenen Freiheit und der Ausgeglichenheit der Beziehungsdynamik lade ich deshalb jeden dazu ein, sich für die eigene Unabhängigkeit innerhalb der Beziehung einzusetzen. Nur so haben Sie und Ihr Partner die Möglichkeit, sich miteinander wohlzufühlen.

ALTLASTEN GEHÖREN DAZU – AUCH EX-PARTNER

*»Altlasten gehören also dazu oder, wie eine Freundin einmal
zu mir sagte: ›In unserer Altersklasse gibt es nur noch
Gebrauchtwagen.‹«*

Das Thema Ex-Partner ist oft heikel. Schon kürzere Beziehungen, die der neue Partner in der Vergangenheit hatte, beschäftigen die meisten von uns zumindest zeitweise. Eifersucht, auch auf das Vergangene, ist zu einem gewissen Grad fast immer ein Thema. Natürlich wiegt eine lange Beziehung schwer, in der unser neuer Partner seine frühere Frau offensichtlich so sehr liebte, dass er sich wünschte, sie zu heiraten und mit ihr Kinder in die Welt zu setzen. Da stellt sich dann schon für einige von uns die Frage, ob die Liebe zu uns ebenso groß ist. Schwierig wird es besonders dann, wenn der neue Partner deutlich macht, nicht noch einmal heiraten zu wollen, und auch keine weiteren Kinder haben möchte. Was aber, wenn wir uns genau das wünschen? Wir fragen uns vielleicht, warum unserer Vorgängerin ein Wunsch erfüllt wurde, der uns verwehrt wird. Auch wenn der Grund gar nichts mit uns zu tun hat und unser Partner sich inzwischen einfach nur zu alt für Kinder fühlt, ist es oft schwer. zu akzeptieren, dass ein vorheriger Partner etwas hat, das wir uns wünschen und nicht bekommen werden.

Wichtiger an dieser Stelle wäre allerdings die Frage, ob wir uns auf eine Beziehung einlassen können, in der für uns essenzielle Bedürfnisse nicht erfüllt werden. Die Frage, was im Angebot ist und was nicht, sollte immer die entscheidende sein. Wenn ich mich für eine Beziehung entscheide, in der etwas für mich Wichtiges fehlt oder ein wesentliches Bedürfnis nicht befriedigt wird, kann ich das nur dann hundertprozentig tun, wenn ich ganz bewusst auf diesen zentralen Teil verzichte. Ein bewusster Verzicht bedeutet dann aber auch, nicht mehr damit zu hadern und den Ist-Zustand zu akzeptieren. Sollte das nicht möglich sein, ist es tatsächlich besser, sich gegen die Beziehung zu entscheiden, weil es sonst auf ewig zwischen Ihnen beiden stehen könnte.

Die Nahrung für Eifersucht ist der Vergleich!

Indem wir uns mit anderen vergleichen, erkennen wir unsere Stärken, aber auch unsere Defizite. Indem wir Beziehungen vergleichen, sehen wir, was ein anderer hat und wir nicht. Liebe lässt sich aber nicht vergleichen. Wenn wir einmal unsere Gefühle für andere Menschen betrachten, merken wir bald, dass wir für unterschiedliche Menschen aus unterschiedlichen Gründen etwas anderes empfinden. Dabei geht es weniger um das »Wie viel wir lieben«, sondern eher um das »Wofür und warum wir lieben«. Aus meiner Sicht gibt es nicht die eine Liebe. Wenn Sie mehrere Kinder haben, wissen Sie, dass Sie die Kinder unterschiedlich lieben und unterschiedliche Qualitäten an ihnen schätzen. Das bedeutet aber nicht, dass Sie eins mehr oder weniger als das andere lieben. Gleiches gilt für Freundschaften. Wir sind durchaus in der Lage, unterschiedliche Menschen für unterschiedliche Wesenszüge zu lieben, auch parallel. Warum soll das also auf der Paarebene anders sein? Und trotzdem werden die meisten von uns von dem kindlichen Wunsch beherrscht, die einzige Liebe unseres Partners zu sein, und zwar nicht nur in Bezug auf die Gegenwart, sondern auch bezogen auf die Vergangenheit und die Zukunft. Der Wunsch in uns, das Ein und Alles für jemanden zu sein, dem niemand im Vergleich standhält, wird durch die Existenz einer vorherigen Beziehung unerfüllbar. Verabschieden Sie sich also von dem kindlichen Begehren nach grenzenloser Exklusivität und führen Sie sich vor Augen, dass Ihre Beziehung einzigartig ist. Es ist unmöglich, etwas Einzigartiges zu vergleichen.

Wenn wir in einer Beziehung leben, in der unser Partner Kinder mit einer anderen Frau oder einem anderen Mann hat, wird der andere Elternteil automatisch auch Teil des gesamten Konstrukts. Durch die gemeinsame Elternfunktion bleiben die beiden miteinander verbunden. Das bedeutet, dass die Belange der Kinder auch weiterhin miteinander besprochen werden müssen und Telefonate oder Treffen zu aktuellen Themen stattfinden. Man sieht sich auf Familienfesten, die das Kind betreffen, oder die Kinder erzählen von dem anderen Elternteil. Die ehemalige Beziehung Ihres Partners können Sie nicht negieren. Sie ist Teil seiner Geschichte und spielt auch weiterhin in bestimmten Bereichen noch eine Rolle. Natürlich müssen Sie den ehemaligen Partner Ihrer Frau oder Ihres Mannes nicht mögen, auch wenn das in einigen Beziehungen durchaus möglich ist, Sie sollten den anderen und dessen Existenz jedoch akzeptieren. Wenn Sie der Ehemaligen Ihrer neuen Beziehung einen Platz geben, den Sie definieren, dann müssen Sie sich weniger Gedanken um sie machen. Das verhält sich wie mit einem Dekorationsgegenstand in Ihrer Wohnung. Hat er erst einmal einen guten Platz gefunden, fällt er weniger ins Auge und wird mit der Zeit zu einem unauffälligen Teil des Gesamtbildes.

Elvira und Karsten:

Elvira und Karsten kennen sich seit elf Jahren. Beide haben Söhne aus der jeweils vorangegangenen Ehe. Elviras Sohn lebt bei ihr, Karstens Sohn bei seiner Ex-Frau. Aus diesem Grund ist er besonders darum bemüht, ein gutes Verhältnis zu ihm aufrechtzuhalten. An den Wochenenden hat die gemeinsame Zeit eine hohe Priorität für ihn. Da es Elvira nie gelungen ist, eine tragfähige Beziehung zum Sohn ihres Partners aufzubauen, verbringt Karsten die Woche zwar bei ihr in ihrer Stadtwohnung, behält aber parallel dazu seine Wohnung auf dem Land. Hier verbringt er die meisten Wochenenden mit seinem Kind. Elvira fühlt sich ihm gegenüber zurückgesetzt und akzeptiert auch das immer noch gute Verhältnis ihres Partners zu seiner Ex-Frau nicht. Sie findet es übertrieben, dass Karsten gemeinsam mit der Ex zu Elternabenden geht und die beiden anschließend noch ein Bier zusammen trinken. Sie hat ein sehr distanziertes Verhältnis zu ihrem Ex-Mann und kümmert sich alleine um die Erziehung des Sohnes. Auch als Karsten erklärt, dass es bei den Zusammenkünften nur um Belange gehe, die den Sohn betreffen, kann Elvira das nicht so ganz glauben. Sein Vorwurf an sie ist wiederum, mit zweierlei Maß zu messen. Während ihr Sohn für sie die ganze Woche über und an jedem zweiten Wochenende eine hohe Priorität besitzt, akzeptiert sie nicht, dass sein Sohn bei ihm einen ähnlichen Stellenwert hat. Karsten würde auch seine alte Wohnung aufgeben und ganz mit Elvira zusammenziehen, wenn er das Gefühl hätte, dass sein Sohn einen Platz in der gemeinsamen Wohnung und dem gemeinsamen Leben hätte.

Wer mit den Kindern des Partners konkurriert, hat automatisch verloren!

Kinder bleiben immer ein Teil von uns, auch wenn die Beziehung mit dem anderen Elternteil beendet ist. Und das ist gut so! Wer also die Kinder des anderen nicht akzeptieren kann, sollte sich besser nicht auf die Beziehung einlassen. Wer sich nur teilweise für den anderen entscheidet und einen wichtigen Bereich des Partners nicht anerkennt, läuft Gefahr, immer damit zu hadern. Das gilt besonders, wenn dieser wichtige Teil die Kinder des anderen sind. Können Sie das Verhältnis Ihres Partners zu seinen Kindern nicht respektieren, ist es für beide unmöglich, endgültig in der Beziehung anzukommen. Es bleibt immer ein Haken. Achtung: Ein »Ja, aber ...« gibt es nicht!

Unsicherheiten, hervorgerufen durch die Vergangenheit des Partners, haben oft persönliche Ursachen. Das merken wir daran, dass es meistens die Merkmale sind, die wir an uns selbst kritisieren oder die uns zu fehlen scheinen, auf die wir besonders eifersüchtig reagieren. Erfahren wir, dass unsere Vorgängerin eine sehr sportliche Frau ist, aber wir selbst Sport wenig abgewinnen können, fühlen wir uns schnell minderwertig. Oft passiert es dann sogar, dass sich dieses Gefühl auf andere Bereiche ausdehnt, die mit Sport gar nichts zu tun haben. Wir laufen Gefahr, die scheinbare Überlegenheit der Ex-Partner zu verallgemeinern. Aber nicht diese sind das Problem, sondern unser persönlicher Selbstwert. Somit bleibt es unbefriedigend, dem Partner unzählige Fragen zu seiner vergangenen Beziehung zu stellen. Die Antworten, die Sie bekommen, werden nie ausreichen. Das liegt ganz einfach daran, dass wir uns eigentlich nicht das vorstellen können, was sich zwischen zwei anderen Personen abgespielt hat. Wir können uns immer nur unsere eigene

Beziehung vorstellen. Das heißt, dass wir im Grunde genommen nur über das genau Bescheid wissen können, was unser Verhalten und unsere Gefühle dem Partner gegenüber betrifft. Was unser Partner für uns empfindet oder für jemanden, der vor uns für ihn wichtig war, werden wir nie im vollen Umfang ergründen können. Genau da liegt die Quelle unserer Unsicherheiten: dass wir auf etwas vertrauen müssen, das wir nicht mit Sicherheit wissen. Etwas, das wir nur erahnen können und das viel Spielraum für Interpretationen lässt. Wie wir etwas auslegen, hat allerdings immer mehr mit unseren persönlichen Erfahrungen zu tun als mit tatsächlichen Gegebenheiten. Es handelt sich immer um eine subjektive Wahrnehmung.

Das Vertrauen ist bei vielen von uns gestört, weil wir oftmals die nötigen Erfahrungen nicht machen konnten, um ein Urvertrauen, das uns im Leben Halt gibt, aufbauen zu können. Diesen Zusammenhang möchte ich kurz erklären: Das Urvertrauen ist quasi die Mutter des Vertrauens. Wir entwickeln es vom ersten Atemzug an. Ähnlich wie bei unserer körperlichen Entwicklung hängt diese davon ab, wie gut wir in emotionaler Hinsicht genährt werden. Werden wir als Baby bzw. Kind unterversorgt, was die Zuwendung unserer Eltern betrifft, haben wir sogar die Erfahrung gemacht, im Stich gelassen zu werden, laufen wir Gefahr, dass unser Urvertrauen unterentwickelt bleibt. Es fehlt uns dann die Möglichkeit, dem Leben mit der positiven Einstellung, dass alles gut wird, zu begegnen. Stattdessen entsteht eine Grundskepsis und wir werden misstrauisch. Je intensiver unsere Beziehungen sind, desto näher sind wir in unseren Empfindungen an unseren Ursprungsbeziehungen. Das bedeutet: Je unsicherer wir als Kinder verbunden waren, desto unsicherer fühlen wir uns in unseren partnerschaftlichen Bindungen. In

Beziehungen versuchen solche Menschen, Warnsignale für eine Trennung zu finden. Wer sich einmal auf die Suche nach solchen Indizien begibt, wird diese auch finden. Das führt direkt in eine Abwärtsspirale der Eifersucht.

Liebe lässt sich nicht beweisen!

Da Gefühle nicht messbar sind, bleibt bei Menschen mit unsicheren Bindungserfahrungen eine Mischung aus Zweifeln und der unnachgiebigen Suche nach Liebesbeweisen. An diesem Verhalten sind schon viele Beziehungen gescheitert. Entweder, der verunsicherte Partner hält es nicht länger aus, kapselt seine Gefühle ab und trennt sich schließlich oder aber der andere Partner fühlt sich mit der Zeit so bedrängt, dass er Reißaus nimmt. Um das zu vermeiden, sollte man sich auf keinen Fall mit der hoffnungslosen Suche nach Liebesbeweisen beschäftigen, sondern viel mehr damit, wo die eigentlichen Ursachen für die Zweifel liegen. Es lohnt sich, diese Gründe zu erforschen, um das Vertrauen wiederzufinden.

Wenn wir uns also die Frage stellen, warum wir eifersüchtig auf die Vergangenheit unserer Partner sind, sollten wir die Antwort nicht in den Beziehungen unserer Partner suchen, sondern unsere eigenen Erfahrungen analysieren. Diese Herangehensweise bedeutet, mehr Eigenverantwortung übernehmen zu müssen. Wir sollten uns für unsere Gefühle, auch für die Eifersucht, verantwortlich fühlen und sie ergründen, anstatt den Partner als Auslöser für sie zu sehen.

Wir alle haben unterschiedliche Vorstellungen von partnerschaftlichen Beziehungen. Während die einen mit ehemaligen Partnern freundschaftlich verbunden geblieben sind, bevorzugen andere einen gänzlichen Kontaktabbruch. Das kann natürlich variieren und ist oft auch abhängig von der Historie und den Gründen, was zum Ende geführt hat. Bei einer einvernehmlichen Trennung ist es sicherlich leichter, in freundschaftlichem Kontakt zu bleiben, als wenn es davor zu tiefen Verletzungen gekommen ist. Machen wir allerdings den Fehler, das Verhalten unseres Partners zu seinem ehemaligen Partner mit unseren subjektiven Maßstäben zu bewerten, sind wir schnell in der Interpretationsfalle. Das zeigt besonders gut Elviras Beispiel: Es fällt ihr, die ein sehr schlechtes Verhältnis zu ihrem Ex-Mann hat, schwer, sich vorzustellen, wie Karstens Verhältnis zu seiner Ex so locker und neutral sein kann. Für sie ist es unvorstellbar, dass man mit seinem alten Partner ein gutes freundschaftliches Verhältnis pflegt, ohne den Wunsch nach einer Liebesbeziehung zu haben. Beziehungen zwischen Mann und Frau funktionieren, gemäß ihrer Überzeugung, auf der Basis »ganz oder gar nicht«, was sicherlich etwas mit ihren persönlichen Erfahrungen zu tun hat. Sie geht davon aus, dass ihr Beziehungsverhalten allgemeingültig ist. Die Angst, ihren Partner wieder zu verlieren, versperrt ihr die klare Sichtweise und nimmt ihr die Möglichkeit, zu verstehen, was zwischen ihrem Partner und seiner Ex-Frau tatsächlich passiert. Die Angst vor dem Unbekannten ist schlichtweg größer als die vor dem Bekannten und Kalkulierbaren.

Ich rate jedem, die ehemalige Beziehung des Partners noch einmal mit einer neuen Offenheit ohne Vorbehalte zu betrachten. Auf diese Weise verliert sie zumindest ein wenig von dem Schrecken vor dem Unbekannten und Sie können zu einem besseren Verständnis kommen. Elvira sollte aufhören, das Verhalten von Karsten für ihre schlechten Gefühle verantwortlich zu machen, und sich stattdessen damit auseinandersetzen, wie ihre Unsicherheiten entstanden sind. Karsten hatte sich damals wegen Elvira von seiner Ex-Frau getrennt, ein Detail, das ich noch nicht erwähnt hatte, weil sie es mir erst zu einem späteren Zeitpunkt auch nur ganz beiläufig mitteilte. Daran erkennt man, wie sehr sie nach Beweisen sucht, die gegen die tiefen Gefühle ihres Partners sprechen. Das, was für seine Liebe spricht, übersieht sie. Karsten ist seit elf Jahren mit ihr zusammen und wünscht sich mehr Gemeinsamkeiten. Elvira ist diejenige, die ihn durch ihre Unsicherheit auf Distanz hält. Wenn Elvira ihren Anteil an dem Beziehungsproblem erkennen kann, wird sie auch in der Lage sein, etwas zu ändern.

Anders ist es, wenn es nicht das Verhältnis zwischen den beiden im Allgemeinen ist, sondern es konkrete Verhaltensweisen im Umgang mit dem ehemaligen Partner sind, die Sie stören. Sollten Sie nicht akzeptieren, dass sich die beiden regelmäßig in einem netten Restaurant treffen, um über den gemeinsamen Sohn zu sprechen, sich die Treffen aber jedes Mal bis in den späten Abend ausdehnen, sollten Sie das Gespräch suchen. Immer, wenn uns etwas stört, sollten wir das aussprechen. Greifen Sie den anderen nicht mit vorwurfsvollen Du-Botschaften an, weil das zu einer Abwehrreaktion des anderen führen kann. Wer sich angegriffen fühlt, schießt oft zurück und kontert dagegen. Damit wäre ein sinnloser Streit vorprogrammiert. Besser ist es, mit Ich-Botschaften auf den anderen zuzugehen: »Mir ist aufgefallen, dass eure Treffen häufiger werden und du spät nach Hause kommst. Ich mache mir Sorgen, dass es nicht mehr ausschließlich um euren Sohn geht.« Sie geben Ihrem Partner so die Möglichkeit, auf Ihre Gefühle einzugehen. So könnte er antworten, dass es ihm leid täte, sie zu verunsichern, dass sich sein Sohn aber in einer Krise befände, die diese Gespräche momentan notwendig machten. Auf diese Weise kann es zu einer konstruktiven Auseinandersetzung zwischen Ihnen kommen. Im Idealfall finden Sie gemeinsam eine Vereinbarung, mit der Sie besser leben können. Dazu sollten Sie beide bereit sein, der Argumentation Ihres Partners zu folgen und den jeweils anderen Standpunkt zu akzeptieren.

Altlasten gehören also dazu oder, wie eine Freundin einmal zu mir sagte: »In unserer Altersklasse gibt es nur noch Gebrauchtwagen.« Es sind auch nicht in erster Linie die Altlasten als solche, die uns Probleme bereiten, sondern unser Umgang damit. Es geht also nicht nur um die Altlasten, die unser Partner mitbringt, sondern auch um die Erfahrungen, die wir selbst mit uns herumtragen. Je besser wir es schaffen, mit der Vergangenheit abzuschließen, umso weniger beeinflusst das, was hinter uns liegt, unseren Weg nach vorne. Natürlich sind wir nicht in der Lage, Erlebtes zu vergessen. Das hat den Vorteil, aus Fehlern lernen zu können. Wichtig ist aber, dass das Alte uns nicht den Weg versperrt. Im Kapitel «Den Mut finden, sich einzulassen« schreibe ich darüber, wie schwer es nach schlechten Beziehungserfahrungen ist, sich vorbehaltlos auf etwas Neues einzulassen. das Herz zu öffnen, trotz vorangegangener Enttäuschungen. Jeder erinnert sich schließlich an seine Verletzungen und will vermeiden, sich ein zweites Mal die Finger zu verbrennen. Nicht alle Frauen und Männer sind gleich, aber trotzdem reagieren viele von uns auf schlechte Erfahrungen damit, dem anderen Geschlecht zukünftig aus dem Weg zu gehen. Das bedeutet für viele, sich entweder gar nicht mehr auf eine Beziehung einzulassen oder wenn, dann nur oberflächlich. Da das Bedürfnis nach Bindung in uns Menschen angelegt ist, spüren die meisten aber eine innere Leere oder eine Sehnsucht nach Bindung. Damit Sie sich in Zukunft diese Sehnsucht erfüllen können, ist es wichtig, die Vergangenheit aufzuräumen. Und zwar die eigene. Nur so sind Sie dann auch in der Lage, mit dem, was Ihr Partner mitbringt, entspannter umzugehen. Das, was wir als Bedrohung empfinden, hat nämlich tatsächlich mehr mit unseren vergangenen Erfahrungen zu tun als mit dem, was der Partner tatsächlich mitbringt.

Ich schlage eine »Kernsanierung des Selbst« vor. Hierbei geht es darum, ein besseres Selbstbewusstsein herzustellen. Dieses neue Gerüst soll Sicherheit für das Verhalten in einer unsicheren Situation geben. Das ist eine wichtige Voraussetzung, um auch mit dem, was der Partner an Ballast mit in die Beziehung bringt, besser umgehen zu können. So muss nicht mehr auf alte Verhaltensmuster zurückgegriffen werden, die vielleicht sinnvoll in der Vergangenheit waren, aber jetzt nicht mehr passen oder sogar hinderlich sind.

Kernsanierung des Selbst:

Erkennen Sie Ihre eigenen Altlasten. Aufgepasst: Einige sind in alten Glaubenssätzen oder unbewussten Verhaltensweisen gut versteckt. Sie müssen also sehr genau hinschauen. Dafür lohnt es sich, sich noch einmal intensiv mit der vergangenen Beziehung auseinanderzusetzen. Was ist da genau passiert? Was war mein Anteil an dem Problem zwischen uns? Was war der Anteil meines damaligen Partners? … Das Tolle ist, dass die Altlasten, die Ihr Ex-Partner beigesteuert hat, nun nicht mehr relevant sind, es sei denn, Sie haben sie verinnerlicht. Dann ist jetzt ein guter Zeitpunkt, diese einer Kontrolle zu unterziehen. Ist es fair, davon auszugehen, auch vom neuen Partner betrogen zu werden, nur weil man in der Vergangenheit betrogen wurde? Überprüfen Sie Ihre Glaubenssätze auf ihre tatsächliche Gültigkeit. Wahrscheinlich werden Sie feststellen, dass es gar keine Allgemeingültigkeit gibt, sondern nur Besonderheiten. Also weg damit!

MEINE KINDER, DEINE KINDER

»Es muss nicht immer alles in einen Topf passen. Harmonie muss nicht immer alle Familienmitglieder auf einmal einbeziehen. Gemeinsame (Patchwork-)Familienzeit ist ebenso wichtig wie die unterschiedlichen Bindungen zwischen den einzelnen Personen.«

Die Kapitelüberschrift sagt es eigentlich schon: Wenn einer oder beide Partner Kinder mit in die Beziehung bringen, dann bleiben das auch die Kinder des jeweiligen Partners. Sie werden nicht zu gemeinsamen Kindern, denn sie haben ja bereits einen Vater und eine Mutter. Das bedeutet, dass wir die Verantwortung, auch finanziell gesehen, für unsere Kinder mit unserem Ex-Partner und nicht mit dem neuen Partner teilen. Alles andere führt aus meiner Sicht zu großen Problemen für die Partnerschaft sowie für die Kinder. Gemeinsam verantwortlich sind wir für das familiäre Miteinander, besonders wenn die Kinder mit dem neuen Partner ihres Elternteils unter einem Dach leben. Grundsätzlich ist es so, dass Kinder Klarheit brauchen, um sich sicher zu fühlen, und für die Partnerschaft gilt eigentlich dasselbe: Je klarer die Verantwortungsbereiche definiert sind, desto weniger Missverständnisse gibt es.

Im Umkehrschluss bedeutet das leider oft, dass sich die alleinerziehenden Elternteile die Erziehung betreffend tatsächlich alleingelassen fühlen, selbst dann, wenn sie wieder in einer neuen Beziehung leben. Natürlich sollte man als Paar in der Lage sein, über Probleme zu reden und dem anderen seine Sorgen mitzuteilen, auch was die Kinder betrifft, selbst wenn es nicht die gemeinsamen sind. Sicherlich ist es auch schön, vom anderen Verständnis oder sogar konstruktive Ratschläge zu bekommen, aber die Entscheidung über die Kinder und deren Erziehung liegt immer bei den eigentlichen Eltern der Kinder. Alles andere führt nur zu Komplikationen.

Anders verhält es sich, wenn der andere Elternteil verstorben ist oder den Kontakt zum Kind gänzlich abgebrochen hat. Dann kann der neue Lebenspartner diese Lücke ausfüllen, wenn er dazu bereit ist. Ob er sich an der Erziehung beteiligen möchte, sollte er frei entscheiden dürfen. Bei älteren Kindern sollten auch sie mitentscheiden können, inwieweit sich der neue Gefährte einbringen darf. Auch hier sind klare Absprachen wichtig, um Missverständnisse zu vermeiden. Wenn es nicht um die Erziehung im Allgemeinen geht, sondern um Probleme, die direkt etwas mit dem Zusammenleben in der neuen Wohngemeinschaft zu tun haben, müssen die neuen Partner allerdings in jedem Fall ein Mitspracherecht haben. Denn es geht schließlich auch um deren Bedürfnisse, die einen Raum bekommen müssen. Diesen Sachverhalt würde ich gerne mit einem Fallbeispiel verdeutlichen:

Marion, ihre Tochter und Tobias:

Marion ist fünfunddreißig Jahre alt und hat eine siebenjährige Tochter. Vor fünf Jahren hat sie Tobias kennengelernt. Es war für beide die große Liebe und so haben sie sich bereits nach einem Jahr entschieden, zusammenzuziehen. Jetzt, vier Jahre später, kommen sie zu mir. Die Beziehung droht, wie sie sagen, am Alltag zu scheitern. Das Problem ist aus ihrer Sicht Pia, ihre Tochter. In den Erzählungen der beiden kristallisiert sich heraus, dass Marion von Tobias enttäuscht ist. Sie hatte immer von einer »heilen« Familie geträumt. Leider ging die Beziehung zu Pias Vater kurz nach der

Geburt zu Ende. Die Schwangerschaft war nicht geplant gewesen. Sie freute sich dennoch sehr, aber Pias Vater fühlte sich für eine Familie noch nicht reif genug. Marion konnte sich zunächst nicht vorstellen, ein Kind alleine großzuziehen. Die Vorstellung machte ihr Angst. Trotzdem entschied sie sich dafür. Als sie dann Tobias kennenlernte, schien ihr Glück perfekt. Endlich hatte sie den Vater gefunden, der ihr Bild von einer »heilen« Familie vervollständigte.

Als Tobias Marion kennenlernte, war es für ihn Liebe auf den ersten Blick. Diese Frau wollte er haben! Als er erfuhr, dass sie eine zweijährige Tochter hatte, schreckte ihn das nicht ab. Er fand Pia auch niedlich, als er sie schließlich kennenlernte. Irgendwie gehörte sie für ihn zum Gesamtpaket Marion dazu. Allerdings machte er sich keine Gedanken darüber, wie er seine Beziehung zu ihr gestalten wollte. Auch dann nicht, als sie sich ein Jahr später entschieden, zusammenzuziehen und es bald zu einem weiteren Problem kam: Er ärgerte sich zunehmend über gewisse Angewohnheiten von Pia, z. B. dass sie am Esstisch in der Nase bohrte, wenn sie sich gerade unbeobachtet fühlte. Tobias traute sich nie, etwas zu sagen. Schließlich ist Pia nicht sein Kind. Auch seinen Ärger über andere Dinge fraß er lieber in sich hinein, als sie offen anzusprechen. Es wird deutlich, dass nicht Marions Tochter das Problem ist, wie die beiden anfangs vermuteten, sondern die fehlenden Gespräche über Pia und eine ungeklärte einvernehmliche Regelung im Umgang mit ihr.

An Marions und Tobias Beispiel zeigt sich ein grundsätzliches Problem: Zwei Menschen entscheiden sich für eine gemeinsame Beziehung, jeder hat eigene Vorstellungen über und Erwartungen an das Miteinander. Diese Erwartungen werden aber nicht kommuniziert und die Enttäuschung ist vorprogrammiert. Oft wird deren Ursache erst nach Jahren sichtbar oder manchmal kommt sie auch nie ans Tageslicht. Dann haben sich beide in ihrer Verletzung bereits so weit vom anderen zurückgezogen, dass es entweder zu Resignation oder zur Trennung kommt. Da hilft nur eins: Egal ob es Kinder oder ganz andere Themen betrifft, sprechen Sie es an, wenn Sie etwas stört. Sie allein sind für Ihr persönliches Wohl verantwortlich und gemeinsam mit Ihrem Partner für das Beziehungsklima. Entziehen Sie sich also aus Angst vor Auseinandersetzungen dieser Verantwortung nicht. Der Konflikt ist da, richtet aber mehr Schaden an, wenn er unter der Oberfläche brodelt, als wenn er offengelegt wird und auf diese Weise eine Lösung gefunden werden kann.

Auch als Mutter bzw. Vater ist es wichtig, an den anderen keine unausgesprochenen Erwartungen zu stellen, schon gar nicht, was die eigenen Kinder betrifft. Es sind nicht seine Kinder und er hat auch nicht entschieden, sie in die Welt zu setzen. Allerdings hat er gewählt, mit jemandem zusammen zu sein, der Kinder hat. Das erfordert erhebliche Toleranz den Kindern und auch dem Erziehungsstil des anderen gegenüber. Der mag nämlich ganz anders als die eigenen Vorstellungen sein. Ich kann aus eigener Erfahrung sagen, dass ich mir in manchen Momenten ganz schön auf die Zunge beißen musste, und ich weiß, dass es meinem Mann auch oft so ging.

Für die Kinder wird es schwierig, wenn der neue Partner anfängt mitzuerziehen. Die Kinder, die sich an den Erziehungsstil ihrer Eltern gewöhnt haben, werden plötzlich mit ganz anderen Werten und Normen konfrontiert. Das kann aus meiner Sicht oft zu Rebellion und Ablehnung führen. Trotzdem brauchen natürlich auch sie eine gewisse Toleranz gegenüber den Angewohnheiten des neuen Partners, besonders wenn alle unter einem Dach wohnen. Hier hilft aus meiner Sicht folgende

Absprache: Wir sind eine Wohngemeinschaft, in der es gewisse Regeln gibt. und wenn einem etwas nicht passt, soll man dies bitte immer ansprechen. Das bedeutet, dass wenn mein Mann gerade telefoniert und ihn die laute Musik stört, er dies äußern muss. Das hat nichts mit Erziehung zu tun. Geht es aber um Themen wie Musikhören während des Hausaufgabenmachens, wäre es besser, dies mit dem Erziehungsberechtigten zu besprechen und ihm zu überlassen, ob und wie interveniert werden soll. Die oben genannten Fälle müssen sehr klar voneinander getrennt werden. Natürlich gibt es Beispiele im Grenzbereich. Der Umgang mit anderen Kindern ist immer eine Gratwanderung. Da passiert es schnell einmal, dass Grenzen überschritten werden. Alles ganz normal! Es geht nicht darum, Perfektionismus im Miteinander anzustreben, sondern eine tolerante Grundeinstellung einzunehmen. Patchwork ist kompliziert und Missgeschicke sind somit verständlich. Verständnis und eine offene Kommunikation sind deshalb Grundvoraussetzungen für das Gelingen dieses komplizierten Familienmodells. So wie jede Patchworkdecke ein Unikat ist, ist es auch jede Patchworkfamilie. Deshalb ist es wichtig, dass jede Familie ihr optimales Miteinander findet. Durch konstruktive Gespräche wird es gelingen, auf die Bedürfnisse aller Kinder und aller Erwachsenen einzugehen.

Besonders, wenn das Paar gemeinsam mit seinen oder ihren Kindern unter einem Dach wohnt, haben die Väter bzw. die Mütter oft die Rolle der Vermittler. Sie müssen versuchen, für Ausgleich zu sorgen und darauf achten, dass keiner zu kurz kommt. Eine schwierige und oftmals anstrengende Aufgabe, bei der dem jeweiligen Vater oder der Mutter Gefahr droht, auf der

Strecke zu bleiben. Achten Sie auf sich, sagen Sie, wenn es einmal zu viel wird, und suchen Sie nach Lösungen! Die eigenen Bedürfnisse zu erfüllen, ist wichtig für das Gelingen der Beziehung. Wer über längere Zeit zu kurz kommt und sich in der Gemeinschaft nicht mehr wohlfühlt, droht davonzulaufen.[16] Wie aber sieht es mit den Bedürfnissen der Kinder aus? Die Kinder sind von uns und unseren Entscheidungen abhängig. Sie haben zwar eigene Bedürfnisse, können diese aber ohne unsere Hilfe nicht befriedigen. Aus dem Grund ist eine offene Kommunikation wichtig. Kinder sollten stets das Gefühl haben, ihre Wünsche mitteilen und verhandeln zu können, auch wenn das letzte Wort natürlich die Eltern haben. In der Patchworksituation heißt das auch, dass sie ihre Gefühle und Gedanken gegenüber dem neuen Partner frei äußern dürfen und gehört werden. Für Kinder ist es unglaublich schwer, sich in dem neuen System zurechtzufinden. Es war ja auch die Entscheidung der Erwachsenen, nicht ihre eigene, von der sie mit betroffen sind. Wir sollten also für ihre Bereitschaft dankbar sein, unsere Entscheidungen zu akzeptieren, und das gerne auch so an sie weitergeben.

Ich möchte an diesem Punkt noch einmal darauf hinweisen, dass das Thema der Patchworkfamilie sehr komplex ist. Es gibt zahlreiche Bücher, die sich damit beschäftigen. Da der Fokus dieses Buches aber auf die Paarebene gerichtet ist, würde es den Rahmen sprengen, hier dem Thema Kinder den verdienten Raum zu geben. Gerne würde ich Ihnen aber meinen eigenen Umgang mit den Bedürfnissen meiner drei Kinder schildern:

16 Siehe dazu das Kapitel »Meine Bedürfnisse sind meine Verantwortung«.

Ein Date mit dem Kind:

In meinem Fall habe ich mir für meine drei Kinder etwas Besonderes ausgedacht, um bei all dem Beziehungsgewirr mit ihnen verbunden zu bleiben: Ich versuche,»one on one«-Zeiten zu finden, in denen ich mich voll auf das eine Kind und dessen Bedürfnisse konzentriere. Das kann ein gemeinsames Spiel oder ein Puzzle sein, eine Autofahrt, ein Ausflug, ein Einkaufsbummel oder auch eine Städtereise. Aber immer nur mit einem Kind und ohne meinen Partner. In dieser Zeit hat es dann meine volle Aufmerksamkeit wie bei einem Date. Aus meiner Sicht sind das sehr kostbare Momente der Zweisamkeit, die ihm den Raum und die Zeit geben, sich öffnen zu können. Viele wertvolle Gespräche finden statt. Es fühlt sich wertgeschätzt und nicht als Anhängsel, wie es gerade leider bei Patchworkfamilien in der Wahrnehmung der Kinder oft der Fall ist. Ich selber genieße diese Inseln der Zweisamkeit immer sehr. Für die Beziehung zu den Kindern empfand ich diese Zeiten als ebenso wertvoll wie die Zweisamkeit auf der Paarebene. Mein persönliches Fazit ist: Es muss nicht immer alles in einen Topf passen. Harmonie muss nicht immer alle Familienmitglieder auf einmal einbeziehen. Gemeinsame (Patchwork-)Familienzeit ist ebenso wichtig wie die unterschiedlichen Bindungen zwischen den einzelnen Personen.

Nach mehreren Gesprächen mit Marion und Tobias, in denen sie verstanden haben, dass es nicht funktioniert, unausgesprochene Erwartungen an die Beziehung zu stellen, waren beide offen dafür, gemeinsam ihr eigenes Patchworkmodell zu entwerfen. Es stellte sich heraus, dass Tobias sich gerne einbringen und gemeinsame Zeiten mit Pia organisieren wollte. Er wünschte sich, mit ihr ins Kino zu gehen, und erklärte sich bereit, ihr bei den Matheschulaufgaben zu helfen, da es zwischen Marion und ihrer Tochter bei den

Hausaufgaben oft zum Streit kam. Tobias äußerte auch, dass er sich keine gemeinsamen Kinder wünsche. Eine Tatsache, die für Marion schwer zu akzeptieren ist, und ein Punkt, an dem sie sich überlegen muss, ob sie sich damit abfinden kann. Sie wünscht sich nämlich ein gemeinsames Kind. Auch über dieses Thema hatten beide zum ersten Mal bei mir gesprochen. Marions Vision von Familie entspricht also auch in dieser Hinsicht nicht Tobias Vorstellungen. Auch wenn diese Erkenntnis schmerzhaft ist, sollten die beiden darüber sprechen.

Für jede Beziehung ist es wichtig, sich auf ein Modell zu einigen, das beide vertreten können, ohne sich selbst dabei aufzugeben. Da ist die Kinderfrage sicher die schwierigste von allen. Dabei gibt es leider auch keine Kompromisse. Ein halbes Kind geht nicht. Deshalb scheitern viele Beziehungen daran. Die Alternative wäre, sich etwas vorzumachen, und da ist es fraglich, wie lange das gut gehen wird. Ich möchte an dieser Stelle noch einmal an Lisa erinnern. Sie hatte ihren Kinderwunsch aufgegeben, um sich den Vorstellungen ihres Mannes anzupassen. Egal, wofür sich jeder entscheidet, er muss mit den Konsequenzen leben. Wichtig ist also nicht, wofür wir uns entscheiden, sondern, dass wir es bewusst und eigenverantwortlich tun. Dafür müssen wir differenzieren, ob es tatsächlich unsere eigene bewusste Entscheidung ist, die unserem Wertesystem entspricht, oder eine aus einem Gefühl der Schuld oder Abhängigkeit getroffene. Auf diese Weise erklären sich Lisas Gefühl, fremdbestimmt zu sein, und ihre Opferhaltung.

Die Formel für ein gutes Miteinander lautet also: Meine Kinder sind meine Verantwortung und deine Kinder sind deine Verantwortung. Auch wenn das einfach klingt, ist die

Umsetzung manchmal schwer. Trotzdem hilft diese Absprache dabei, in Krisensituationen das Wesentliche zu erkennen und entsprechend zu handeln. Toleranz und Kommunikation der eigenen Bedürfnisse sind bei der Umsetzung das wichtigste Werkzeug, um ein Miteinander zu schaffen, in dem es allen Familienmitgliedern gut geht. Auch wenn es manchmal qualvoll ist, den Erziehungsstil des anderen zu tolerieren, bei dem ganz andere Werte vermittelt werden als die eigenen, kann es sehr entspannend sein, nicht auch noch die Verantwortung für die Erziehung und Entwicklung eines weiteren Kindes zu tragen. Diese Verantwortung teilt Ihr Partner bereits mit der Mutter oder dem Vater des Kindes. Was die Kinder betrifft, sollte es also nicht darum gehen, Ersatzmütter oder Ersatzväter zu schaffen, wo kein Platz für Ersatz ist, sondern eher darum, eine gut funktionierende Wohngemeinschaft zu führen.

SINNLICHKEIT, INTIMITÄT, SEXUALITÄT UND WIE SIE ZUSAMMENHÄNGEN

»Es gibt müden Sex, Kuschelsex, Sex zur Entspannung,
Versöhnungssex, wilden Sex, Quickies, schlechteren und besseren
Sex, Sex mit und ohne Orgasmus ... Wer zu hohe Erwartungen
hat, setzt sich unter Druck.«

Zäumen wir das Pferd von hinten auf und fangen mit der Sexualität an. So machen es auch viele Paare, wenn sie sich begegnen. Sexualität steht oft am Anfang, alles weitere entwickelt sich dann oder eben nicht. Ob das sinnvoll ist, sehen wir später.

Von den drei Begriffen Sinnlichkeit, Intimität und Sexualität können sich die meisten Menschen unter Sexualität am meisten vorstellen. Zwei Körper verbinden sich auf erotische Weise miteinander. Durch das Fernsehen haben selbst Kinder schon ein Bild davon, bevor sie sie selber erfahren haben. Sie wissen, dass dies etwas ist, das die Erwachsenen tun, und die Vorstellung löst eine spannende Mischung aus Neugierde und Scham aus. Wenn es dann in der Pubertät oder als junger Erwachsener zu den ersten Erfahrungen kommt, passiert das leider oftmals aus den falschen Gründen. Nicht immer ist Sexualität das Ergebnis einer emotionalen Verbundenheit, sondern geschieht allzu oft aus dem Druck heraus, endlich die Jungfräulichkeit zu verlieren, oder im Bestreben, den Partner an sich zu binden, nicht frigide zu wirken, aus Neugier oder aus Schuld, aus der falschen Überzeugung, dass man nach einer Esseneinladung auch dafür »bezahlen« müsse. Es gibt unzählige Gründe für sexuelle Begegnungen, die nicht viel mit Gefühlen zu tun haben. Viele Beziehungen beginnen nun einmal mit Sex, auch später im Erwachsenenalter noch. Besonders dann ist es in unserer Gesellschaft keine große Sache mehr, mit jemandem ins Bett zu gehen. Warum sollte ich den attraktiven Mann, mit dem ich mich auf der Party so nett unterhalten habe, nicht mit nach Hause nehmen? Schließlich bin ich Single und niemandem Rechenschaft schuldig ... Manchmal entwickelt sich mehr daraus und manchmal eben nicht. Viele Singles kennen das Gefühl, viele Frösche küssen zu müssen, bis irgendwann hoffentlich der Prinz oder die Prinzessin unter ihnen gefunden wird.

Sex ist etwas Schönes. Rechtfertigen muss ich mich grundsätzlich nur vor mir selbst. Wenn es mir mit dem, was ich tue, gut geht, dann ist es auch richtig. Erst wenn es mir schadet oder wenn ich das Gefühl habe, dass etwas fehlt, sollte ich etwas verändern. Es könnte Sinnlichkeit oder Intimität fehlen. Den Zusammenhang möchte ich gerne erklären. Aber der Reihe nach! Zuerst die Sinnlichkeit.

Vielen Menschen fällt es schwer, auszudrücken, welche intimen Bedürfnisse und Wünsche sie haben. Das liegt oft auch daran, dass sie sich derer nicht bewusst sind. Wie kann ich etwas mitteilen, zu dem ich keinen Zugang habe? Fällt mir die Selbstwahrnehmung schwer, muss ich zunächst lernen, mich wieder zu spüren. Dazu brauche ich Sinnlichkeit. Sinnlichkeit ist die bewusste Wahrnehmung mit allen Sinnen. Man kann sie lernen und manchmal hat man sie auch verlernt. Leider steht in unserem modernen Leben immer mehr die rationale Verarbeitung unserer Eindrücke, also wie wir über etwas denken, im Vordergrund. Zwar nehmen wir unsere Umgebung mit unseren Sinnen wahr, verschwenden aber meist keine Zeit damit, uns wirklich bewusst zu machen, wie sich etwas anfühlt und was es in uns auslöst. Sofort verfallen wir in ein Analysieren und Bewerten des Wahrgenommenen.

Bei Problemen wollen wir schnell eine Lösung finden, anstatt uns mit unseren Gefühlen auseinanderzusetzen. Das heißt, dass es nicht um die Frage geht, was ich wahrnehme und welche Emotionen dadurch in mit entstehen, sondern darum, was ich darüber denke. Denken und Wahrnehmen können nicht gleichzeitig stattfinden. Probieren Sie es doch einmal aus. Können Sie sich darauf konzentrieren, wie sich die Hände Ihres Partners auf Ihren Brüsten anfühlen, und gleichzeitig darüber nachdenken, wie sich Ihre Brüste für ihn anfühlen? Also, ich kann das nicht. Die Wahrnehmung steht zwar am Anfang, wird aber dann so schnell vom Denken abgelöst, dass wir mit der Zeit verlernen, bewusst zu fühlen. Denken kann uns in unserer sinnlichen Wahrnehmung also behindern. Wir können nicht beides auf einmal.

Sinnlichkeit ist deshalb so wichtig, weil sie uns dabei hilft, unsere Wünsche und Bedürfnisse zu erkunden. Das verbessert nicht nur unsere Sexualität, sondern unterstützt uns in allen Lebensbereichen dabei, besser für uns zu sorgen. Wir lernen, klar zu erkennen, was wir mögen und wo unsere Grenzen sind. Dass vielen Menschen eine sinnliche Wahrnehmung fehlt, wird z. B. dadurch deutlich, dass es in der westlichen Gesellschaft noch nie so viele Menschen mit Essstörungen gab wie heute. Diese Menschen haben verlernt, zu spüren, wann sie hungrig oder wann sie satt sind. Sinnlichkeit ist die Kunst, sich selbst zu spüren.

Anleitung zur Sinnlichkeit:

Sinnlichkeit kann man lernen. Achten Sie darauf, wie Sie die Welt wahrnehmen, z. B. bei einem Spaziergang, sehen Sie die Dinge in Ihrer Umgebung, riechen Sie sie oder hören Sie sie. Wechseln Sie Ihre Wahrnehmungskanäle untereinander ab. Konzentrieren Sie sich einmal ganz auf das Sehen, dann auf das Riechen und schließlich das Hören. Was ist für Sie das Gewohnte, was das für Sie Befremdlichste? Sie können auch mit Ihrem Partner üben. Einer verbindet dem anderen die Augen und lässt ihn Dinge ertasten, riechen, hören, schmecken. Ein Spiel mit den Sinnen. Sie ahnen es bereits, dass das alles auch im Bett stattfinden kann. Spüren Sie Ihren Partner, riechen Sie ihn, hören Sie auf seine Atmung, sein Stöhnen. Konzentrieren Sie sich darauf, wie er sich an unterschiedlichen Stellen des Körpers anfühlt. oder fühlen Sie, wie es ist, wenn er Sie berührt. Wagen Sie es, ihn oder sie zu schmecken. Schauen Sie ihn oder sie beim Sex an, beobachten Sie ihn oder sie beim Orgasmus. So können Sie ihren sexuellen Horizont erweitern und selbst nach längeren Beziehungen immer noch Neuland entdecken und Ihrer Sexualität neue Reize verschaffen.

Die Selbstsicherheit spielt bei der sinnlichen Wahrnehmung eine große Rolle. Je selbstsicherer wir sind, desto weniger müssen wir darüber nachdenken, wie wir wirken oder uns anfühlen. Je weniger wir nachdenken müssen, desto mehr können wir uns unserer sinnlichen Wahrnehmung hingeben. Manchmal sind es aber auch die Restgedanken eines stressigen Tages oder das Nachdenken über ungelöste Probleme, die unsere Sinnlichkeit blockieren. Bitte machen Sie sich keinen Druck nach dem Motto »Du musst jetzt sinnlich sein und aufhören zu denken!«. Probieren Sie es aus. Sagen Sie sich, dass Sie aufhören sollen, zu denken. Es wird nicht funktionieren. Mal mehr und mal weniger Sinnlichkeit im Bett ist durchaus in Ordnung. Sex muss auch nicht immer ultimativ sein! Es gibt solchen und solchen. Es gibt müden Sex, Kuschelsex, Sex zur Entspannung, Versöhnungssex, wilden Sex, Quickies, schlechteren und besseren Sex, Sex mit und ohne Orgasmus … Wer zu hohe Erwartungen hat, setzt sich unter Druck. Druck oder Zwang sind die Todfeinde der Lust! Besser ist es, den Dingen freien Lauf zu lassen. Das lässt auch Spielraum für Abwechslung.

Sinnlichkeit, Intimität und Sexualität müssen nicht immer etwas miteinander zu tun haben. Es gibt Sexualität frei von Intimität, wenn sich der sexuelle Akt rein um die körperliche Befriedigung dreht. Auch der Grad der sinnlichen Wahrnehmung kann, wie bereits besprochen, von Mal zu Mal sehr unterschiedlich sein. Intimität, genau wie Sinnlichkeit, kann und soll auch außerhalb der Sexualität gelebt werden. Ich erinnere Sie an den sinnlichen Spaziergang. Intimität kann ebenso mehr oder weniger Teil der verbalen Kommunikation sein. Ein Gespräch über das Wetter oder die Wochenendplanung ist oberflächlich und frei von Intimität, aber sobald ich Gefühle und Bedürfnisse zeige oder wahrnehme, wird es intim. Auf die Wichtigkeit der Intimität in der Kommunikation werde ich im nächsten und letzten Kapitel genauer eingehen. Zunächst möchte ich sichergehen, dass Sie verstehen, was mit Intimität überhaupt gemeint ist: Allgemein kann man sagen, dass Intimität eine Verbindung auf einer anderen Ebene schafft. Nicht nur der Geist oder Körper verschiedener Menschen teilen sich einander mit, sondern auch ihre Seelen. Im Bereich der Sexualität können Sie so, zusammen mit Ihrem Partner, ganz neue Dimensionen entdecken. Intimität können Sie im Unterschied zu Sinnlichkeit nicht alleine üben. Dafür brauchen Sie ein Gegenüber.

Was Intimität mit Kommunikation zu tun hat:

Alles! Intimität bedeutet, Gefühle in Worte zu fassen, damit der andere versteht, was in einem vorgeht. Wir zeigen dem anderen unsere Bedürfnisse und Grenzen, indem wir sie kommunizieren. Diese Kommunikation kann verbal oder nonverbal stattfinden. Wichtig ist einzig, Sie und Ihr Partner verstehen sich, zeigen sich dem anderen so, wie Sie tatsächlich sind, und besitzen die Bereitschaft, den anderen in seinen Bedürfnissen anzunehmen. Um die innere Welt des Partners zu verstehen, stellen Sie ihm Fragen offen und möglichst vorbehaltlos und hören Sie ohne Wertung zu. Sich so ehrlich und ungeschminkt zu zeigen, macht uns verletzlich und setzt deshalb ein hohes Maß an Vertrauen in uns selbst und in den Partner voraus. Abgelehnt zu werden, wenn wir uns so offen und ungeschützt zeigen, erfordert einen fast überdimensionalen Selbstwert, um es nicht persönlich zu nehmen. Genau das ist der Grund, warum wir uns mit Intimität so schwertun: Die Scham und die Angst vor Ablehnung lassen uns verstummen. Es kann, leider, auch kein positiver und entwicklungsorientierter Austausch stattfinden, wenn zwischen den Partnern eine Schutzmauer steht. Während Sinnlichkeit also erlernt werden kann, ist Intimität ein Wagnis, das ich mit meinem Partner gemeinsam eingehe.

Intimität ist ein Wagnis und gegenseitiges Vertrauen ist eine wichtige Voraussetzung dafür. Ich möchte deshalb an John Gottman erinnern, den ich Ihnen im Kapitel «Abhängigkeit vermeiden, frei bleiben für die Liebe» vorgestellt habe. Er fasst zusammen, wie wir das Vertrauen in unseren Beziehungen verspielen und somit die Intimität oft nicht wächst, sondern im Laufe einer Beziehung abnimmt. Das Vertrauen ineinander war entweder nie gegeben oder wurde verspielt. Gerade wenn eine oder vielleicht sogar mehrere längere Beziehungen bereits hinter Ihnen liegen, haben Sie vielleicht erfahren, wie sich sexuelle Langeweile in eine Beziehung einschleichen kann. Wo sich nichts mehr entwickelt, tritt Stagnation ein. Hat sich die Langeweile erst einmal in der Beziehung breitgemacht, wachsen Frust und Enttäuschung. Immer mehr ziehen wir uns dann vom Partner zurück und vernichten so auch die Hoffnung auf Intimität. Mit der Zeit fangen viele an, ihren Blick nach außen zu richten. Das ist der erste Schritt in die Affäre.

Wer sich nach Abwechslung in der Sexualität sehnt, muss aber nicht woanders suchen. Das Neue kann man auch in der eigenen Beziehung entdecken. Trotzdem betrachten viele die Affäre oder die Trennung als den einzigen Ausweg aus der Langeweile. Der Grund dafür ist häufig, dass uns die gestalterischen Ideen oder der Mut fehlen, innerhalb der Partnerschaft etwas zu verändern. Lieber lassen wir uns von Unbekanntem verführen. Gerade in der heutigen Zeit gibt es so viele Angebote. Noch nie war es so leicht, eine Affäre zu haben, und zwar sowohl für Frauen als auch für Männer. Über die Hälfte beider Geschlechter gibt an, schon einmal fremdgegangen zu sein. Besonders, wenn Sie gerade am Anfang einer neuen Beziehung stehen, aber durchaus auch in bereits länger andauernden Beziehungen, haben Sie die Möglichkeit, etwas zu ändern, um aus einem immerwährenden Kreislauf der Langeweile auszubrechen. Die dazu notwendigen Werkzeuge sind Sinnlichkeit und Intimität. Die Sinnlichkeit brauchen Sie, um sich selber immer wieder neu zu entdecken, die Intimität, um zusammen mit Ihrem Partner Neues zu entwickeln.

Da ich davon ausgehe, dass die meisten meiner Leser entweder am Anfang einer neuen Beziehung stehen oder sich gedanklich damit beschäftigen, möchte ich Sie einladen, eine neue

Bindung ganz bewusst als Chance für Ihre persönliche Entwicklung zu sehen. Das gilt auch für den Bereich der Sexualität. Es ist nie zu spät, etwas dazuzulernen. Natürlich gilt das ebenso für die Leser, die sich bereits in längeren Beziehungen befinden. Viele meiner Klienten sind sehr überrascht, wenn sie merken, dass sie sich noch einmal verliebt haben, obwohl sie Ende 40 sind. Ich frage sie dann, wo sie gehört haben, dass es eine Altersbegrenzung für Gefühle gibt. Natürlich gibt es die nicht. Auch der sexuellen Entwicklung sind keine Grenzen gesetzt.

In der Beziehung bleiben

Statistisch gesehen drohen Zweitehen häufiger zu scheitern als die ersten. Könnte es daran liegen, dass man mit der ersten großen Trennung eine Hemmschwelle überwunden hat, die dann beim zweiten Mal leichter zu überwinden zu sein scheint? Ist es die Erfahrung, dass das Leben weitergegangen ist, auch wenn die Trennung schmerzhaft war, die die Entscheidung für eine zweite Scheidung leichter macht?

Ich denke eher, dass die meisten Menschen dann erst recht den tiefen Wunsch haben, dass die nächste Partnerschaft glückt. Trennungserfahrungen steigern unsere Sehnsucht nach einer bleibenden Bindung und danach, endlich anzukommen. Meiner Erfahrung nach neigen viele, als Folge der vorangegangenen Trennung, allerdings auch dazu, mit noch größeren Ängsten in die nächste Beziehung zu gehen. Es fällt ihnen schwer, sie unbeschwert anzugehen, und sie neigen dazu, sich an den neuen Partner zu klammern. Die Ursache ist häufig eine Art Torschlusspanik nach dem Motto: »Wenn es jetzt nicht klappt, finde ich nie wieder jemanden, der mit mir und meinen Kindern zusammenbleibt, und jünger werde ich auch nicht.«

Es sind Ihnen möglicherweise einige Aspekte, die zum Scheitern einer Beziehung führen können, noch deutlicher geworden oder vielleicht sind sogar neue dazugekommen, die Sie vorher nicht erkannt hatten. Hoffentlich ist es aber auch so, dass Sie jetzt mehr Verantwortung für Ihr Zutun übernehmen und damit in der Lage sind, zukünftig glücklicher zu sein. Ich möchte den Schluss dazu nutzen, noch einmal auf die wichtigsten Elemente hinzuweisen, mit denen Sie Ihre Beziehung langfristig erhalten können. Ich hoffe, Ihnen damit ein bisschen die Angst vor einem erneuten Scheitern zu nehmen, sodass Sie Ihre neue Beziehung entspannt genießen können. Älter und erfahrener zu werden hat schließlich auch Vorteile, wenn man die neu gewonnenen Erkenntnisse gut für sich nutzt.

Die wichtigste Bindekraft zwischen zwei Menschen ist die Kommunikation. Die gilt es aufrechtzuerhalten, um den Kontakt zum Partner nicht zu verlieren. John Gottman hat gesagt: »Wer aneinander vorbeiredet, erreicht sich nicht.« Das ist eine einfache Logik und trotzdem hören viele Paare mit der Zeit auf, miteinander zu reden, bis sie sich schließlich verlieren oder »auseinanderleben«, eine häufige Erklärung für die Trennung. Dass es nicht nur darauf ankommt, ob, sondern auch wie wir miteinander reden, habe ich im Zusammenhang mit dem Begriff der Intimität erklärt. Die intime Kommunikation ist die innigste Form der Gesprächsführung und schafft somit auch die tiefste Bindung zwischen zwei Menschen. Der Grad an Vertrautheit in der Beziehung ist quasi ein Messwert, der die Nähe zwischen zwei Menschen anzeigt. Leider ist es aber so, dass sich viele Menschen noch weiter zurückziehen, wenn sie spüren, dass der Partner sich distanziert, anstatt für mehr Nähe zu sorgen. Die Ursache für dieses auf den ersten Blick paradoxe Verhalten ist die Angst. Angst vor Enttäuschung oder erneuten Verletzungen, vor Trennung, dem Alleinsein, dem Versagen und vielem mehr. Die automatische Reaktion auf Angst ist Flucht. Dieses Reiz-Reaktions-Verhalten erklärt den inneren Rückzug. Dass wir uns damit noch weiter voneinander entfernen, ist uns in dem Moment nicht bewusst. Um das zu verhindern, brauchen wir unsere kognitive oder erwachsene Instanz. Durch sie können wir bewusst gegensteuern und auf unseren Partner zugehen. Ein erwachsenes Aufeinanderzugehen hat nichts mit Klammern zu tun. Dem entspräche eher ein bedürftiges Heischen nach Anerkennung und Fürsorge, so wie wir es bei Kindern beobachten, die durch emotionale Ausbrüche, Wut, Trotz oder Tränen Nähe einfordern. Sie können auf den anderen zugehen und die Situation offen ansprechen, indem Sie sagen:»Ich habe das Gefühl, dass du dich in letzter Zeit von mir distanzierst, und ich verstehe nicht, warum. Wie siehst du das?«

Nur wenn wir uns erwachsen verhalten, können wir gute Lösungen finden und etwas langfristig verändern. Dabei ist es wichtig, nur Zusagen zu machen, die wir auch einhalten können. Sonst droht ein Vertrauensbruch und die Beziehung würde noch mehr gestört, als es durch die Differenzen ohnehin der Fall sein wird. Genauso wichtig wie die Kommunikation ist das Vertrauen. Seien Sie also bitte vorsichtig mit Zugeständnissen. Manchmal werden sie durch ein übersteigertes Harmoniebedürfnis zu schnell gemacht. Natürlich müssen wir uns nicht auf Biegen und Brechen für alle Zeit an Zusagen halten. Gibt es aber Gründe, warum wir es nicht mehr können, sollten wir das mit unserem Partner besprechen und dann eine neue, passende Vereinbarung treffen. Bitte denken Sie daran, dass Ihr Partner nicht die Funktion der Eltern hat, die Ihnen Vorgaben machen, an die Sie sich halten müssen. In einer Partnerschaft auf Augenhöhe legen zwei Menschen gemeinsam die Regeln fest. Trotzdem habe ich es oft erlebt, dass sich der eine nach der Arbeit noch mit den Kollegen in der Kneipe trifft und zu Hause erzählt, er hätte länger arbeiten müssen. Für ein respektvolles Miteinander halte ich eine Auseinandersetzung über Freiräume für wesentlich verantwortungsbewusster sowohl in Bezug auf das persönliche Wohl als auch auf das der Beziehung. Ich rate also dazu, Bedürfnisse offen zu verhandeln. anstatt den anderen zu hintergehen, auch wenn eine solche Konfrontation zu Auseinandersetzungen führen kann. Letzteres ist immer noch besser, als die Vertrauensbasis der Beziehung aufs Spiel zu setzen. Das gegenseitige Vertrauen ist die Grundlage einer jeden Beziehung. Die Erfahrung, wie leicht es ist, diese Basis zu verletzen, haben die meisten von Ihnen sicherlich bereits gemacht. Wenn die letzte Beziehung noch nicht lange zurückliegt, sind die alten Wunden oft noch spürbar und die Erinnerungen daran frisch. Gerade weil Verletzungen in einem innigen emotionalen Miteinander so leicht passieren können, ist es wichtig, ein Heilmittel greifbar zu haben. Dieses Heilmittel ist die Kommunikation. Nur wenn wir miteinander darüber reden, was passiert ist, was es mit uns gemacht hat, wie unsere Empfindungen sind und was wir brauchen, damit es uns wieder besser geht, können wir gemeinsam eine gesunde Basis schaffen. Wenn das Vertrauen die Basis der Beziehung ist, dann ist die Kommunikation das Mittel, um sie zu erhalten.

Es gibt einen weiteren wichtigen Beziehungsaspekt, auf den man achten sollte: die Begeisterung. Sie gibt der Beziehung Lebendigkeit. Ist das Vertrauen vergleichsweise das Haus, dann ist die Begeisterung das, was es mit Leben füllt. Als Begeisterung bezeichnet man den Enthusiasmus oder die Leidenschaft für etwas. Gemütszustände wie freudige Euphorie, glühendes Interesse, positive Motivation und bewundernde Bestätigung, werden damit verbunden. Am Anfang der Beziehung, in der Phase der Verliebtheit, werden wir von diesen Gefühlen geradezu überflutet. Es ist deshalb später wichtig, sich daran zu erinnern, den anderen von Zeit zu Zeit zu überraschen, sei es mit einer kleinen Liebesbotschaft, einem sexy Outfit, einer Einladung zum

Abendessen oder einem gemeinsamen Wochenende. Sie werden selbst wissen, was Ihrem Partner gefällt. Es ist ganz normal, dass im Alltagsgeschehen die Beziehung ab und an zu kurz kommt oder einschläft, aber eine stabile Beziehung hält das auch aus, allerdings gilt es, sich selbst oder den anderen wieder auf positive Weise wachzurütteln. Das kann man am besten, indem man den anderen begeistert. Bitte denken Sie daran, dass für eine Beziehung beide Partner zu gleichen Teilen verantwortlich sind. Anstatt sich zu wünschen, dass der andere doch dies oder das tun könnte, ist es erwachsener, selbst dafür zu sorgen, dass persönliche Bedürfnisse erfüllt werden. In meiner Praxis habe ich beobachtet, dass viele Menschen bei ihren Partnern hellseherische Fähigkeiten erwarten. Haben Sie allerdings das Gefühl, dass immer Sie es sind, der für Leidenschaft sorgt, sprechen Sie es einfach an, anstatt sich zurückzuziehen, bis der Frust so groß geworden ist, dass er droht, die Beziehung zu vergiften.

Manchmal steckt aber auch eine Absicht dahinter, dem anderen nicht das geben zu wollen, was ihm Freude bereitet. Viele Paare, die zu mir in die Praxis kommen, sagen Dinge wie: »Früher hat sie immer … aber heute …« Ich erlebe es immer wieder, dass Paare sich gegenseitig mehr oder weniger bewusst das, was den anderen begeistert, vorenthalten oder es ihm entziehen. Das können kleine Alltagsfreuden sein, gemeinsame Gespräche, Unternehmungen oder oft auch Sexualität. Nach dem Motto: »Wie du mir so ich dir!« Leider ist dieses Verhalten oft der Anfang vom Ende der Beziehung. Nochmals zur Erinnerung: Es gibt nicht einen Gewinner und einen Verlierer, sondern immer zwei Gewinner oder zwei Verlierer. Man sollte sich damit auseinanderzusetzen, warum man seinem Liebsten etwas verwehrt, und es ansprechen. Sie bestrafen andernfalls auch sich selbst. Ein Zitat von Otto von Leixner gefällt mir besonders gut: »Begeisterung ist das Feuer, das die Innenwelt in Fluss erhält. Aber Vernunft muss ihr die Gussform richten, in die sich das geschmolzene Metall ergießt.«[17] Für mich ist das ein schönes Bild einer erwachsenen Beziehung, die aber immer noch voller kindlicher Lebendigkeit und Impulsivität steckt. Das zu erhalten, wünsche ich jeder Beziehung.

17   Leixner, Otto von: *Aus meinem Zettelkasten*. Berlin: Schall & Grund Verlag, 1895.

Brief an mein Inneres Kind

Liebe Verlustangst,

eigentlich kenne ich Dich ja schon sehr lange. Ich muss sehr weit zurückdenken, um mich an die erste Begegnung mit Dir zu erinnern. Vermutlich reicht meine Erinnerung gar nicht lang genug zurück und es gab schon Begegnungen mit Dir, als ich noch zu klein war, um mich heute noch daran erinnern zu können. Ich kann mir nur vorstellen, Dir wahrscheinlich schon sehr früh begegnet zu sein. Mama und Papa haben sich früh getrennt, da war ich erst vier. Davor gab es viele Streite. Auch sehr schlimme. Das weiß ich aus Erzählungen. Sicher bin ich schon als ganz kleines Mädchen mit schrecklichen Ängsten aufgewacht. Auch wenn ich damals noch keinen Bezug zur Realität hatte, oder gerade deshalb, fühlte ich mich sehr wahrscheinlich davon bedroht. Schließlich war ich als Baby und später als kleines Mädchen völlig abhängig von meinen Eltern. Sicher habe ich meine Mutter oft verzweifelt weinen gesehen oder gehört. Wie konnte ich mich da sicher fühlen?

Auch später war es meinen Eltern oft nicht möglich, mir Sicherheit zu geben. Mein Vater war weit weg. Er hatte eine neue Frau und ein weiteres Kind. Außerdem hatte er ein Alkoholproblem. Schon deshalb war auf ihn kein Verlass. Das habe ich als kleines Mädchen wohl geahnt, denn ich habe mich in seiner Nähe nie ganz sicher gefühlt. Zwar war es oft sehr lustig, wenn ich bei ihm zu Besuch war, er konnte mir aber keine Geborgenheit vermitteln. Wenn wir zusammen waren, wusste ich nie, in welcher Stimmung er in der nächsten Stunde sein würde. Er war nicht berechenbar und selbst die schönen Momente waren immer begleitet von der Angst, dass die Stimmung kippen könnte. Ich habe ihn sehr geliebt und dennoch blieb da immer die Sehnsucht nach einem Vater, bei dem ich mich sicher und geborgen fühlen könnte. Dazu war unsere gemeinsame Zeit immer überschattet von der bevorstehenden Trennung am Ende der Ferien. Wie eine Ertrinkende an einen Rettungsring klammerte ich mich an ihn, wenn ich bei ihm war, nur um ihn nach ein paar Tagen doch immer wieder aufs Neue zu verlieren. Bis heute taucht die Angst, verlassen zu werden, in meinen Beziehungen noch auf. Auch dann, wenn ich es in dem Moment gar nicht erwarte und es auch keinen logischen Grund für dieses Gefühl gibt.

Meine Mutter kümmerte sich immer sehr fürsorglich um meinen Bruder und mich und sorgte dafür, dass es uns an nichts fehlte. Sie war allerdings völlig alleine mit ihrer Verantwortung für uns. Mein Vater zahlte ihr keinen Unterhalt und kümmerte sich auch sonst um nichts. Meine Mutter war stets mit dem eigenen Überleben beschäftigt und selbst ein Kind, das nie Geborgenheit erfuhr. Wie konnte sie so meinem Bruder und mir ein Gefühl von emotionaler Nähe vermitteln? Etwas, das sie selbst auch nie erfahren hatte. Ich war also auf der emotionalen Ebene allein als Kind. Nach außen war ich ein anstrengendes Kind. Ich wollte Aufmerksamkeit um jeden Preis. Sogar geklaut habe ich und Lügengeschichten erzählt, nur um wahrgenommen zu werden. Als ich älter wurde, verbrachte ich lieber Zeit in den Familien meiner Freunde oder Verwandten. Hier gab es die von mir ersehnte Geborgenheit, allerdings blieb ich irgendwo immer Zaungast und gehörte nie so ganz dazu. Es war ein warmer Lichtstrahl, der für ein paar Stunden anhielt, dann war es vorbei und ich war wieder allein.

Als ich in die Pubertät kam, versuchte ich mir meine unerfüllten Sehnsüchte in der Liebe zu erfüllen – oder in dem, was man als hungriger Teenager für Liebe hält. Natürlich funktionierte auch das nicht. Das, was ich suchte, war für immer verloren, nur begriff ich das damals noch nicht. So suchte ich lange verzweifelt weiter und ging von einem Partner zum nächsten. Es blieb am Ende immer ein Gefühl der Leere. Auch in meiner ersten Ehe fand ich nicht die Geborgenheit, die ich mir ersehnt hatte, und irgendwann war auch diese Beziehung vorbei. Die Suche ging weiter. Was mir allerdings aus meiner ersten Ehe blieb, ist das Wertvollste in meinem Leben: meine drei Kinder. Ich begriff, dass nicht sie mir, sondern ich ihnen Halt geben muss. Dazu brauchte ich aber erst einmal selbst Halt. Ich musste etwas tun!

Inzwischen bin ich zum zweiten Mal verheiratet und fühle mich endlich angekommen. Ich empfinde heute die Ruhe und Sicherheit, nach der ich mich ein Leben lang gesehnt habe. Diese Sicherheit habe ich allerdings nach langen Bemühungen zunächst in mir selbst finden müssen. Wenn ich mich heute doch noch zeitweise verunsichert fühle, kann ich mich selbst beruhigen. Wie ich das geschafft habe, fragst Du? Ich habe mich mit Dir in Verbindung gesetzt und eine Beziehung zu Dir aufgebaut. Ich habe erkannt, dass Du mich ein Leben lang begleitet hast, ohne dass ich Dich wahrgenommen habe. Genauso wie ich mich als Kind oft übersehen gefühlt habe, habe ich Deine Bedürfnisse nicht erkannt. Ich musste Dich zunächst ganz neu kennenlernen, Dich lieben lernen, so wie Du bist, und lernen, Verantwortung für Dich zu übernehmen. Ich habe verstanden, dass Du mir bleiben wirst, und das ist gut so. Jetzt erkenne ich Dich, wenn Du auftauchst, und ich weiß, wo Du herkommst.

Das hilft. Du bestimmst jetzt nicht mehr mein Leben, sondern ich nehme Dich bei der Hand, wenn Du Dich bemerkbar machst. Ich weiß jetzt, dass ich Dich trösten kann, so wie ich meine Kinder trösten kann, wenn sie Angst haben. Ich möchte mich von ganzem Herzen bei Dir entschuldigen, weil ich Dich jahrelang vernachlässigt habe. Nur deshalb hast Du Dir oft auf so unschöne Weise Aufmerksamkeit erkämpft. Ich habe mich dann über Dich geärgert – oder sollte ich besser sagen: über mich selbst? Ich habe nicht verstanden, warum Du mich in die unmöglichsten Situationen geführt hast. Ich war auch nicht erwachsen genug, mich mit Dir auseinanderzusetzen und Dir Einhalt zu gebieten. Es wäre meine Aufgabe gewesen, Dich zu beschützen und damit mich selbst. Unglücklich waren wir am Ende beide und einsam. Immer wieder habe ich versucht, das Gefühl der Einsamkeit in Beziehungen zu verlieren, bis ich endlich begriffen habe, dass es meine innere Einsamkeit ist, die ich auflösen muss. Heute ärgere ich mich nicht mehr über Dich. Ich bin froh, dass es Dich gibt. Und wer könnte Dich besser verstehen, als ich das kann?

Wenn Du heute auftauchst und in schwachen Momenten meine Ängste bestimmst, beispielsweise wenn ich die Panik in mir aufsteigen fühle, dass meinem Mann oder den Kindern etwas zustoßen könnte, wenn sie nicht bei mir sind, kann ich Dir Sicherheit und Geborgenheit vermitteln. Ich weiß, wo Du herkommst, kann Dich umarmen und zu Dir sagen:»Beruhige Dich liebe Verlustangst.« Nicht immer passiert es so, wie Du es früher erlebt hast. Deine Lieben werden Dir bleiben. Sie werden sehr wahrscheinlich wohlbehalten zu Dir zurückkehren wie so oft in der Vergangenheit. Das ist die Realität. Früher war früher und heute ist heute. Ängstige Dich nicht, liebe Angst, damit

Du genießen kannst, was das Leben Dir geschenkt hat. Denke immer daran: Wer das Ende fürchtet, kann den Tag nicht genießen.

In enger Verbundenheit,

Dein Dich beschützendes Erwachsenen-Ich

Literaturempfehlungen

Beck, Aron T.: *Kognitive Therapie der Depression*. Weinheim:
Beltz Verlag, 1999.

Chopich, Erika J.; Paul, Margarete: *Aussöhnung mit dem
inneren Kind*. Berlin: Ullstein Verlag, 2003.

Gottman, John; Siver, Nan: *Die Vermessung der Liebe*, Stuttgart:
Klett-Cotta Verlag, 2014.

Missildine, Hugh: *In dir lebt das Kind, das du warst –
Seelische Belastungen bewältigen*. Suttgart: J.G. Cotta'sche
Buchhandlung Nachfolger GmbH, 1976.

Nack, Cornelia: *Das innere Kind wird erwachsen - Konflikte mit
den Eltern loslassen und frei werden*. Freiburg im Breisgau:
Verlag Herder GmbH, 2011.

Scherrmann-Gerstetter, Beate; Gerstetter, Manfred: *Das Brave-
Tochter-Syndrom*. Freiburg im Breisgau: Herder Verlag,
2006.

Schuldt, Christian: *Romantik 2.0 – vom Suchen und Finden der
Liebe im Internet*. Gütersloh: Gütersloher Verlag, 2013.

Stahl, Stefanie: *Leben kann auch einfach sein*. Hamburg: Eller &
Richter Verlag, 2011.

Stahl, Stefanie: *Jein! Bindungsängste erkennen und bewältigen*.
Hamburg: Eller & Richter Verlag, 2013.

Wardetzki, Bärbel: *Weiblicher Narzissmus – Der Hunger nach
Anerkennung*. München: Kösel-Verlag, 1991.

Wiemann, Irmela: *Wie viel Wahrheit braucht mein Kind*.
Hamburg: Rowohlt Verlag, 2001.

Hartmann, Alexandra – Gut beenden. Erfolgeich suchen. Neu lieben.
Der Wegbegleiter in die Beziehung nach der Beziehung.

Bibliografische Information der Deutschen Nationalbibliothek.
Die Deutsche Nationalbibliothek verzeichnet diese Publikation in der
Deutschen Nationalbibliografie; detaillierte bibliografische Daten sind im
Internet über http://dnb.d-nb.de abrufbar.

ISBN 978-3-944666-19-8

1. Auflage 2015

© 2018 Orlanda Buchverlag UG, Hamburg/Berlin
www.orlanda-buchverlag.de
Alle Rechte vorbehalten

Lektorat: Evelyn Mkrjan, Eva Fischer
Umschlaggestaltung: Visions2Form Berlin, Reinhard Binder
Satz & Innenlayout: Marc Berger, Gransee
Druck: Schaltungsdienst Lange, Berlin